SI QUIERES
CAMINAR
SOBRE
LAS AGUAS
TIENES QUE SALIR DE LA BARCA

JOHN ORTBERG

La misión de Editorial Vida es ser la compañía líder en satisfacer las necesidades de las personas con recursos cuyo contenido glorifique al Señor Jesucristo y promueva principios bíblicos.

SI QUIERES CAMINAR SOBRE LAS AGUAS, TIENES QUE SALIR DE LA BARCA
Edición en español publicada por
Editorial Vida – 2002
Miami, Florida

©2002 por John Ortberg

Originally published in the USA under the title:
If you Want to Walk on Water, You've Got to get Our the Boat
Copyright ©1993 by John Ortberg
Published by permission of Zondervan, Grand Rapids, Michigan

Traducción: *David Coyotl*
Edición: *Marianella Arias*
Diseño interior: *Eugenia Chinchilla*
Diseño de cubierta: *Eugenia Chinchilla Calvo*

ISBN: 978-0-8297-3536-9

CATEGORÍA: Vida cristiana / Crecimiento

IMPRESO EN ESTADOS UNIDOS DE AMÉRICA
PRINTED IN THE UNITED STATES OF AMERICA

11 12 13 14 ❖ 15 14 13 12

COMENTARIOS SOBRE
Si quieres caminar sobre las aguas, tienes que salir de la barca.

John Ortberg es profundo sin ser difícil. El mensaje es claro y absolutamente básico: Llegas a vivir bajo el poder y cuidado de Dios cuando, a través de la confianza en Jesús, te alejas de los planes que has hecho para mantenerte seguro. Esa es la manera de percibir el reino de Dios como una realidad cotidiana. Identifica tu barca y sal de ella: Conocerás de primera mano la vida de fe de las que otros solamente hablan.

DALLAS WILLARD, AUTOR DE *THE DIVINE CONSPIRACY* [LA CONSPIRACIÓN DIVINA]

Con un estilo simpático y cautivador, John Ortberg guía al lector a una gran aventura. Sin embargo, esta puede suceder únicamente cuando se acepta hacer de Jesús el centro de tu vida. Abre este libro y descubre las increíbles oportunidades de Dios que te esperan.

BOB BUFORD, AUTOR DE *HALFTIME* [MEDIO TIEMPO]

Leí *Si quieres caminar sobre las aguas, tienes que salir de la barca* sin levantarme de mi asiento. No quería hacerlo, pero cometí el error de comenzar a leerlo. Estaba riéndome antes de terminar la primera página y totalmente cautivado a la mitad del primer capítulo. John Ortberg es uno de mis autores favoritos de todos los tiempos. Su humor, unido a su enfoque práctico y sincero del crecimiento cristiano, es muy refrescante. Si quieres caminar sobre las aguas, lee este libro, Y ENTONCES sal de la barca y ¡vive!

KEN DAVIS, AUTOR Y CONFERENCIANTE

Este libro es Ortberg puro: profundo y perspicaz, encantador y divertido, motivador y desafiante. John hace a través de este libro lo que logra conmigo como amigo: ¡Persistentemente, pero con amor, me estimula a seguir creciendo!

LEE STROBEL, AUTOR DE *EL CASO DE CRISTO* Y *EL CASO DE LA FE*

Para Sam Reeves y Max DePree,
que me enseñaron tanto acerca de salir de la barca

Las citas en el capítulo siete son de Parker Palmer, *Let your
life speak* [Que hable tu vida], copyright © 2000 por Parker
Palmer, y son reproducidas con permiso de Jossey-Bass, Inc.,
una subsidiaria de John Wiley & Sons, Inc.

Contenido

En la madrugada, Jesús se acercó a ellos caminando sobre el lago. Cuando los discípulos lo vieron caminando sobre el agua, quedaron aterrados.

—¡Es un fantasma! —gritaron de miedo.

Pero Jesús les dijo en seguida:

—¡Cálmense! Soy yo. No tengan miedo.

—Señor, si eres tú —respondió Pedro—, mándame que vaya a ti sobre el agua.

—Ven —dijo Jesús.

Pedro bajó de la barca y caminó sobre el agua en dirección a Jesús. Pero al sentir el viento fuerte, tuvo miedo y comenzó a hundirse. Entonces gritó:

—¡Señor, sálvame!

En seguida Jesús le tendió la mano y, sujetándolo, lo reprendió:

—¡Hombre de poca fe! ¿Por qué dudaste?

Cuando subieron a la barca, se calmó el viento. Y los que estaban en la barca lo adoraron diciendo:

—Verdaderamente tú eres el Hijo de Dios.

MATEO 14:25-32

Prefacio

Quiero invitarte a dar un paseo.

La Biblia es, entre otras cosas, una lista de inolvidables paseos. El primero lo hizo Dios mismo quien, se nos relata, solía caminar en el jardín de Edén al aire del día. Sin embargo, como regla general, Dios le pidió a la gente que caminara con él.

Así tenemos la ardua caminata de Abraham con su hijo rumbo a Moriá. También tenemos la marcha libertadora de Moisés y los israelitas a través de un sendero normalmente ocupado por el Mar Rojo y su frustrante avance en círculos durante cuarenta años por el desierto. Hubo, además, la marcha triunfal de Josué alrededor de Jericó, la reveladora caminata de los discípulos a Emaús, el viaje interrumpido de Pablo hacia Damasco. También hubo una triste y santa caminata que recibió un nombre propio, desde el Pretorio hasta el Gólgota: la *Vía Dolorosa*, el camino del gran dolor.

Pero quizás la más inolvidable fue la de Pedro, el día que salió de la barca y caminó sobre el agua. Es inolvidable no tanto por el lugar por el que transitó como por el material *sobre* el que caminó y por aquel *con* quien caminó. Creo que cuando Pedro pisaba sobre las olas, experimentaba el caminar en su máxima expresión.

En este libro, dejemos que la caminata de Pedro sea una invitación a todos los que, como él, quieren arriesgarse en fe, desean experimentar algo más del poder y la presencia de Dios. Dejemos que caminar sobre el agua sea el reflejo de lo que, a menos que Dios nos ayude, no podríamos hacer jamás por nuestra propia cuenta. ¿Y cómo sucede tal cosa? Hay un patrón congruente en la Escritura en cuanto a lo que ocurre en la vida que Dios quiere usar y mejorar:

• Siempre hay un llamado. Dios pide a las personas corrientes que se comprometan con un acto de confianza extraordinario: salir de la barca.

• Siempre hay temor. Dios tiene el inextinguible hábito de pedirle a la gente que haga cosas que les asustan. Tal vez sea temor a la incompetencia («Soy lento de habla y de lengua», dijo Moisés). Puede ser temor al fracaso («La tierra que exploramos devora a aquellos que la habitan», lloriquearon los espías enviados a la tierra prometida). Incluso puede ser temor a Dios («Porque sabía que eras un hombre duro, que busca cosechar donde no sembraste», clamó el siervo de la parábola de Jesús). De una forma u otra, habrá temor.

• Siempre hay un consuelo. Dios promete su presencia («¡El Señor está contigo, Poderoso Guerrero!», le confirmó un ángel a Gedeón, a quien ciertamente nadie se había dirigido antes con ese título).

Dios también promete proveer de cualquier don que se requiera para cumplir con su asignación («Yo te ayudaré a hablar y te diré qué decir», le dijo a un tartamudo Moisés).

• Siempre hay una decisión. Algunas veces, como con Moisés y Gedeón, la gente le dice «sí» al llamado de Dios. Otras veces, como los diez espías asustados o el joven rico que habló con Jesús, dicen «no». Pero la gente debe decidir.

• Siempre hay una vida transformada. Los que aceptan el llamado de Dios no recorren el camino perfectamente, no por mucho tiempo. Sin embargo, debido a que dicen «sí» a Dios, aprenden y crecen aun a partir de sus fracasos. Y se convierten en parte de las acciones divinas para redimir al mundo.

Los que no aceptan el llamado también son transformados. Se hacen un poco más duros, más resistentes a su llamado, un poco más propensos a decir «no» la próxima vez. Cualquiera que sea la decisión, esta siempre cambia una vida; y transforma al mundo que esa pequeña vida toca.

Creo que este patrón de la Escritura está vigente aún.Pienso que hay algún aspecto en tu vida en el cual Dios te está llamando a caminar con él y hacia él; y que, cuando aceptamos su llamado, se pone en movimiento una dinámica divina muy superior al simple poder humano. Tal vez se relacione con tu trabajo, con un riesgo en tus relaciones, con un don que podrías desarrollar o con recursos que podrías dar. Quizás implicará enfrentarte a tu temor más profundo. Con toda seguridad irá a la esencia de quien eres y de lo que haces.

Así que, juntos, en este libro vamos a aprender las habilidades esenciales para «caminar sobre el agua»: llamado de Dios distintivo, temor trascendente, fe arriesgada, administración del fracaso, confianza en Dios. Mi esperanza no es que simplemente leas este libro, sino que te empuje a decirle «sí» a Dios.

Así que te invito a dar un paseo. Sobre el agua.

Solo recuerda esto: Si quieres caminar sobre el agua, tienes que salir de la barca.

CAPÍTULO 1

ACERCA DE CAMINAR SOBRE EL AGUA

No es el crítico el que cuenta; no es el hombre que señala cómo el fuerte se derrumba o donde el que hace algo pudo haberlo hecho mejor. El crédito le pertenece al hombre que está en la arena... quien, a lo sumo, conoce al fin el triunfo de un gran logro y, en el peor caso, si fracasa, al menos se atreve osadamente. De modo que su lugar nunca será con aquellas tímidas y frías almas que no conocen ni la victoria ni la derrota.

THEODORE ROOSEVELT

Hace algún tiempo, mi esposa me dio como regalo de cumpleaños un paseo en globo aerostático. Fuimos al aeródromo y nos metimos a una pequeña canastilla junto con otra pareja. Nos presentamos e intercambiamos información sobre nuestras carreras. Entonces el piloto comenzó el ascenso. Apenas había amanecido; era un día claro, fresco y sin nubes. Podíamos ver completo el Valle Canejo, desde los escarpados cañones hasta el Océano Pacífico. Era pintoresco, inspirador y majestuoso.

Pero también experimenté una emoción que no había anticipado. ¿Sabes cuál?

El temor.

Siempre pensé que esas canastillas llegaban más arriba del pecho, pero esta solo alcanzaba nuestras rodillas. Un buen tambaleo habría sido suficiente para echar a alguien por la borda. Así que me agarré con inflexible determinación hasta que los nudillos se me emblanquecieron.

Miré a mi esposa, a quien las alturas realmente la despreocupan, y me relajé un poco, sabiendo que había en la canastilla alguien más tenso que yo. Lo sabía porque no se movía para nada, para nada en lo absoluto. En algún momento de nuestro vuelo pasamos sobre un rancho de crianza de caballos y, sin siquiera voltear o inclinar su cabeza, movió solamente los ojos hacia un lado tanto como pudo y me dijo: «Sí, es hermoso».

Ya para este momento decidí que me gustaría conocer al jovencito que estaba piloteando el globo. Me di cuenta de que podía tratar de autoconvencerme de que todo saldría bien, pero la verdad era que habíamos confiado nuestras vidas y destinos en las manos del piloto. Todo dependía de su carácter y capacidad.

Le pregunté cómo se ganaba la vida y cómo comenzó a pilotear globos aerostáticos. Esperaba que su ocupación anterior estuviera llena de responsabilidades: neurocirujano, quizás o un astronauta que ya no pudo ir al espacio.

Supe que estábamos en problemas cuando comenzó a responderme: «Viejo, es muy fácil...»

¡Ni siquiera tenía empleo! Lo que más hacía era *surfear*.

Dijo que comenzó a pilotear globos aerostáticos porque un día, luego de tomar varias copas de más, comenzó a pasear en su camioneta, la chocó y como resultado su hermano quedó gravemente herido. Este no se había podido recuperar del todo, así que mirar globos aerostáticos volar lo entretenía un poco.

«Por cierto —añadió—, si llega a caer en picada cuando bajemos, no se sorprendan. Nunca he volado este globo en particular y no estoy muy seguro de cómo va a resultar el descenso».

Mi esposa me miró y me dijo: «¿Quieres decir que estamos a trescientos cincuenta metros sobre el suelo con un *surfista* desempleado que comenzó a pilotear globos porque tomó varias copas de más, chocó una camioneta, lastimó a su hermano, nunca ha estado en este globo y no sabe cómo bajarlo?»

En ese momento la mujer de la otra pareja me miró y pronunció las únicas palabras que alguno de ellos iba a decir en todo el vuelo.

«Usted es pastor. Haga algo religioso».

Así que recogí una ofrenda.

La gran pregunta en un momento así es: ¿Puedo confiar en el piloto?

Podría convencerme a mí mismo de que todo resultaría bien. Enfrentar el vuelo con una actitud positiva ciertamente haría el viaje más placentero. Pero este terminaría pronto. La preocupación real era el «tipo» que estaba piloteando el globo. ¿Eran su carácter y capacidad suficientes para dejar confiadamente mi destino en sus manos?

¿O era el momento de hacer algo cristiano?

Todos los días tú y yo recorremos otro tramo de nuestro viaje en este globo gigante que gira en torno a un vasto universo. Solo tenemos una oportunidad de hacerlo. Anhelo enfrentarlo con un gran espíritu de aventura y riesgo. Y apuesto que tú también. Pero a veces es un paseo muy incierto. Me gustaría que los bordes de mi canasta estuvieran un poco más altos. Que el globo fuera más resistente. Me pregunto cómo terminará mi viajecito. No estoy seguro de la amanera en que voy a maniobrar en mi descenso.

Puedo tratar de convencerme a mí mismo para arriesgarme y creer que todo saldrá bien. Pero la verdadera pregunta es: ¿Hay alguien piloteando esta cosa? ¿Son su carácter y capacidad dignos de confianza? Porque, si no, no quiero arriesgarme. Mi historia, como la de todo ser humano es, al menos en parte, una lucha entre la fe y el temor.

Debido a esto, he sentido atracción durante muchos años por la historia de Pedro cuando sale de la barca y camina sobre el agua con Jesús. Es uno de los mejores retratos del mayor significado del discipulado en la Escritura. En los siguientes capítulos miraremos de cerca cada detalle del relato para encontrar lo que nos enseña acerca de caminar sobre el agua. Pero por el resto de este capítulo, hagamos una toma aérea. ¿De qué está hecho alguien que camina sobre el agua?

LOS QUE CAMINAN SOBRE EL AGUA RECONOCEN LA PRESENCIA DE DIOS

Pedro y sus compañeros se metieron a un pequeño bote una tarde para cruzar el mar de Galilea. Jesús quería estar solo, así que se fueron a navegar sin él. A Pedro no le incomodó eso: había estado en barcas toda la vida. Es más, le gustaban.

Pero esta vez se desencadenó una tormenta. Y no se trató de una ráfaga cualquiera. El Evangelio de Mateo dice que la barca era «zarandeada» por las olas. Fue tan violenta que lo único que los discípulos podían hacer era mantenerla a flote. Hubieran querido que los costados de la barca fueran más altos y la madera más gruesa. Para las 3:00 de la mañana me imagino que no estarían preocupados por llegar a la otra orilla: solo querían seguir vivos.

Entonces uno de los discípulos notó una sombra que se movía sobre el agua en dirección a ellos. Mientras se acercaba, comenzó a notarse una figura humana caminando. Detente un momento para dejar que la imagen tome forma. Los discípulos estaban angustiados y la única persona que podía ayudarlos se estaba acercando a ellos. Solo que él no estaba en la barca y los discípulos no lo reconocieron. Maravillosamente, el no tener una embarcación no parecía impedir a Jesús en lo absoluto.

Pero los discípulos estaban convencidos de que se trataba de un fantasma, así que se aterrorizaron y gritaron con temor. Desde nuestra perspectiva, podemos preguntarnos cómo es que no pudieron saber que se trataba de Jesús. ¿Quién más podría ser? Mateo, sin embargo, quiere que sepamos que algunas veces se requiere de los ojos de la fe para reconocer a Jesús cuando está cerca. Muchas veces, a mitad de la tormenta, zarandeados por las olas de la decepción y la duda, no somos mejores que los discípulos si se trata de reconocer la presencia de Jesús.

¿QUÉ PRETENDÍA JESÚS CAMINANDO POR ... DIGO, SOBRE EL LAGO A LAS TRES DE LA MAÑANA?

¿QUÉ PRETENDÍA JESÚS CAMINANDO POR... DIGO, SOBRE EL LAGO A LAS TRES DE LA MAÑANA? Solo por un momento, profundicemos un poco.

David Garland halla una pista en la versión que da Marcos de esta historia en su evangelio. Marcos nos dice que Jesús «iba a pasarlos de largo» sobre el agua pero que, cuando lo vieron caminar sobre el lago, creyeron que era un fantasma. ¿Por qué Jesús quería «pasarlos de largo»? ¿Decidió competir con ellos en una carrera? ¿Quería impresionarlos con un truco realmente bueno?

Garland señala que el verbo *parérjomai* («pasar junto») es utilizado en la traducción griega del Antiguo Testamento como un término técnico relacionado con una teofanía: esos momentos determinantes cuando Dios hizo «apariciones notables y temporales en el reino terrestre para un grupo o individuo seleccionados con el propósito de comunicar un mensaje».

«Cuando yo pase en todo mi esplendor...», dijo Dios a Moisés mientras lo colocaba en la hendidura de una roca para que pudiera verle y luego le dio a conocer su nombre «*pasando* delante de él».

Dios le dijo a Elías que se presentara en la montaña ante él porque estaba a punto de «*pasar* por allí».

Hay un patrón en estas historias. En cada caso, Dios tuvo que atraer la atención a través de una zarza ardiente, del viento y del fuego o caminando sobre el agua. En cada caso, Dios los llamó a hacer algo extraordinario. En cada caso, la persona a quien Dios llamó sintió temor. Pero, cada vez que esa persona dijo «sí» a su llamado, sintió el poder de Dios en su vida.

Así que, cuando Jesús se acercó a los discípulos sobre el agua intentando «pasarlos de largo», no estaba nada más que haciendo un formidable acto sobrenatural. Estaba revelando su divina presencia y poder. Solo Dios puede hacer algo así: «Él ... reprendió al viento y a las olas».

Es interesante observar que los discípulos entraron a la barca originalmente por órdenes de Jesús. Tenían que aprender, al igual que nosotros, que la obediencia no es garantía para evitar la adversidad. Y en el instante en que la tormenta captó toda su atención, Jesús decidió que era el momento en el que los discípulos tenían que aprender un poquito más acerca del piloto. *De eso se trata, amigos,* les aseguró. *Pueden confiar en mí. Conocen mi carácter y mi capacidad. Pueden entregarme con seguridad su destino en mis manos. Tengan valor. Soy yo.*

No lo habían entendido en su totalidad todavía, pero Dios los visitó en la carne, caminando sobre el agua.

Mateo quiso que sus lectores entendieran que, a menudo, Jesús viene cuando menos se le espera: a las tres de la mañana, en medio de una tormenta. Dale Bruner anota que «de acuerdo a las Santas Escrituras, los extremos humanos son un punto frecuente de encuentro con Dios». Esos momentos determinantes, dispuestos por Dios, los tendremos tú y yo. Dios todavía les pide a sus seguidores hacer cosas extraordinarias y, SI NO LO ESTÁS BUSCANDO, ES POSIBLE QUE NO LO VEAS.

SI NO LO ESTÁS BUSCANDO, ES POSIBLE QUE NO LO VEAS.

En la barca se sentaron doce discípulos y no sabemos cómo es que once de ellos respondieron a esa voz. Tal vez con confusión, admiración, incredulidad o con un poco de cada una. Pero uno de ellos, Pedro, estaba a punto de convertirse en un caminante sobre el agua. Él reconoció la presencia de Dios, en el lugar más inusual. Se dio cuenta de que esta era una extraordinaria oportunidad para el crecimiento y la aventura espiritual. Así que se le ocurrió una idea.

Y decidió hacer algo cristiano.

LOS QUE CAMINAN SOBRE EL AGUA DISCIERNEN ENTRE LA FE Y LA NECEDAD

Pedro espetó al caminante sobre el agua: «Si eres tú ... mándame que vaya a ti sobre el agua». ¿Por qué razón incluye Mateo este detalle? ¿Por qué Pedro simplemente no se zambulló en el agua? Creo que por un motivo muy importante. Esta no es una historia acerca de cómo correr riesgos. Se trata en esencia de un relato sobre la *obediencia*. Eso significa que tengo que discernir entre un llamado auténtico de Dios y lo que puede ser simplemente un necio impulso mío. El valor por sí solo no es suficiente, debe estar acompañado de sabiduría y discernimiento.

Mateo no elogia el arriesgarse por su propio bien. Jesús no busca gente que salta de los puentes con cuerdas elásticas, ni pilotos que planean en aparatos voladores caseros, ni corredores de autos que persiguen tornados. Caminar sobre el agua no es algo que Pedro hiciera con propósitos recreativos. Esta no es una historia sobre deportes peligrosos, es acerca de *discipulado radical*. Eso significa que antes que Pedro salga de la barca, más vale que esté seguro de que Jesús piensa que es una buena idea. Por eso es que pide claridad: «Si eres tú ... mándame».

Y creo que, en la oscuridad, Jesús sonrió. Tal vez se carcajeó; y todo debido a que una persona en la barca entendió. Pedro tuvo una vaga noción de lo que el Maestro hace. Y no solo eso, tuvo suficiente fe para creer que también podía compartir la aventura. Decidió que quería ser parte de la historia del primer caminante sobre el agua. *Mándame.*

LOS QUE CAMINAN SOBRE EL AGUA SALEN DE LA BARCA

Antes de avanzar más, quiero que te sitúes dentro de la historia.

Imagina lo violenta que tuvo que ser la tormenta para mantener a profesionales experimentados luchando por solo mantenerse a flote. Imagina el tamaño de las olas, la fuerza del viento, la oscuridad de la noche, ¡y sin Dramamine! [medicamento que evita el mareo y las náuseas]. Estas fueron las condiciones en las que Pedro iba a salir de la barca.

Ya era suficientemente difícil tratar de caminar sobre el agua tranquila, con un sol brillante y sin viento. Imagina tratar de hacerlo cuando las olas golpean, el viento está a su máxima fuerza y son las tres de la mañana, además de que estás aterrado.

Ponte en el lugar de Pedro por un momento. Tienes una idea repentina de lo que Jesús está haciendo: el Señor pasa al lado. Te invita a participar en la aventura de tu vida. Sin embargo, al mismo tiempo, estás muerto de miedo. ¿Qué escogerías: el agua o la barca?

La barca es segura, firme y cómoda.

Por otro lado, el agua es tempestuosa. Las olas son altas. El viento es fuerte. Hay una tormenta. Y si sales de la barca, cualquier cosa que ella signifique, hay una gran probabilidad de que se hunda.

Pero si no sales, hay una certidumbre garantizada de que nunca caminarás sobre el agua. Esta es la ley inmutable de la naturaleza.

Si quieres caminar sobre el agua, tienes que salir de la barca.

Creo que existe algo —Alguien— dentro de nosotros que nos dice que la vida es más que sentarse en la barca. Fuiste hecho para algo más que evitar el fracaso. Hay algo dentro de ti que quiere caminar sobre el agua, dejar la comodidad de la existencia rutinaria y abandonarte a la gran aventura de seguir a Dios.

Así que déjame hacerte una pregunta muy importante: *¿Qué es tu barca?*

Tu barca es cualquier cosa que represente seguridad y firmeza para ti, aparte de Dios mismo. Tu barca es cualquier cosa en la que seas tentado a confiar, especialmente cuando la vida se torna algo tormentosa. Tu barca es cualquier cosa que te mantenga tan cómodo que no quieres abandonarla aun cuando te evite unirte a Jesús en las olas. Tu barca es cualquier cosa que te aleje de la gran aventura del discipulado extremo.

¿Quieres saber cuál es tu barca? Tu temor te lo dirá. Simplemente pregúntate: *¿Qué es lo que más me produce temor, especialmente cuando pienso en dejarlo atrás y caminar hacia adelante en fe?*

Para David, es su vocación. Ha sido contratista por treinta y cinco años y ahora tiene casi sesenta. Sin embargo, su vida entera fue corroída por la sensación de que Dios lo llamó al ministerio de la iglesia. Él ha callado su conciencia dando grandes cantidades de dinero y haciendo muchas buenas obras, pero no puede quitarse de encima el acuciante temor de que no siguió su llamado. Y teme que quizá es demasiado tarde.

Para Kathy, es una relación. Ha estado involucrada durante años con un hombre que, en el mejor de los casos, tiene un compromiso ambivalente con ella. Él le da señales que cualquier otra persona puede leer con claridad: nunca toma la iniciativa en la expresión afectiva, evita hablar acerca del futuro y pone tanta distancia entre ellos como le es posible. Pero ella no quiere descubrir sus verdaderos sentimientos, tiene mucho miedo. Kathy no cree que pueda manejar la situación de perderlo. Su barca está tambaleándose mucho, pero tiene demasiado miedo para dejarla.

Ralph es pastor de una iglesia en la que no encaja y a la que no ama, llena de divisiones y riñas. Más que hablar verdades proféticas o dirigirla con visión clara, sus esfuerzos se concentran en aplacar a los miembros enojados y mantener la paz entre ellos. No le gusta la iglesia; le molesta y le atemoriza. Pero es su barca. Si la deja, su única alternativa es otra iglesia como esa.

La barca de Doug es un secreto: es adicto a la pornografía. Es una adicción leve, o al menos eso se dice a sí mismo; por lo general películas para adultos en viajes de negocios y juergas ocasionales en internet. Nada que le haya costado un trabajo o el matrimonio. Hasta ahora. Pero nadie lo sabe. Teme admitirlo. Tiene miedo de pedir ayuda. El secreto lo está matando. Pero eso es su barca.

La barca de Kim es su papá. Con el objeto de hacerlo feliz, ella cría a sus hijos, dirige su casa y hace una carrera. Lo irónico es que su papá no es feliz y nada que ella haga jamás será suficiente para complacerlo. Pero el pensamiento de contradecirlo la aterroriza. La aprobación de él es un vaso con muchas fugas. Pero es la barca de Kim.

Tal vez tu barca sea el éxito. Ese fue el caso del joven rico de la Biblia. Jesús le pidió que saliera de su barca («Vende lo que tienes y dáselo a los pobres ... Luego ven y sígueme»), pero él decidió no hacerlo. Tenía una barca muy bonita. Un yate. Navegaba muy bien y le gustaba demasiado como para dejarlo.

A veces me pregunto si el joven rico pensó alguna vez en ese encuentro con Jesús cuando llegó al final de su vida, cuando era un anciano y su cuenta bancaria, su portafolio de acciones y su vitrina de trofeos estaban llenos. ¿Recordaría alguna vez el día en que el hijo de un carpintero lo llamó a apostar todo a favor del reino de Dios y él dijo «no»? ¿Cuál es tu barca? ¿En qué área de tu vida te retraes de confiar completa y valientemente en Dios? El miedo te dirá cuál es tu barca. Abandonarla puede ser lo más difícil que hayas hecho jamás. Pero, si quieres caminar sobre el agua, tienes que salir de la barca.

LOS QUE CAMINAN SOBRE EL AGUA AVIZORAN LOS PROBLEMAS
Así es que Pedro se va al borde de la barca. Los otros discípulos observan con cuidado. Ya antes vieron que Pedro abre demasiado la boca, muchas veces. Se preguntan cuán lejos llegará en esta ocasión. Pone un pie al otro lado del borde, aferrándose con fuerza de él. Luego el otro pie. Se aferra con inflexible determinación y blancos nudillos.

Entonces hace algo cristiano: se suelta. Se abandona totalmente al poder de Jesús. Y, de repente, por primera vez en la historia, un ser humano normal camina sobre el agua.

Durante un momento, parece que solo Pedro y Jesús están sobre el agua. Pedro brilla de placer. Jesús está emocionado con su discípulo. *De tal maestro, tal discípulo.*

Y entonces ocurre. Pedro sintió el viento fuerte.

Resurge la realidad y Pedro se pregunta: *¿Y en qué estaba pensando?* Se percata de que está sobre el agua en medio de una tormenta sin una barca bajo sus pies, y se aterroriza. Aunque en realidad nada había cambiado. LA TORMENTA NO FUE SORPRESIVA, ESTUVO AHÍ TODO EL TIEMPO. Lo que realmente ocurrió es que la concentración de Pedro pasó del Salvador a la tormenta.

LA TORMENTA NO FUE SORPRESIVA, ESTUVO AHÍ TODO EL TIEMPO.

Todos sabemos lo que significa «sentir el viento fuerte». Comienzas una nueva aventura lleno de esperanza. Tal vez se trata de un trabajo nuevo o de probar un talento espiritual o de intentar servir a Dios de una manera novedosa. Al principio, estás lleno de fe, el cielo es azul.

Y entonces resurge la realidad. Reveses. Oposición. Obstáculos inesperados. Sientes el viento fuerte. Debería ser así, el mundo es un sitio bastante tormentoso. Sin embargo, de alguna forma, los problemas todavía tienen el poder de tomarnos por sorpresa. Debido al viento, algunas personas deciden no dejar la barca. Si sales de ella, enfrentarás al viento y la tormenta externos. Pero también, como bien sabrás para ese momento, no hay garantía de que la vida dentro de la barca será más segura.

Eileen Guder escribió:

> Usted puede vivir ingiriendo comida sosa para evitar una úlcera, no beber té, café u otros estimulantes en nombre de la buena salud, dormir temprano, no trasnocharse, evitar todo tema controversial para no ofender a nadie, ocuparse de sus propios asuntos, evitar involucrarse en los problemas de otras personas, gastar dinero solo en lo necesario y ahorrar todo lo que pueda.
>
> Pero aun así, puede romperse el cuello en su bañera y todo aquello no le servirá de nada.

Larry Laudan, un filósofo de la ciencia, ocupó la última década estudiando la administración de riesgos. Escribe acerca de la forma en que vivimos en una sociedad tan orientada al temor que sufrimos de lo que él llama *embotellamiento de riesgo*, una condición que —cual congestionamiento de tránsito—, nos imposibilita hacer o ir a cualquier lugar. Resume la literatura relacionada con la administración de riesgos en diecinueve principios. El primero es el más simple: *Todo tiene un riesgo*. Si buscas la seguridad absoluta, te equivocaste de especie. Puedes quedarte en cama y en casa, pero eso puede convertirte en uno del medio millón de estadounidenses que requieren tratamiento en las salas de emergencias cada año debido a heridas ocasionadas al caer de la cama. Puedes cubrir tus ventanas, pero eso puede hacerte una de las diez personas al año que accidentalmente se ahorcan con los cordones de sus persianas. Puedes ocultar tu dinero en un colchón, pero eso puede convertirte en uno entre decenas de miles de personas que van a las salas de emergencia debido a heridas causadas por el manejo de dinero, desde cortaduras con la orilla del papel hasta hernias (para los ricos).

Si te paras a batear, te pueden sacar del juego. Los grandes peloteros del mundo fallan dos de cada tres intentos.

Pero si no te paras, nunca sabrás lo glorioso que es batear un cuadrangular. Hay peligro al salir de la barca. Pero también lo hay si permaneces en ella. Si vives en la barca, cualquier cosa que esta sea, tarde o temprano morirás de aburrimiento y estancamiento. *Todo tiene un riesgo.*

LOS QUE CAMINAN SOBRE EL AGUA ACEPTAN EL MIEDO COMO PRECIO DEL CRECIMIENTO

Ahora llegamos a una parte de la historia que puede no gustarte. No me interesa mucho a mí. Escoger seguir a Jesús, la elección de crecer, es también elegir la constante repetición del miedo. Tienes que salir de la barca un poco cada día.

Déjame explicarte. Los discípulos suben a la barca, enfrentan la tormenta, ven al que camina sobre el agua y siente temor. «No tengan miedo», dice el Señor. Pedro se ciñe los lomos, pide permiso para ir fuera de borda, mira el viento y todo es temor otra vez. «No tengan miedo», dice Jesús. ¿Crees que esa es la última vez en su vida que Pedro experimentaría el miedo?

Aquí hay una verdad profunda en cuanto a caminar sobre el agua: *El miedo siempre estará presente.* ¿Por qué? Porque cada vez que quiero crecer, eso incluirá explorar nuevo territorio, enfrentar nuevos desafíos. Y cada vez que haga eso, experimentaré otra vez el miedo. Como lo escribe Susan Jeffers: «El miedo nunca se irá, mientras yo continúe creciendo».

¡Nunca! ¿No son esas buenas noticias? Ahora puedes dejar de tratar de alejar al miedo. El temor y el crecimiento van de la mano como el queso y los espaguetis. Es un paquete. La decisión de crecer siempre involucra una selección entre el riesgo y la comodidad. Esto quiere decir que, para ser un seguidor de Jesús, debes renunciar a la comodidad como valor máximo de tu vida. Y esas son noticias que nos hacen pensar a la mayoría de nosotros, porque somos aficionados a la comodidad. El teólogo Kart Barth dijo que ella es uno de los grandes cantos de sirena de nuestra era.

¿Quieres saber el nombre del sillón más vendido en los Estados Unidos de América?

«La-Z-Boy» [«Lazy boy», para vagos].

No es «Risk-E-Boy» [«Risky boy», para arriesgados].

Ni tampoco «Work-R-Boy» [«Worker boy», para trabajadores].

«La-Z-Boy» [«Lazy boy», para vagos]. Nos queremos sumergir

en la comodidad. Hemos desarrollado todo un lenguaje acerca de ello. La gente dice: «Quiero irme a casa y *vegetar* —parecerme a la vegetación tanto como sea humanamente posible, de preferencia frente a un televisor».

Igualmente, a la gente que hace esto frente a un televisor la llamamos teleadictos. Teleadictos en sus sillones.

Los once discípulos bien pudieron llamarse «barcadictos». No les molestaba observar, pero no quisieron realmente *hacer* algo.

Millones de personas en las iglesias de estos días podrían ser llamadas «bancadictas». Quieren un poco de la comodidad asociada con la espiritualidad pero no desean el riesgo ni el reto que van con seguir a Jesús en verdad. Y así, Jesús sigue buscando personas que quieran salir de la barca.

Como veremos en esta obra, ambas selecciones, el riesgo y la comodidad, tienden a convertirse en hábito. Cada vez que sales de la barca, se hace un poco más probable que salgas la próxima vez. No es que el miedo se aleje, sino que te acostumbras a vivir con él. Te das cuenta de que este no tiene el poder para destruirlo.

Por otro lado, cada vez que te resistes a esa voz, que decides permanecer en la barca en vez de atender a su llamado, la voz se hace un poco más silenciosa en tu interior y, a fin de cuentas, ya no escuchas su llamado en absoluto.

LOS QUE CAMINAN SOBRE EL AGUA DOMINAN LA ADMINISTRACIÓN DEL FRACASO

Como resultado de sentir el viento y dejarse vencer por el miedo, Pedro comenzó a hundirse en el agua. Así que la pregunta es: ¿Fracasó Pedro? Antes de ofrecer una respuesta, déjame hacer una observación acerca del fracaso, ya que en este libro hablamos mucho de él.

El fracaso no es un acontecimiento, sino un *juicio* acerca de un acontecimiento. El fracaso no es algo que nos ocurre o una etiqueta que le ponemos a las cosas. Es una forma de pensar acerca de los resultados.

Antes que Jonas Salk desarrollara una vacuna contra la polio que finalmente funcionara, hizo doscientos intentos sin éxito. Alguien le preguntó: «¿Qué se siente fracasar doscientas veces?»

«Nunca he fracasado doscientas veces en mi vida —respondió

Salk—. Se me enseñó a no utilizar la palabra "fracaso". Simplemente descubrí doscientas formas de cómo no vacunar contra la polio».

Alguien le preguntó a Winston Churchill qué fue lo que más lo preparó para arriesgarse al suicidio político al hacer un discurso en contra de Hitler durante los años de pacificación a mitad de la década del treinta, y luego dirigir a la Gran Bretaña en contra de la Alemania nazi. Churchill respondió: Que haber tenido que repetir un año en la escuela primaria.

«¿O sea que usted fracasó un año en la escuela primaria?», le preguntaron.

«Nunca fracasé en nada en mi vida. Se me dio una segunda oportunidad para hacerlo bien».

Jonas Salk hizo doscientos intentos sin éxito para crear una vacuna contra la polio. *¿Jonas Salk era un fracasado?*

Winston Churchill repitió un año en la escuela primaria. *¿Winston Churchill era un fracasado?*

Crecí en el norte del estado de Illinois y he sido fanático de los Cachorros de Chicago toda mi vida. Mientras escribo esto, los Cachorros no han estado en la Serie Mundial de Béisbol por cincuenta y cuatro años. Es más, nunca han ganado la Serie Mundial en noventa años. *¿Los Cachorros de Chicago son unos fracasados?*

Mal ejemplo, ya sé.

¿Fracasó Pedro?

Bueno, supongo que de alguna manera sí. Su fe no era muy fuerte. Sus dudas fueron más firmes. Sintió el viento. Quitó su vista de donde debía estar. Se hundió. Fracasó.

Pero esto es lo que pienso. CREO QUE HABÍA ONCE FRACASOS MÁS GRANDES SENTADOS DENTRO DE LA BARCA.

Ellos fracasaron en silencio. Fracasaron en privado. Su fracaso pasó inadvertido, no observado, no criticado. Solo Pedro conoció la vergüenza del fracaso público.

CREO QUE HABÍA ONCE FRACASOS MÁS GRANDES SENTADOS DENTRO DE LA BARCA.

Solamente él conoció otras dos cosas más. Solo Pedro conoció la gloria de caminar sobre el agua. Solo él supo lo que significa hacer algo que no era capaz de lograr por sí mismo, sintiendo después la euforia de que Dios le diera el poder para realmente hacerlo. Una vez que caminas sobre el agua, nunca lo olvidas. No lo olvidas por el resto de tu vida. Y creo que Pedro mantuvo ese momento con él hasta su tumba.

Solo él conoció la gloria de ser levantado por Jesús en un momento de necesidad acuciante. Pedro supo —de una manera que los otros no—, que cuando él se hundió, Jesús sería enteramente suficiente para salvarlo. Tuvo en Jesús un momento, una conexión y una confianza compartidos que ninguno de los otros experimentó. Ellos no pudieron porque nunca salieron de la barca. El peor fracaso no es hundirse en las olas. Es no salir nunca de la barca.

LOS QUE CAMINAN SOBRE EL AGUA VEN EL FRACASO COMO UNA OPORTUNIDAD PARA CRECER

Tan pronto como Pedro clamó por ayuda, Jesús se presentó. Ayuda a Pedro físicamente al sacarlo del agua. Pero también lo ayuda a crecer al precisar el problema: «¡Hombre de poca fe! ¿Por qué dudaste?»

No pienso que Jesús estaba siendo áspero o crítico aquí. Es más, un detalle que me encanta de este relato es que Jesús le hace esta observación a Pedro cuando están solos en el agua. El texto dice que es solo después de ese comentario que suben a la barca. Pudo haber sido que el Señor, como todo buen mentor, no quiso avergonzar a Pedro frente a los otros discípulos. Así que, en la intimidad y con la seguridad de su fuerte mano derecha, ayuda a Pedro con gentileza a identificar la fuente de su problema.

Este estaba bien claro: Si Pedro se hundía en o caminaba sobre el agua dependía de su concentración en la tormenta o en Jesús.

FUE SU DISPOSICIÓN A ARRIESGARSE A FRACASAR LO QUE LE AYUDÓ A CRECER.

Pero ahora, Pedro entendía su dependencia de la fe mucho más profundamente que lo que lo habría comprendido si nunca hubiera salido de la barca. FUE SU DISPOSICIÓN A ARRIESGARSE A FRACASAR LO QUE LE AYUDÓ A CRECER.

Más que aborrecer el fracaso, detestamos que otras personas nos vean fracasar. Si yo hubiera sido Pedro, habría intentado disimular lo que ocurrió al regresar a la barca con los otros discípulos: *Sí, claro, caminar sobre el agua fue genial por un momento. Pero luego sentí calor y pensé lo bien que se sentiría darse un buen chapuzón...*

Así como Pedro se ubicó en una posición para *fracasar*, se situó en otra para *crecer*. El fracaso es parte indispensable e irremplazable del aprendizaje y el crecimiento. Este es el principio involucrado: el fracaso no te forma; lo que te moldea es la forma en la que *respondes* a él.

Sir Edmund Hillary intentó varias veces, sin éxito, escalar el Monte Everest hasta que lo logró. Luego de uno de esos intentos, permaneció parado al pie de la gran montaña y sacudió su puño hacia ella: «Te venceré —dijo desafiante—. Porque tú no puedes ser más grande de lo que eres, *pero yo todavía estoy creciendo*». Cada vez que Hillary intentaba, fracasaba. Y cada vez que fracasó, aprendió. Y cada vez que aprendió, creció e intentó de nuevo. Hasta que un día no fracasó.

LOS QUE CAMINAN SOBRE EL AGUA APRENDEN A ESPERAR EN EL SEÑOR

Este relato sobre el riesgo trata también acerca de la espera. Los discípulos tuvieron que esperar en la tormenta hasta la cuarta vigilia de la noche antes que Jesús se les acercara. Aun entonces, no es sino hasta el propio fin del pasaje que los discípulos reciben lo que estaban esperando: alivio de la tormenta. ¿Por qué Jesús no hizo que el viento cesara *antes* que Pedro saliera de la barca?

Tal vez porque ellos, como nosotros, necesitaban aprender algo acerca de esperar.

Debemos aprender a esperar en el Señor para recibir el poder de caminar sobre el agua. Debemos esperar en el Señor para que la tormenta desaparezca.

En algunas maneras, «esperar en el Señor» es la parte más difícil de confiar. No es lo mismo que «matar el tiempo». Es situarse a sí mismo con vulnerabilidad absoluta en sus manos.

Toda mi vida me ha encantado hablar. Aún no tenía dos años cuando memoricé el parlamento de mi hermana en una representación de la Escuela Dominical y exigí que me lo dejaran decir también. (Eso me contaron. Personalmente no recuerdo nada). En las encuestas, el miedo escénico es casi siempre el temor principal de la mayoría de las personas, inclusive más que el miedo a la muerte. Nunca entendí eso, dado que hablar en público se convirtió en una de mis fuentes de alegría.

Cuando comencé a predicar y enseñar, me percaté de que era una experiencia profundamente conmovedora. Tenía la percepción de que para eso nací. Que eso era parte de mi llamado.

Un domingo, en aquel tiempo, tenía como diez minutos de estar predicando cuando comencé a sentir mucho calor y mareo. Lo otro que recuerdo es que estaba en el piso con varias caras angustiadas asegurándose de que estuviera bien. Me desmayé a la mitad del sermón. Después de un año de estudiar en el extranjero, regresé a la misma congregación. La próxima vez que prediqué me ocurrió lo mismo. A los diez minutos me desmayé. Lamentablemente para mí, se trataba de una iglesia bautista, no una carismática. No era el tipo de congregación en el que se te da crédito por este tipo de cosas. Nadie lo interpretó como que fui «tomado en el Espíritu». Cuando eres bautista, desmayo es desmayo. Eso incrementó la asistencia por un tiempo, como lo que sucedería con la posibilidad de que ocurriera un accidente en las 500 millas de Indianápolis: la gente no espera precisamente que algo así suceda, pero no quieren perdérselo si ocurre.

Sin embargo, fue algo doloroso para mí. No entendía por qué me estaba sucediendo eso. Como que sentía que predicar era mi llamado, lo que me encantaba hacer. Pero no sabía si podría hacerlo. Sabía, sin embargo, que una persona no puede predicar si eso significa desmayarse con frecuencia. Eso pone nerviosos a los demás.

Gente bien intencionada ofreció toda clase de consejos: «Solo necesitas esforzarte mucho para relajarte y confiar más». ¿Alguna vez has intentado *esforzarte* para relajarte?

Ese verano tenía muchos compromisos para predicar. El pastor principal de la iglesia, que estaba en su año sabático, ofreció dejarme libre para conseguir algunas predicaciones.

Sin embargo, de alguna manera, sabía que si no me levantaba a hablar el fin de semana siguiente, no iba a ser más sencillo para mí. Le pedí a Dios que me quitara el miedo de que ocurriera otra vez. Pero no lo hizo. Recordé el pasaje de Isaías:

Aun los jóvenes se cansan, se fatigan,
y los muchachos tropiezan y caen;
pero los que confían en el SEÑOR
renovarán sus fuerzas.

Así que me levanté y prediqué. No fue un gran sermón, aunque la congregación estaba alarmada y atenta. No fue nada dramático, lo hacen cada domingo miles de hombres y mujeres alrededor del mundo. Pero lo hice hasta el final y ese fue un triunfo personal. Comencé a aprender lo que significa «confiar en el Señor». Pasaron ya dieciséis años desde la última vez que me desmayé predicando, pero de vez en cuando tengo un recuerdito de lo que es estar suficientemente nervioso como para desmayarse. Aún me incomoda pensar en eso y espero que el temor se disipe por completo, que el viento se calme. Me hace recordar lo finito y dependiente que soy. Cada vez que predico es, al menos en parte, un ejercicio de espera en el Señor.

Pero si no predico, no conoceré otra vez el regocijo de hacer lo que creo que Dios me llamó a hacer. Así que sigo aprendiendo a esperar.

CAMINAR SOBRE EL AGUA BRINDA UNA CONEXIÓN MÁS PROFUNDA CON DIOS

Jesús todavía busca gente que salga de la barca. ¿Por qué arriesgarse? Creo que hay muchas razones:

• Es el único camino al crecimiento verdadero.
• Es la forma en la que se desarrolla la fe verdadera.
• Es la alternativa al aburrimiento y estancamiento que causa que la gente se marchite y muera.
• Es parte de descubrir y obedecer su llamado.

Pienso que hay muchas buenas razones para salir de la barca. Pero hay una que supera a todas las demás: *En el agua es donde está Jesús*. El agua puede ser oscura, fría y peligrosa. Pero Jesús no está en la barca. La razón principal por la que Pedro salió de la nave es porque quiso estar donde Jesús estaba. Mateo insiste en referirse a esta realidad. La petición de Pedro es: «Señor, si eres tú ... mándame que *vaya a ti*». Luego salió de la barca y «caminó sobre el agua *en dirección a Jesús*».

Debido a la acción de Pedro, tanto él como sus amigos llegaron a comprender profundamente a su Maestro como nunca. Se percataron, más que nunca, que podían confiar sus destinos en sus manos. Entendieron que aquel en su barca era el único que apacigua las olas del mar, y lo adoraron.

¿Y qué contigo? ¿Cuándo fue la última vez que saliste de la barca?

Creo que el método general de Dios para desarrollar una fe profunda y osada en nosotros consiste en pedirnos que salgamos de la barca. Más que escuchar una gran conferencia o leer un buen libro, Dios usa desafíos de la vida real para desarrollar nuestra capacidad de confiar en él.

Tendemos a buscar un mundo de comodidades. Tratamos de erigir vidas manejables, con cierta seguridad, y predecibles para mantener la ilusión de que las controlamos.

Entonces es cuando Dios «se nos adelanta» y estremece todo. El llamado a salir de la barca implica crisis, oportunidades, frecuentemente fracaso, normalmente miedo, algunas veces sufrimiento y siempre la asignación a realizar una tarea demasiado grande. Pero no hay otra forma para desarrollar la fe y asociarse con Dios.

Tal vez hubo un tiempo en tu vida cuando caminabas sobre el agua con cierta normalidad. Una época cuando tu corazón era muy semejante al de Pedro: «Mándame que vaya a ti». Un tiempo en el que te arriesgaste a expresar tu fe aun cuando implicara rechazo; a dar, aun cuando significara sacrificio; a servir, inclusive cuando te planteara la posibilidad de fracasar. Algunas veces te hundiste. Otras remontaste el vuelo. Pero viviste al borde de tu fe.

Tal vez ahora, sin embargo, no has estado fuera de la barca por algún tiempo. Tienes una linda nave, con sillas acolchonadas en la cubierta y estabilizadores para evitar los mareos en la tormenta. Puedes estar muy cómodo sentado en tu barca.

¡Pero el Señor está pasando de largo! Jesús está buscando todavía gente que salga de la barca. No sé lo que esto signifique para ti. Si sales de tu barca, tendrás problemas. Hay una tormenta allá afuera y tu fe no será perfecta. El riesgo siempre involucra la posibilidad de fracasar.

CUANDO FRACASES, y vaya que fracasarás algunas veces, JESÚS ESTARÁ ALLÍ PARA LEVANTARTE. NO FRACASARÁS SOLO.

Pero si sales, creo que ocurrirán dos cosas. La primera es que CUANDO FRACASES, y vaya que fracasarás algunas veces, JESÚS ESTARÁ ALLÍ PARA LEVANTARTE. NO FRACASARÁS SOLO.

Te darás cuenta de que él todavía es completamente suficiente para salvar.

Y la otra cosa es que, de vez en cuando, caminarás sobre el agua.

Así que haz algo en fe.

Sal de la barca.

SAL DE LA BARCA

1. ¿Cuál es tu barca? ¿Cómo es que el temor o la comodidad evitan que confíes en Dios?
2. ¿En qué área necesitas discernimiento para saber si realmente eres llamado a salir de la barca?
3. ¿Qué riesgo correrías que pueda ayudar a que crezca tu fe?
   - ❑ ¿Defender un principio en el que crees durante una conversación difícil?
   - ❑ ¿Expresar tu afecto aunque te resulte muy difícil?
   - ❑ ¿Aceptar un desafío que sabes será muy exigente?
4. ¿Qué fracaso de tu pasado aún te atormenta? ¿A qué amigo de confianza se lo puedes comunicar como un paso para quitarte el peso de ese fracaso?
5. ¿En qué punto está tu relación con Jesús hoy?:
   - ❑ Acurrucado en la barca con un salvavidas y el cinturón de seguridad puesto.
   - ❑ Con una pierna adentro y otra afuera.
   - ❑ Caminando sobre el agua y disfrutándolo mucho.
   - ❑ Fuera de la barca pero sintiendo el viento muy fuerte.

CAPÍTULO 2

Pedro bajó de la barca y caminó sobre el agua en dirección a Jesús.

MATEO 14:29

BARCADICTOS

A las tristes almas de aquellos que vivieron sin merecer alabanzas ni vituperio ... que no fueron ni rebeldes ni fieles a Dios, sino que vivieron para sí.

DANTE ALIGHIERI

Poco después de que falleció mi abuela paterna, Florence, mi abuelo le hizo a mi mamá un ofrecimiento poco usual.

«Kathy —le dijo en su fuerte acento sueco—, al revisar algunas de las cosas de Florence en el ático me topé con una caja de platos viejos. Pensé en deshacerme de ellos pero noté que son de color azul, tu favorito. Por qué no los revisas y, si así lo deseas, quédatelos. Si no los quieres, se los daré al Ejército de Salvación».

Mi mamá subió al ático, esperando encontrar una vajilla vieja y usada. Abrió la caja y, en vez de eso, se encontró con la más exquisita porcelana que había visto en su vida. Cada plato se había pintado independientemente con un trazo llamado «nomeolvides». Las tazas tenían incrustaciones de madreperla. Estas y los platos tenían el canto dorado. Estos habían sido hechos a mano en una fábrica de Bavaria destruida durante la Segunda Guerra Mundial, así que literalmente eran irremplazables.

Mi mamá tenía más de veinte años en la familia y nunca había visto aquellas piezas de porcelana. Le preguntó a mi padre sobre ellas. Él había crecido en la familia y tampoco las había visto.

Después de un tiempo averiguaron por otros miembros ancianos de la familia la historia de la vajilla. Cuando Florence era joven, recibió piezas de la vajilla durante varios años. No eran una familia adinerada, pero ella recibía una pieza como regalo en cada ocasión especial como confirmación, graduación o cumpleaños.

¿Por qué mis padres no habían visto esa vajilla antes? Para responder a eso, uno tiene que conocer un poco acerca del temperamento de los suecos. Somos un pueblo muy precavido. No nos dejamos llevar por las cosas muy fácilmente. Como ejemplo, mis dos tías abuelas vivieron por ochenta años en una hermosa casa victoriana construida por mi tatarabuelo en el siglo XIX. La habitación más bella de la casa era un salón. Por lo general, lo usaban para huéspedes muy especiales. Nadie tan especial visitó la casa jamás, así que el salón no se usó mucho.

Cada vez que Florence recibía una pieza de porcelana —y como era algo muy valioso y si se usaba podría romperse—, la envolvía con mucho cuidado con papel fino, la ponía en una caja y la guardaba en el ático para esperar una ocasión muy especial. Nunca llegó tal ocasión. Así que mi abuela se fue a su tumba dejando cerrado y sin usar uno de los obsequios más valiosos de su vida.

Entonces mi madre recibió la vajilla. Ella la usa a diestra y siniestra, en cada oportunidad que se le presenta. Al fin la vajilla pudo salir de la caja.

LOS DOS CAMINOS

Cada vez que se otorga un regalo o don, quien lo recibe debe elegir uno de dos caminos. El primero destaca que *El regalo o don es tan valioso que no puede ponerse en riesgo.* Quienes eligen este camino se dan cuenta de que cuando el regalo es puesto fuera de su empaque, es posible que no todo resulte bien. Puede ser a veces usado mal. No ser admirado por los demás de la manera que queremos. Hasta puede romperse. Sacarlo de la caja siempre lo expone a un riesgo.

El segundo camino afirma que *El regalo o don es tan valioso que debe exponerse al riesgo.* Quienes eligen este camino entienden que si el obsequio no se saca de su empaque, nunca será utilizado. Dejarlo dentro de su envoltorio frustra el deseo de quien lo da. *No hay tragedia mayor que la de un regalo o don que se queda sin abrir.*

A ti también se te ha otorgado un regalo o don. Veremos en el siguiente capítulo cómo descubrir qué es lo que está dentro de su empaque, es decir, cómo discernir lo que Dios te obsequia y a lo que te llama. Pero ahora quiero invitarte a hacerte una cruda autoevaluación. Junto con el regalo, se te da la alternativa de abrirlo o no. ¿Qué camino seguirás, el primero o el segundo?

Pedro escogió el segundo. Dale Bruner escribe: «Es importante notar que Pedro no le pidió a Jesús una *promesa* (por ejemplo: "Jesús, prométeme que no me hundiré"), sino una *orden*: "Señor, si eres tú ... mándame"». Pedro no solicitó una garantía, solo una oportunidad.

Igual que mi abuela, los discípulos que se quedaron en la barca siguieron el primer camino. No querían arriesgarse al quebranto o al fracaso. Apreciaron más la seguridad antes que el crecimiento. El Señor quería pasar a su lado para revelarse en todo su osado esplendor, ¡no pasarlos por alto! La máxima aventura de fe era algo que querían presenciar desde la barrera. No querían que él les pasara al lado, querían dejarlo pasar. Ellos representan a todos los que piden una promesa en vez de una orden y que buscan una garantía en lugar de una misión.

Entendieron el costo de salir de la barca. Estaban muy conscientes del dolor del potencial fracaso, de la vergüenza, la incomodidad, la crítica y quizá hasta de la muerte.

Pero no estaban muy conscientes de otra cosa: el costo de quedarse en la barca.

EL ALTO COSTO DE LA BARCADICCIÓN

Si tengo que ponerle un nombre con un solo término al precio que pagas por ser barcadicto, la palabra que debería ir en la etiqueta es *crecimiento*.

Hay pocas cosas que nos atraen más que eso. Fuimos hechos para crecer y nos encanta estar cerca del crecimiento. Cultivamos jardines, constituimos reservas ecológicas y esperamos ver los primeros brotes de grama en primavera porque nos encanta observar el milagro del *crecimiento*.

Nos gusta mirar crecer a los recién nacidos. Nuestra hija primogénita triplicó su peso durante su primer año de vida. Calculé que, de seguir creciendo al mismo ritmo, pesaría doscientos veinte kilogramos a la edad de cuatro años.

Piensa en la emoción de los padres de un niño que dice su primera palabra. Ayer apenas podía llorar o balbucear, hoy se une a las filas de los que pueden hablar. Sus padres están emocionados. En algunos días lamentarán que pueda hablar, cuando no pare de hacerlo, pero hoy se emocionan. Presencian el milagro del *crecimiento*.

Considera la sensación de logro en los líderes de una compañía que se está expandiendo, logrando su misión, ofreciendo oportunidades vocacionales a hombres y mujeres que ayer no las tenían. Presencian el milagro del *crecimiento*.

Observa el éxtasis de una adolescente que obtiene su permiso para conducir. Ayer era solo una peatona. Hoy, es un peligro para toda la gente. ¡Está creciendo!

Por otro lado, hay pocas cosas más tristes que el estancamiento. No hay mucha gente que planee sus vacaciones en el Mar Muerto. Observa a un matrimonio que comenzó con esperanzas y sueños, pero que se ha estancado, en donde sus afectos se han enfriado y su intimidad desvanecido. En vez de darle nombre al problema, enfrentar su dolor y pedir ayuda, la pareja se resigna a una vida mediocre, coexistiendo como extraños cercanos.

Observa a un hombre de mediana edad que pasa sus noches sentado frente al televisor viendo cualquier deporte. Alguna vez estuvo totalmente emocionado con brillantes planes para el futuro y fuertes anhelos de dejar su huella en este mundo. Pero en algún momento el fuego se extinguió y prefirió establecerse en el confort. Sacrificó sus sueños por un sillón y una pantalla de televisión. Él es la historia del potencial que nunca se explotó.

Es un camino que conduce al anquilosamiento: el potencial nunca explotado, los anhelos no satisfechos. Conduce a la sensación de que «No estoy viviendo *mi* vida, la que se supone debería vivir». Conduce al aburrimiento, a lo que Gregg Levoy denomina: el resfriado común del alma.

> A patrones de conducta pecaminosos que nunca
> se confrontan ni cambian,
> Habilidades y dones que nunca se
> cultivan ni utilizan.
> Hasta que las semanas se hacen meses
> Y los meses se hacen años,
> Y un día miras hacia atrás, a una vida de
> conversaciones profundas, íntimas, sobrecoge-

doras y sinceras que nunca tuviste,
Grandes y sólidas oraciones
que nunca hiciste,
Riesgos estimulantes que nunca corriste,
Regalos sacrificiales que nunca ofreciste
Vidas que jamás tocaste,
Y estás sentado en un sillón reclinable
con un alma marchitada,
Y sueños olvidados
Y te das cuenta que había un mundo
de necesidad desesperada,
Y un gran Dios que te llamaba para ser parte de
algo mayor que tú mismo.
Ves a la persona que pudiste haber sido
pero que no eres;
Nunca seguiste tu llamado.
Nunca saliste de la barca.

No hay tragedia más grande que la de un regalo o don que se queda sin abrir.

Garrison Keillor relata una historia llamada: «Un día en la vida de Clarence Bunsen», acerca de un hombre maduro que se percata de que los años se le han escapado entre las manos y que a su vida le faltó algo. Clarence visita al Padre Emil en la capilla de Nuestra Señora de la Perpetua Responsabilidad para pedirle consejo. Por lo general, Clarence asiste a la iglesia luterana, pero quiere una segunda opinión. Como eso no lo ayuda, camina hacia su antigua escuela y sube una colina para mirar el Lago Infortunio, donde él y sus amigos jugaban años atrás cuando eran niños.

Mientras reflexiona en su vida, Clarence escucha a unos niños acercándose por la vereda. Por alguna razón se les adelanta corriendo y se sube a un viejo árbol que le recuerda su niñez. Los chicos se detienen justo debajo del árbol, saben que él anda por ahí pero no piensan en mirar hacia arriba. Clarence sabe que si baja sobre ellos o si solo les grita «¡Ah!», saldrían volando por el tremendo susto. Los observa, tan llenos de vida y de emoción, y piensa:

Desearía ser así. Parece que he ido por la vida con mis

ojos y oídos cerrados. La gente me habla y yo ni los escucho. Pasan días enteros y no puedo recordar qué es lo que sucedió. Si me piden que describa a la mujer con la que he vivido por treinta y seis años, tengo que sentarme a pensar la respuesta. Es como si hubiera vivido la mitad de mi vida esperando que comenzara, pensando que está en algún lugar del futuro y ahora pienso todo el tiempo en la muerte. Es momento de vivir, *de despertarme y* hacer *algo.*

Así que saltó y gritó: «¡Eeey!»

Claro, los chiquillos salieron *disparados*, como pájaros. Luego dijo: «¡Ja!» Y después: «¡Ay! ¡Ay!»

Los niños regresaron a donde estaba él sentado y le preguntaron: «¿Estás bien, tío Clarence?»

Y él contestó: «Sí. Pero bajen la colina y díganle a su tía que traiga el auto por el camino de piedra. Me encontraré con ella junto al buzón».

Caminó a paso de tortuga unos treinta metros. Ella lo recogió y no preguntó qué había sucedido...

Esa es la tragedia de un regalo o don sin abrir: *Es como si hubiera vivido la mitad de mi vida esperando a que comenzara, pensando que está en algún lugar del futuro.* Como lo señala obsesivamente Thoreau: «No quise vivir lo que no era vida... Quise vivir profundamente y absorber toda la esencia de la existencia».

Para que sirviera de despertador a todos los barcadictos potenciales, Jesús una vez relató una historia acerca de un ejecutivo y sus tres empleados. A cada uno de ellos se les dio una generosa oportunidad. Como a Florence. Como a Pedro. Como a ti y a mí. El Señor quiso pasarles al lado. Cada uno de ellos tenía que decidir lo que iba a hacer.

Jesús nos enseña tres principios acerca del amo —de Dios y de la oportunidad que nos ofrece— que debemos entender si es que vamos a recibir su regalo o don.

ÉL ES EL SEÑOR DEL REGALO O DON

En aquellos días no había empresas como las conocemos hoy. La riqueza se concentraba en unas cuantas familias.

Esta historia trata acerca de una de ellas. El patrón reunió a tres empleados clave y «les encargó sus bienes».

El Señor habla de grandes sumas de dinero. El patrón dio al primer siervo cinco talentos, dos al segundo y uno al tercero. Un talento era la manera de expresar una suma de dinero equivalente a quince años de salarios. En ese tiempo, la gente vivía al día y, por lo tanto, acumular un año completo de salario significaba una enorme riqueza.

Así que las cifras de las que habla Jesús son asombrosas. Este hombre habría sido el Bill Gates de su pueblo. Alguien con esos recursos ciertamente poseería una fuerza laboral muy superior a tres hombres, así que estos tres estaban en una posición destacada. Les encargó su tesoro y luego se fue.

Kenneth Bailey escribe en su gran comentario sobre esta parábola, *Poet and Peasant*, lo claro que le resulta a este primer siervo lo increíble que es la oportunidad. Es la ocasión para todos ellos de poner en práctica la iniciativa, hacer uso del discernimiento, probar sus habilidades en el mercado y elevarse potencialmente a posiciones de mayor responsabilidad. Lo más probable es que hubiera un arreglo implícito para compartir con ellos también las ganancias.

Este es un acto de generosidad y confianza sin precedentes. El señor del regalo les dio la oportunidad de su vida tanto vocacional como organizacional y financieramente. Ese fue el momento definitivo de sus vidas.

LA OPORTUNIDAD DE LA VIDA NO ES ALGO PARA TOMAR A LA LIGERA. Nancy y yo nos casamos cuando todavía estaba en la universidad. Yo quería ir a la luna de miel de mis sueños, a Hawai. Sin embargo, debido a que en ese momento tenía deudas financieras considerables y un flujo de efectivo severamente restringido (trabajaba medio tiempo en una iglesia bautista), no sabía cómo financiarla.

La única idea que acudió a mi mente para reunir el capital adecuado fue participar en un concurso televisivo. Hice la prueba y fui aceptado como concursante en un programa llamado *Tic-Tac-Dough*, dirigido por el genial Wink Martindale.

Era un juego simple, que incluía un tablero gigante. Cada casilla contenía una pregunta de una categoría seleccionada al azar y si el concursante respondía, quedaba marcada con una X o una O, según acertara o fallara. Las categorías cambiaban después de cada respuesta.

El primer juego resultó empatado y lo mismo pasó con los siguientes tres o cuatro. Cada vez que ocurría eso, el dinero iba a una urna; así que no pasó mucho tiempo antes que se reunieran varios miles de dólares. Mi oponente era un abogado bien vestido con un bronceado en la piel que hubiera hecho que el actor George Hamilton pareciera albino. Vivía en una casa frente a la playa de Santa Mónica y había ganado tantos concursos que ahora iba por el automóvil. Yo era un predicador bautista. Suponía que Dios estaba de mi lado. Finalmente, «George Hamilton» falló en una respuesta. Lo único que necesitaba era una respuesta correcta en una casilla estratégica para ganar más dinero del que jamás había visto.

Aguardé a ver qué categoría llegaría con toda mi dicha matrimonial. Esperé a que fuera algo que yo conociera. Tal vez «La Biblia». Entonces apareció la categoría: cócteles.

Podría haber seleccionado responder la pregunta en otra casilla, mantener mi ventaja y ganar en la siguiente pregunta. Pero no, quería *esta* casilla. Quería ganar *ahora*.

Así que apareció la pregunta: «¿Cuál es la bebida hecha de... dos partes de whiskey escocés y media parte de vermouth dulce?»

Le dije a Wink: «Soy pastor en una iglesia bautista. Me meteré en problemas si contesto mal y peor si contesto bien».

Nos fuimos de luna de miel a Wisconsin. Se me presentó la oportunidad de la vida y la desaproveché.

Jesús relata la historia de los talentos porque el señor del regalo ofrece la oportunidad de la vida. Hasta ese momento, los siervos simplemente obedecían las órdenes de alguien más. Sus vidas eran rutinarias, predecibles y seguras. Tenían poca autoridad, pocos recursos y responsabilidad limitada. De repente, en un solo acto, el patrón cambia sus destinos para siempre. Tal vez el primer siervo dijo algo como lo siguiente:

Pensé que toda mi vida estaría condenada a la rutina. Tenía sueños, pero no podía alcanzarlos; pasiones, pero no podía seguirlas; talentos, pero no podía ponerlos a prueba. Nunca estuve en una posición para planear, correr riesgos o ejercer la iniciativa. Mi vida era cómoda. No sufría hambre, pero anhelaba algo más. Quería hacer una diferencia.

Y justo cuando estaba a punto de abandonar la esperanza, el patrón hizo algo que nunca escuché antes que alguien hiciera. Me llamó a su oficina, me hizo un guiño desde su escritorio y me encargó una gran parte de lo que le pertenece. Me pareció increíble que tuviera tanta fe en mí. Esta oportunidad es tremenda. Me siento como un caballo pura sangre que es liberado para correr.

El primer siervo se percata de que está recibiendo la vajilla azul. Wink Martindale le acaba de ofrecer la oportunidad de su vida. Esto explica un detalle muy importante en la historia, esto es, el por qué Jesús dice que el primer empleado respondió «en seguida». Este empleado se da cuenta de que sería una locura permitir que cualquier cosa interfiriera. Responde al instante porque si alguien te ofrece un asiento de primera fila en la bolsa de valores, no te pregunta si tal vez pienses en alguien más. Porque si el teléfono suena y la modelo Cindy Crawford te llama para salir a pasear, no verificas si es que marcó un número equivocado. Solo le dices: «Sí». De inmediato. El empleado se abalanza sobre la oportunidad antes que el patrón reconsidere o cambie de opinión.

«En seguida» no es tanto un detalle cronológico como una afirmación de que reconoces la realidad. El primer siervo se da cuenta de que, mientras viva, no tendrá otra oportunidad como esta. Decide que no permitirá que nada interfiera para aprovecharla. No se desviará ni distraerá. Jesús enseña lo mismo con todo aquel que se aferra de lo que Dios ofrece.

Esta parte de la historia tiene implicaciones muy importantes. El Señor del don te ha encargado su propiedad a ti y a mí. Cada uno recibe un regalo. Esta historia no trata de gente que tiene dones y de gente que no. Todos somos llamados por Dios. A todos se nos provee y de todos se espera que contribuyamos. Cada don es seleccionado por el patrón. Me puede o no gustar mi don. Me puedo torturar deseando lo que le pertenece a otro, pero eso no me hará bien. Nadie decide su dotación de dones. No puedo seleccionar a mi propio diseñador de genes; no puedo escoger a mi familia. El patrón decide.

En vez de la palabra *talento*, puedes pensar en tu vida.

Tu mente. Tus habilidades. Tus dones espirituales. Tu cuerpo. Tu dinero. Tu voluntad.

En efecto, el significado de la palabra *talento* procede de esta misma historia.

Él ha sido muy generoso, el señor del don. No hay personas sin talentos en esta historia. Él ofrece guiarte cuando necesites sabiduría, exhortarte cuando titubees, levantarte cuando te hundas y perdonarte cuando te extravíes. Él se ofrece a sí mismo como el mejor don que podamos recibir.

Todos los seres humanos, incluidos tú y yo, entregamos nuestras vidas a algo. Entre este y tu último día, se la entregarás a algo. La única pregunta es: ¿A qué le entregarás tu vida? ¿Valdrá la pena? La implicación práctica es: *Debo valorar y apreciar lo que el Señor del don me ha otorgado.*

Permíteme ser más personal: Más vale que respondas *en seguida.* La oportunidad para utilizar cualquier don tuyo al servicio del Señor del don es la oportunidad de tu vida. Pero se te resbalará de las manos a menos que lo pienses bien. El momento de responder es *en seguida.*

Pero el tercer siervo no hizo eso. Recibió el más grande de todos los dones que jamás recibiría y lo enterró en un campo. ¿Por qué haría algo así? ¿Qué hace que un ser humano deseche la oportunidad de su vida?

Creo que sé algo acerca de ello, tengo un poco de ese tercer siervo en mí. Recuerdo a un condiscípulo mío de la universidad, miembro de mi mismo equipo de tenis, que señaló algo acerca de mí que le hacía difícil nuestra relación. Fue tan doloroso escuchar eso que, en vez de aceptar lo que me dijo y buscar ayuda para cambiar, simplemente deseché la relación. Mi actitud interna fue: «Seré más distante y cortés, y espero que te sientas mal por haberlo mencionado».

Perdí un buen amigo potencial y una oportunidad para crecer, solo porque no quería reconocer con cuidado la verdad acerca de mí. Preferí sepultarla.

ÉL ES EL SEÑOR DE LAS CUENTAS CLARAS

Esto nos lleva a una segunda verdad acerca del amo. De alguna manera, el tercer siervo olvida un hecho muy importante de la vida. Olvida que el señor del don regresará. Y ese día llega. «Después de mucho tiempo volvió el señor de aquellos siervos y *arregló cuentas* con ellos».

HAY UNA EXTRAÑA TENDENCIA EN LOS SERES HUMANOS A PENSAR QUE

PODEMOS EVADIR LAS CONSECUENCIAS DE NUESTRAS ACCIONES. ¿Has tratado alguna vez de usar la diplomacia para no responder a la consecuencia de una multa de tránsito? (*Sinceramente, oficial, pensé que el odómetro no servía.*) ¿Alguna vez has tratado de disimular tu actitud con una excusa poco convincente respecto a tu retraso con un profesor, jefe o cónyuge? Esta tendencia comienza a edad muy temprana. Cuando nuestro hijo tenía unos ocho años, tuvo un día particularmente hiperactivo.

HAY UNA EXTRAÑA TENDENCIA EN LOS SERES HUMANOS A PENSAR QUE PODEMOS EVADIR LAS CONSECUENCIAS DE NUESTRAS ACCIONES.

Estaba a punto de meterse en problemas. Le advertí que si no se calmaba pronto, enfrentaría serias consecuencias relacionadas con la disponibilidad del señor Nintendo. Fue entonces que derramó algo en proporciones semejantes al derrame del Exxon Valdez.

«Bien —le dije—, ya sabes las consecuencias».

El jovencito de ocho años sacó un billete de un dólar de su bolsillo, lo movió frente a mi cara y sugirió maliciosamente: «Tal vez el señor Washington pueda hacerte cambiar de opinión».

Hay alguien frente a quien todos compareceremos. Él nos ama y es santo, otorgador de gracia y justo, pero su intención es que entendamos que realmente le rendiremos cuentas de nuestras vidas. No vamos a poder evadir nuestra responsabilidad frente al trono y ni el señor Washington le hará cambiar de opinión.

Me sorprende lo fácil que olvidamos eso. Hay tanta gente que culpa de su reticencia a salir de la barca a cualquier circunstancia externa:

- Yo desarrollaría mis dones totalmente si no tuviera un jefe que sofoca mi iniciativa.
- Buscaría otro trabajo, pero necesito el dinero (seguridad, familiaridad) de este.
- Podría crecer en mi capacidad para la intimidad, pero mi cónyuge no está interesado(a)
- Me dedicaría más completamente al crecimiento espiritual, pero no tengo el tiempo para hacerlo.
- Ya habría desarrollado más de mi potencial, pero nadie se interesó en ser mi mentor.

Desarrollamos algo que Susan Jeffers llama el «juego del cuando y entonces».

- «Cuando me sienta confiado, entonces trataré de usar este don».
- «Cuando mi jefe me apoye, entonces creceré».
- «Cuando mi cónyuge sea más cooperativo(a), entonces lucharé por ser un(a) mejor compañero(a)».

Y nos desesperamos por la llegada de un «cuando» que nunca llega. Recibí un don. Puede que no sea mucho, pero es mío por completo. Es todo lo que tengo. Me lo dieron a *mí*.

El señor regresará. Y les va a pedir cuentas a todos los ejecutivos, presidentes, primeros ministros, directores de programas noticiosos, madres, padres, plomeros, profesores, a ti y a mí.

Y preguntará: «¿Qué hiciste con lo que te di?»

No le preguntará a tu jefe o a tu cónyuge o a tus padres o a tus amigos. Te preguntará a ti.

Se me acerca una evaluación laboral que hará ver a cualquier otra que haya tenido como absolutamente intrascendente. Eso es lo que olvidó el tercer siervo, lo que le permitió justificar —al menos ante sí mismo— el haber enterrado su talento con tan poca preocupación.

Aquí es donde Jesús nos advierte acerca del motivo principal por el que los que caminan sobre el agua se convierten en barcadictos y la razón por la que los siervos justifican el enterramiento de sus dones.

UNA COMPARACIÓN

Me intriga que el hombre que sepultó su talento es el que recibió uno solo. Me pregunto si comparar su talento con la variedad que recibió el otro siervo le hizo sentir incompetente o insignificante. Me pregunto si se enojó con los otros siervos o con su patrón. Tal vez sepultar su talento fue una forma pasiva de ajustar cuentas con el patrón por no darle más.

En efecto, creo que este asunto explica por qué Jesús tiene a *tres* siervos como protagonistas de la historia. Por lo general, las historias que involucran respuestas agradables a Dios en contra de respuestas no agradables a él, Jesús simplemente tiene dos protagonistas, como en el caso del constructor sabio y el necio, o el cobrador de impuestos contra el publicano. Pero aquí hay tres protagonistas, y Jesús (que es el maestro relator) necesita que ellos reafirmen un punto muy importante.

En esta historia hay dos variables. La primera es que hay cantidades variables de dones. Un hombre recibe cinco, otro dos, un tercero recibe uno. En este detalle creo que Jesús simplemente refleja
la vida tal y como la experimentamos. Algunas personas son talen-
tosas en formas que serán visibles y admiradas en este mundo; otros
en maneras que permanecen calladas y ocultas.

La variable de importancia es lo que cada siervo hace con lo que
se le da. Aquí hay tres siervos porque Jesús quiere dejar minucio-
samente claro que el tamaño del don no es la variable crucial. Aun
cuando el primer siervo recibe un don mucho más grande que el
segundo, el señor responde en forma idéntica a cada uno de ellos.
Jesús quiere que entendamos que el nivel visible de talentos y el llamado no es lo relevante. A la larga, si soy una persona tipo «cinco
talentos», «dos talentos» o «un talento» no es eso lo que cuenta.

Debo rehusarme a comparar mis talentos con los de cualquier
otra persona.

La comparación me llevará al orgullo y a una falsa sensación de
superioridad si voy delante de alguien. Si voy detrás, me hará miserable. O aun peor, no valoraré y enterraré el irremplazable tesoro
que el Señor del don me ha dado solo a mí.

¿Has comparado lo que recibiste con lo que otra persona: apariencia física, inteligencia, relaciones, logros, nivel de energía o
temperamento?

Debo lograr identificar, cultivar, invertir, apreciar y disfrutar los dones que me han dado. EL SEÑOR DEL DON ES MUY SABIO. SABÍA PERFECTAMENTE LO QUE ESTABA HACIENDO CUANDO TE CREÓ. Él está muy complacido de tu existencia. Te ha encargado todo lo que necesitas para lograr el propósito para el cual fuiste creado.

En fin de cuentas, Dios no te preguntará por qué no dirigiste la vida de alguien más o por qué no invertiste los dones de otra persona. No te preguntará: *¿Qué es lo que hiciste con lo que no tenías?*

Pero sí te preguntará: *¿Qué es lo que hiciste con lo que tenías?*

La comparación no es una excusa válida para enfrentar la tragedia de un regalo o don que se queda sin abrir.

Cuando el señor de las cuentas claras interpeló al tercer siervo, este le ofreció otra racionalización para su pasividad: «Sabía que usted es un hombre duro, que cosecha donde no ha sembrado y recoge donde no ha esparcido. Así que tuve miedo, y fui y escondí su dinero en la tierra». Quería una promesa de que nada saldría mal, no una orden para hacer lo que es correcto.

El temor hace que la gente sepulte el tesoro que Dios les da. El temor hace que la gente desobedezca el llamado del patrón.

Hace poco un amigo me preguntó respecto a un área de mi vida para la que una respuesta sincera habría sido vergonzosa. Yo no quería apenarme. Simplemente mentí.

Tuve que regresar después y hacer una labor de reparación que fue muy dolorosa.

Cuando pienso en ello, me pregunto: *¿Por qué mentí?*

¿Por qué he mentido? Normalmente para evitar el dolor. Me atemoriza lo que ocurrirá si cuento la verdad. El temor me impulsa a mentir. Y no solo es engaño.

Cuando la gente cuenta chismes, me uno a ellos porque, aunque sé que es incorrecto, temo ser aislado.

Acumulo posesiones porque temo al aburrimiento o a la inseguridad si no tengo muchas cosas.

Halago a alguien porque temo no caerle bien a esa persona si no lo hago.

El temor a la pobreza es lo que hizo que Jacob engañara a su padre.

El temor hizo que los israelitas en el desierto menospreciaran el llamado de Dios y se preocuparan y clamaran por regresar a Egipto.

El temor a sufrir es lo que hizo que los discípulos abandonaran a Jesús.

¿Y qué fue lo que hizo a Pedro negar tres veces al Maestro?

El temor hizo que estos discípulos traicionaran el valor más profundo de su mejor amigo en su hora de mayor necesidad.

Observa la mayoría del pecado, el tuyo y el mío, y debajo de él descubrirás temor.

Tengo temor de que, si me arriesgo a obedecer a Dios, no cuidará de mí. No estaré bien y ocurrirá algo que no podré controlar.

En las Escrituras, cuando Dios llama a Moisés, Josué, Gedeón o Ester a hacer algo grande para él, el único y más grande impedimento que obstaculiza el camino es el *temor*.

Pero nos topamos con una gran sorpresa aquí. Cuando el siervo dice que el temor del patrón lo inhibió, el patrón no le contradice.

El señor no le dice: *¡Me malinterpretaste! Si usas tu don o lo gastas realmente no me importa. Veo que esto es doloroso para ti y mi principal objetivo es que no sufras. Siento mucho haber mencionado esto. Sepultemos todo el asunto en el olvido.* Con una dosis de gracia, el señor pasa por alto la calumnia sobre su carácter. No le recuerda al siervo cuán generoso fue al principio, tanto que le dio la oportunidad de su vida. Dice, más bien: *En lo único que tienes razón es en esto: es importante para mí. Tu vida, lo que haces con lo que te di, es una cuestión de suprema relevancia. Si eso es realmente lo que pensabas, al menos hubieras hecho algo. Habrías podido invertir el dinero y recibido intereses.*

Jesús apunta al hecho de que esta racionalización es solo una cortina de humo y no una razón seria de sus acciones. Este hombre simplemente trata de evadir la multa de tránsito. Pero eso no ocurrirá, porque el amo es el señor de las cuentas claras, no puede ser evadido.

El temor no es una excusa válida para la tragedia de un regalo o un don que se queda sin abrir.

Uno de los más profundos aspectos de la historia es el hecho de que el siervo es juzgado no por hacer cosas *malas*, sino por no hacer *nada*. El siervo no robó, ni malversó, ni defraudó. Simplemente sepultó su talento.

Jesús utiliza dos palabras muy severas para describirlo: malo y perezoso. Nosotros ya no usamos mucho estas dos palabras juntas. Hoy día, difícilmente alguien podría admitir que es perezoso.

Cuando en una entrevista de trabajo se le pregunta a alguien sobre sus debilidades personales, ¿cuál es la respuesta inevitable? *Me exijo demasiado. Mis estándares son muy altos. Espero mucho de mí mismo(a), trabajo, trabajo, trabajo.* ¿Cuándo fue la última vez que escuchó decir a alguien: *Mi problema es que soy demasiado perezoso. Puedo quedarme meses sentado en el sofá, comiendo chocolates y mirando programas de concursos por televisión.*

Sin embargo, históricamente, la pereza ha sido tomada tan en serio por los cristianos que hasta fue incluida en la lista de los «Siete Pecados Capitales». En efecto, Solomon Schimmel afirma que es un pecado específicamente espiritual, el único de los siete no incluidos en la lista de vicios grecorromanos. Esto se debe a que la tradición judeocristiana percibía a los seres humanos como responsables

ante Dios. Por lo tanto, NUESTRAS VIDAS NO SON PARA LA AUTOPRESER-
VACIÓN Y AUTORREALIZACIÓN, SINO PARA
CONSTITUIRSE EN ACTOS DE MAYORDOMÍA

NUESTRAS VIDAS NO SON PARA LA AUTOPRESERVACIÓN Y AUTORREALIZACIÓN, SINO PARA CONSTITUIRSE EN ACTOS DE MAYORDOMÍA

No ser buenos mayordomos de lo que Dios nos ha dado es una forma de robarle a él.

La pereza como pecado espiritual no es lo mismo que la flojera física. La pereza puede coexistir con mucha actividad. Es el no hacer lo que se necesita hacer cuando debe hacerse, como el piloto kamikaze que voló diecisiete misiones. En su esencia, la pereza es «la pérdida del significado, propósito y esperanza, acoplada con la indiferencia al bienestar de otros». Es lo opuesto al celo y gozo en el servicio a Dios.

Este aspecto de la historia, el que Jesús haya sido tan duro con el tercer siervo debido simplemente a la *inactividad*, siempre ha inquietado a algunos. En un manuscrito del segundo siglo, *El Evangelio del Nazareno*, la historia se repite, pero el escritor añade una frase para describir al tercer siervo: «Él despilfarró todo su dinero con prostitutas y flautistas». Evidentemente, el escritor sintió que simplemente «no hacer nada» no era suficiente causa para las duras palabras de Jesús, así que le añadió desfalco e inmoralidad al pecado del siervo; desperdició la cuenta de banco con prostitutas y flautistas. (Aparentemente esas eran las dos peores categorías de personas en las que el escritor pensó. No estoy seguro de por qué los flautistas tenían tan mala fama.) Pero en la historia de Jesús no había prostitutas ni flautistas. No eran necesarios.

Max DePree afirma que el potencial no aprovechado es un pecado muy serio. Esta es la historia del pecado de un potencial no aprovechado, la tragedia de un regalo o un don que se queda sin abrir. Por eso, la comodidad es una de las grandes tentaciones que la mayoría enfrentamos y que pueden obstaculizar que salgamos de la barca. La comodidad a menudo evitará que crezcamos.

Hace cincuenta años comenzamos a orientar nuestras vidas alrededor de uno de los inventos que más impiden el crecimiento: el televisor. No tenías que pensar, poner atención o seguir de cerca una cadena de pensamientos cuando te sentabas a mirar *Leave it to Beaver* [Déjalo a Beaver]. Pero aun entonces tenías que levantarte de tu sillón, caminar hasta el televisor y meticulosamente cambiar de canal *con la mano*, lo cual era agotador, así que inventamos... el control remoto. Ahora la humanidad puede cambiar de canal desde el sofá, tal y como fue la voluntad de Dios.

¿Quieres saber qué tan dedicados estamos a la comodidad? Esconde el control remoto en un hogar estadounidense promedio y observa qué sucede. La vida sin control remoto es una carga insoportable para la típica familia norteamericana. Por eso alguien inventó un televisor con alarma para que, al palmear tus manos, el control remoto suene hasta que lo ubiques.

Lo que es más patético de todo esto es que conozco gente que leerá este capítulo y lo único que se llevará de él es la idea de que *Tengo que comprar uno de esos televisores con alarma en el control remoto.*

Pero demasiada comodidad es peligrosa. Literalmente. Investigadores de la Universidad de California, en Berkeley, condujeron un experimento hace algún tiempo en el que dejaron una amiba dentro de un ambiente totalmente libre de estrés. Tenía la temperatura ideal, óptima concentración de humedad y un suplemento constante de nutrientes. La amiba tenía un ambiente para el cual no tenía que realizar ajuste alguno. Así que se pensará que esa era una amibita feliz. Aparentemente, todo aquello que les provoca a las amibas úlceras y alta presión arterial no estaba ahí.

Sin embargo, y por extraño que parezca, la amiba pereció.

Hay algo respecto a todas las criaturas vivientes, incluyendo a las amibas, que les exige un reto. Necesitamos el cambio, la adaptación y el reto de la misma manera que requerimos comida y aire. Tener solo comodidad nos aniquila.

Cuando los profesores quieren que los alumnos crezcan no les dan respuestas, ¡les dan problemas! (*Si un tren sale de Cleveland a las tres de la tarde, y viaja a una velocidad de 50 km/h...*) Es solo en el proceso de aceptar y resolver problemas que nuestra capacidad para pensar con creatividad mejora, nuestra persistencia se fortalece y nuestra autoconfianza se profundiza. Si alguien me da las respuestas, puedo obtener una buena calificación en un examen; pero no habré crecido. Nuestra mente y espíritu requieren del desafío para crecer exactamente como nuestros cuerpos no se fortalecen sin ser desafiados hasta el punto de un gran esfuerzo.

La comodidad no es una excusa válida para dejar un don o regalo sin abrir.

¿Cuál camino eliges?

Quiero que uses tu imaginación por un momento. Imagina que terminas tu vida y eres conducido a una habitación pequeña. Hay dos sillas en la habitación, una para ti y otra para Dios (la cual es bastante grande). Además hay una máquina reproductora de vídeo. Dios inserta una vídeocinta en la máquina. Tiene el nombre tuyo en la etiqueta y el subtítulo *Lo que pudo haber sido*.

> **Imagina todo lo que Dios pudo haber hecho con tu vida si se lo hubieras permitido**

Imagina todo lo que Dios pudo haber hecho con tu vida si se lo hubieras permitido. Imagina ver todo lo que podía haber hecho con tus recursos financieros si hubieras confiado en la generosidad de Dios. Imagina lo que habría hecho con tus talentos si hubieras confiado en él lo suficiente como para correr riesgos. Imagina lo que habría hecho con tus relaciones si hubieras confiado en que él es totalmente verdadero y te ama por completo. Imagina lo que habría hecho con tu carácter si te hubieras atrevido a confesar tu pecado, reconocer la tentación y buscar el crecimiento.

No sé si Dios hará que alguno de nosotros mire un vídeo como ese. Lo que sé es que si pienso mucho en cuán corto me quedo respecto a lo que hubiera podido ser, eso puede desanimarme y el potencial no liberado puede convertirse en un palo de golf con el que me golpeo a mí mismo en la cabeza.

Pero también sé que quiero que mi vida se parezca más a lo que Dios quiso que fuera. Sé que esta es mi única oportunidad y que quiero minimizar lo más posible la separación entre lo que será y lo que pudo haber sido. Sé que mientras viva no es demasiado tarde, porque cuento con este día. Sé que quiero pedirle a Dios órdenes, no garantías, porque cuando Dios ordena, capacita. (Respecto a la respuesta de Jesús a Pedro, San Jerónimo escribió: «Tú ordenas y las aguas son sólidas de inmediato»). Y sé que ese día habrá valido la pena.

Él es el Señor de la recompensa

Hay una última verdad acerca del patrón que Jesús quiere que entendamos. El Señor del don y el Señor de las cuentas claras también es el Señor de la recompensa. Tiene cosas maravillosas reservadas para aquellos que administran su tesoro con sabiduría.

Algunos aspectos de lo que dice el patrón son en gran medida lo esperado: *¡Hiciste bien, siervo bueno y fiel!* ¡Imagínate recibiendo este elogio del Señor! También te invita a entrar al gozo de tu señor. Esto es gozo de verdad.

Pero ahí hay una sorpresa también. El señor no dice: *Ahora puedes flotar sobre esponjosas y adorables nubes, y vivir en un lindo apartamento con muchísimas ventajas, y cantar en el coro que entonará los mismos cantos durante cientos de miles de millones de años.* En lugar de eso, dice: «*En lo poco* has sido fiel; te pondré a cargo de *mucho más*».

¡Ahora es el momento de hacerte trabajar en serio! Recuerde que el señor le había otorgado al siervo una enorme cantidad de riqueza. Y aun así, todavía dice: «*En lo poco* has sido fiel». ¿Puede ser cierto que las más grandes riquezas que ninguno de los siervos había visto o imaginado antes equivalen a *poco*? Sí, comparado con lo que está por venir. Comparado con lo que tiene reservado para sus siervos, la riqueza del Sultán de Brunei, el poder de Napoleón y la fama de Michael Jordan son «poco».

Cuando estaba en la escuela primaria, cantaba en un coro de la iglesia dirigido por una mujer llamada Sigrid. Tenía cabello azul, un vibrato amplio y la papada que amenazaba con salirse de su cara cuando dirigía al coro con vigor. Cuando se frustraba con nosotros (para lo cual le dábamos muy a menudo razón suficiente) palmeaba sus manos y decía: «Niños, canten como les dije, porque cuando lleguen al cielo es todo lo que van a hacer: cantar, cantar y cantar; mañana, tarde y noche; así que más vale que lo hagan bien».

De alguna manera, pensar en estar entre cinco a diez mil millones de años en togas de coro bajo la dirección de Sigrid y su papada, no parecía una bendición eterna.

Mucha gente piensa vagamente en flotar por ahí en bancos de nubes blancas. Se imaginan el cielo como una villa de descanso eterna. Tenía un amigo que solía preguntarme: «¿Jugaremos golf en el cielo?» Su razonamiento era más o menos así:

El cielo será lo que me hace ser feliz. Necesito el golf para ser feliz. Por lo tanto, jugaré golf en el cielo.

Tuve que explicarle que, aun cuando habrá gozo en el cielo, es posible que tenga que crecer para llegar a ser ese tipo de persona que goza en compañía de Dios. Además, la Biblia dice que no habrá mentira, engaño ni «llanto y rechinar de dientes». ¿Cómo podría haber golf en el cielo? Seguro que no. Tenis sí, pero no golf.

A partir de esta historia de los talentos aprendemos que el cielo no será en lo absoluto semejante a una villa de descanso eterna. En efecto, el cielo será ese lugar donde finalmente disfrutaremos la plenitud de la aventura, de la originalidad y de lo fructífero para lo que fuimos hechos.

Jesús dijo: «Al que salga vencedor le daré el derecho de sentarse conmigo en mi trono, como también yo vencí y me senté con mi Padre en su trono».

Puedes estar seguro de que ese trono no es un La-Z-Boy (sillón para chicos flojos). Parte de la recompensa del cielo es que por fin veremos desarrollada la totalidad del potencial humano, incluido el nuestro. El cielo será el paraíso del *potencial desarrollado*. No habrá talentos, regalos o dones que se queden sin abrir.

Así que, ¿por qué no tomar un momento para plantearnos algunas preguntas?:

- ¿Cuál es mi sueño más profundo?
- ¿Cuánta pasión experimento en mi vida cotidiana?
- ¿Qué quiero que se lea en mi epitafio?
- ¿Cuánto estoy creciendo estos días?
- ¿Con qué frecuencia corro riesgos que requieren de un poder más grande que el mío?
- Si tuviera que nombrar «una sola cosa» de la que estoy seguro que fui puesto en esta tierra para llevar a cabo, ¿qué diría?
- ¿Qué tan clara es para mí?

¿Qué es lo que el Señor del don te ha dado que necesitas invertir en el reino? Tal vez tu mente. Ella puede ser un lugar de potencial no desarrollado, pero que está saturada de cualquier cosa que le presentan en anuncios espectaculares o en los medios masivos. La puedes llenar de basura, celos, ambición, ira o miedo.

O puede ser renovada, llena de pensamientos buenos, nobles, verdaderos y valientes. Pero tienes que invertirla. O tal vez son tus posesiones materiales. Tu cuenta bancaria puede ser un sitio de potencial no desarrollado. Puedes utilizar tu dinero para acumular cosas o puedes usarlo para ayudar a construir el local de tu iglesia, predicar el evangelio, alimentar a los pobres o desarrollar ciudades.

John Wesley escribió que los cristianos tienen solamente tres reglas que seguir respecto al dinero y las posesiones materiales:

Haz todo lo que puedas, ahorra todo lo que puedas, da todo lo que puedas.

Un amigo mío escribió que, aparentemente, los cristianos evangélicos de los Estados Unidos decidieron que dos de esas tres reglas no son malas.

Podrías entregar esta semana un donativo secreto que te cueste, un sacrificio. Esa es una inversión eterna. O tal vez tu tiempo o tu talento. Puedes seguir a la deriva: levantarte, trabajar, volver a casa, cenar, ver televisión, jubilarte y morir.

O puedes detenerte cada momento y decir: «Señor, esto te pertenece». Puedes ofrecerle su talento espiritual, el que nadie más tiene, tan desarrollado o no recompensado como lo tengas, desplegado con vigor imparable sometido con humildad sacrificial y celebrado con gozo escandaloso.

Puedes tener pródigos talentos, recursos financieros, redes de contactos o capacidades que pudieran producir altos rendimientos para el Señor del don, pero estás sentado sobre ellos. Están sepultados. Es hora de que entres al juego. Te lo digo sin ninguna reserva: invertir todo lo que posees en el reino de Dios es la oportunidad más grande que jamás se te presentará.

Puedes sentir también que, desde una perspectiva humana, lo que tienes que ofrecer no es muy valioso, que nunca será muy visible o dramático.

Jesús lo dejó claro: en esa perspectiva no hay nada de cierto. Servimos al Señor del don.

El Señor del don puede tomar cinco peces y dos panes y alimentar multitudes. El Señor del don puede tomar dos monedas ofrecidas por una viuda pobre y convertirlas en la ofrenda más importante de toda la campaña. El Señor del don puede tomar a un fugitivo tartamudo llamado Moisés y desafiar a un dictador mundialmente poderoso con todo y su ejército. El Señor del don puede tomar a doce torpes seguidores y crear una comunidad que se esparza por todo el mundo con un sueño que se rehúsa a morir.

El Señor del don es una persona sorprendentemente ingeniosa.

ÉL PUEDE TOMAR LO QUE TENGAS QUE OFRECER Y HACER UNA DIFERENCIA QUE TRASCIENDA ETERNAMENTE.

ÉL PUEDE TOMAR LO QUE TENGAS QUE OFRECER Y HACER UNA DIFERENCIA QUE TRASCIENDA ETERNAMENTE. No tienes idea de tu propio potencial. Y es que no hay una recompensa comparable al don utilizado o talento aprovechado.

«Queridos hermanos, ahora somos hijos de Dios, pero todavía no se ha manifestado lo que habremos de ser».

Pero será manifestado cuando el Señor del don regrese.

SAL DE LA BARCA

1. Piensa otra vez en la historia de la porcelana y la caja. ¿Cuál es el don más grande que Dios te ha otorgado; qué hay en tu caja?

2. ¿En qué área de tu vida (vocacional, relacional o intelectual, por ejemplo) experimentas el mayor crecimiento?

3. ¿En qué área te arriesgas más a convertirte en barcadicto?

4. Este capítulo describe tres razones por las que la gente sepulta su tesoro: comparación, miedo y pereza. ¿Cuál de ellas (o qué otro factor) podría evitarte aprovechar «la oportunidad de tu vida»? ¿Por qué?

5. Dedica un poco de tiempo a imaginar la escena en la que Dios y tú examinan tu vida. ¿Qué medida podrías tomar hoy para minimizar lo más posible el remordimiento cuando termines tu vida?

CAPÍTULO 3

DISCIERNE EL LLAMADO

Vivir significa ser tomado en cuenta.

MARTIN BUBER

Caminar sobre el agua no solo requiere valor para arriesgarse, sino sabiduría para discernir el llamado.

Un hombre se presenta ante las puertas perladas del cielo.

—¿Hiciste alguna vez algo de particular mérito? —pregunta San Pedro.

—Bueno, sí, creo que una cosa —contesta—. Una vez me topé con una banda de motociclistas cargados de testosterona que amenazaban a una joven. Les exigí que dejaran de molestarla, pero no me escucharon; así que me acerqué al motociclista más alto y con más tatuajes de todos. Le di una bofetada en la cabeza, derrumbé su motocicleta de un puntapié, le arranqué la argolla que colgaba de su nariz, la arrojé al piso y le dije: «Déjala en paz o te las verás conmigo».

San Pedro quedó impresionado:

—¿Y cuándo ocurrió eso? —preguntó.

—Hace un par de minutos —contestó.

Hay una gran diferencia entre fe y necedad. Históricamente, los comentaristas bíblicos han discutido si el deseo de Pedro por dejar la barca fue una expresión de devoción o un problema de control de impulsos. Calvino escribió que era una advertencia contra el «excesivo ímpetu» y el arriesgarse neciamente. Por otro lado, Crisóstomo, vio esta escena como el acto de amor de un discípulo. Escribió que Pedro no dijo con orgullo: «Hazme caminar sobre el agua», sino con devoción: «Hazme llegar a ti».

Pese a la forma en que lo veas, uno de los aspectos más sorprendentes de la historia que relata Mateo es que Pedro no salta de inmediato al agua. Él comienza pidiéndole permiso a Jesús. («Señor, si eres tú —respondió Pedro—, mándame que vaya a ti sobre el agua»). ¿Por qué hace eso Pedro? Después de todo, no tenía problema en concretar sus impulsos:

En el Monte de la Transfiguración, Pedro recomendó que permanecieran allí y construyeran altares para Jesús, Moisés y Elías. Se nos dice que expuso esa idea porque «no sabía qué decir». Mucha gente, cuando no sabe qué decir, simplemente evita hablar, prefiriendo esperar a tener más información. Pedro no.

En el huerto de Getsemaní, rodeado por soldados romanos, Pedro, impulsivamente, tomó una espada y le cortó una oreja a un soldado llamado Malco. Jesús tuvo que agacharse, tomar la oreja y pegarla otra vez a la cabeza de Malco. Me imagino las palabras del Señor: *Disculpa a mi asociado. He trabajado con él por años, pero todavía no he logrado mucho.*

En Cesarea de Filipos, cuando Jesús predijo su cercana muerte, Pedro le aconsejó restarle importancia a la conversación sobre la cruz, basado en que eso era dañino para la moral del grupo. La respuesta inicial de Jesús («¡Aléjate de mí, Satanás!»), seguro que no mejoró la reputación del apóstol como sabio consejero.

La descripción de Pedro en Mateo deja muy claro que mantenía contacto con su impulsivo niño interior. Entonces, ¿por qué se detiene aquí a pedir órdenes antes de saltar de la barca?

Me parece que Mateo quiere que sus lectores entiendan un aspecto crucial acerca de caminar sobre el agua: El que controla la caminata sobre el agua es Jesús, no Pedro. No se trata de un poder a disposición del apóstol, el cual emplear a su antojo y para lo que quiera. Antes de salir de la barca, más le valía estar seguro de responder a un llamado para hacerlo y de que Jesús era quien lo llamaba. Dios busca algo más que el puro ímpetu. En ocasiones, la gente hace decisiones precipitadas acerca de sus relaciones, finanzas o empleos, por ejemplo, y entonces las racionalizan con una pantalla de lenguaje espiritual. Por eso vale la pena considerar por un momento lo que no significa caminar sobre el agua.

El sicólogo Frank Farley investigó por más de treinta años la personalidad tipo E, o buscadora de emociones. La gente con personalidad tipo E es atraída a situaciones y conductas de alto riesgo. Suelen preferir la incertidumbre, lo impredecible, lo novedoso y la gran variedad. Se aburren con facilidad y tienen ansias de estimulación constante.

Los científicos israelíes, en efecto, lo han identificado como el gen del riesgo. La gente catalogada como nerviosa y curiosa tienen una versión más larga de un gen conocido como D4DR, a diferencia de las personas reflexivas y tranquilas. Los tipo E se involucran en lo que se conoce como «deportes extremos»: montañismo, paracaidismo en el mar, salto en planeador y paracaidismo a baja altura. Esta última actividad consiste en saltar desde un peñasco o puente orando porque su paracaídas se abra dentro de los pocos segundos que se tarda en caer a mil metros. Es tan ilegal como altamente peligroso. En su corta historia de dieciocho años, cuarenta y seis paracaidistas de baja altura han muerto practicando esta actividad.

Es muy interesante notar que, en la mayoría de los libros de autoayuda, se elogie tanto el correr riesgos. Sin embargo, en la literatura sobre investigación sicológica, esto es más una señal de peligro. La gente de intenso tipo E, aunque puede lograr grandes cosas, también es más propensa a asumir conductas potencialmente destructivas, como el abuso de sustancias químicas, la actividad sexual de alto riesgo y el apostar en forma compulsiva.

En algunas ocasiones, sobre todo cuando siento la vida aburrida o insatisfactoria o que me está pasando por alto, puedo demandar con impaciencia que todos mis problemas se resuelvan de una vez con una decisión precipitada que no se alinea con el llamado de Dios para mi vida. Es posible que hagamos decisiones valientes y riesgosas, aunque tontas.

Garrison Keillor escribió acerca del pastor Ingqvist, que se alarmó al ver la columna de «Querida Abby» y observó la gran frecuencia con que esta solía referir a sus pacientes para que los atendieran algunos ministros:

«Conversa con tu ministro», le dijo a una adolescente de catorce años, enamorada de un mecánico de cincuenta y uno (y casado) preso por el delito de violación. ¿Por qué supone Abby que un ministro pueda tratar este caso?... Pobre hombre. Las cosas estaban bastante claras para él momentos antes pero, ahora, mientras la jovencita manifiesta su amor por Vince, la convicción de su inocencia, el hecho de que su esposa nunca lo amó, nunca lo amó en realidad, no como ella, Trish, lo podía amar, y el hecho de que a pesar de su edad y de que solo lo conocía por correspondencia, hay algo indescriptiblemente sagrado y valioso entre ellos, todo lo que el pastor piensa es: «Qué locura. ¡No seas ridícula!» No, no serás ridícula. Pablo escribió: «Así que tengan cuidado de su manera de vivir. No vivan como necios sino como sabios, aprovechando al máximo cada momento oportuno, porque los días son malos». ¿Cómo se aplica esto específicamente a Trish, enamorada por correspondencia? Cuando Pablo escribió esa maravillosa afirmación, tal vez estaba sentado en un aposento alto, en Atenas, muy entrada la noche, en silencio y con todos los necios durmiendo. Podía escribir la sencilla verdad y ningún necio estaba cerca para decir: «¿Eh? ¿Qué quisiste decir? ¿Quieres decir que no debo aspirar a establecer el récord mundial de caminata en reversa? ¡Pero si sé que puedo lograrlo! ¡Soy bueno en eso! Puedo caminar hacia atrás por kilómetros».

La línea entre «No temerás» y «No serás ridículo» es a menudo muy fina y no se identifica con facilidad. Saber cuándo salir de la barca y correr un riesgo no solo exige valor; también requiere sabiduría para formular las preguntas correctas, discernimiento para reconocer la voz del Maestro y paciencia para esperar su orden.

Jesús no busca gente tipo E cuyas riendas son guiadas por el ímpetu. Él busca lo que podría ser llamado personalidad tipo C (caminante sobre el agua). Esto incluye el deseo de experimentar aventuras con Dios, el gen divino, del cual todos tenemos uno. Es parte de nuestro ADN espiritual. Se requiere tanto del valor para correr riesgos como de sabiduría para saber qué riesgos correr.

Entonces, ¿cómo sé la diferencia entre un llamado auténtico de Dios a salir de la barca y mi propio impulso? ¿Cómo me convierto en un seguidor tipo C? Para ahondar más en esta cuestión, consideremos la noción bíblica del llamado.

EL LLAMADO, UN REFLEJO DE LA IMAGEN DE DIOS

Iniciamos esta discusión con una pregunta teológica: ¿Qué es lo que Dios hace durante todo el día? Si tuvieras que responder a esa pregunta con una sola palabra, ¿qué dirías? Para la mayoría de nosotros, si estamos en unas vacaciones prolongadas o por alguna razón tenemos un largo periodo de tiempo libre, la siguiente pregunta es extremadamente importante: *¿Qué voy a hacer hoy?* La queja elemental de un anciano jubilado y de un niño es: *Estoy aburrido.* Hablamos sobre la necesidad de «matar el tiempo» en situaciones como esa. Dios tiene toda la eternidad. ¿Qué hace con todo ese tiempo? ¿Crees que, más que otra cosa, se siente solo a observar?

Los escritores bíblicos dicen lo que Dios hace en una sola palabra: trabaja.

Leland Ryken asevera que el cristianismo es bastante singular respecto a esto. Los antiguos griegos, por ejemplo, pensaban que sus dioses estaban más allá del trabajo. El Monte Olimpo era algo así como el centro vacacional Palm Springs en donde, además de arrojar uno que otro rayo, Zeus y sus asociados vivían en Ociolandia. En contraste, las líneas iniciales de Génesis están repletas de la obra de Dios: separa la luz de las tinieblas, forma los cuerpos celestes y el cielo, reúne las aguas y forma cuerpos humanos a partir del polvo de la tierra.

Después del sexto día, Dios no descansa. El salmista deja bastante claro que el universo no es dirigido por necesidad mecánica; es dirigido por Dios.

Tú haces que los manantiales viertan sus aguas en las cañadas...
Desde tus altos aposentos riegas las montañas;
la tierra se sacia con el fruto de tu trabajo.
Haces que crezca la hierba para el ganado,
y las plantas que la gente cultiva...
¡Oh SEÑOR, cuán numerosas son tus obras!

Dios está particularmente activo trabajando con la gente. El salmista afirma que el Dios de Israel no «se adormecerá ni dormirá», sino que siempre protege y guía a su rebaño.

Cuando Jesús vino a la tierra, vino a trabajar. En efecto, la mayor parte de su vida adulta trabajó como carpintero. (Hoy, la gente paga una fortuna por una silla Chippendale, ¡imagínate poseer una banca hecha por Jesús!) Él no deja duda de que trabaja al decir: «Mi Padre hasta ahora trabaja, y yo trabajo».

Se describe a Dios en la Biblia con muchas metáforas que implican trabajo: es jardinero, artista, alfarero, rey, constructor y edificador de casas.

«El Dios de la Biblia —escribe Paul Minear—, es eminentemente trabajador». Está muy interesado en —entiende el gozo de y está profundamente comprometido con— el trabajo. Esto es significativo porque, en el clímax de la crónica de la creación, se nos dice que «... Dios el SEÑOR formó al hombre del polvo de la tierra, y sopló en su nariz hálito de vida, y el hombre se convirtió en un ser viviente».

¡TÚ ERES UNA OBRA DE ARTE DE DIOS! ¡TÚ ERES UNA OBRA DE ARTE DE DIOS! Si alguna vez alguien, tal vez tu jefe o cónyuge, te ha dicho con sarcasmo: «Vaya obra de arte que eres», eso es literalmente cierto. Y debido a que fuiste hecho a imagen de Dios, fuiste creado para trabajar. Fuiste hecho para crear, dirigir, estudiar, organizar, sanar, cultivar o enseñar. Arthur Miller escribe que esto es lo que se encuentra en el corazón de una fe completa: *«Es utilizar los dones y talentos con los que fuimos dotados para servir al mundo con excelencia y, a través de ese servicio, ¡amar y honrar a Dios! ¡El llamado que ocupa totalmente lo que Dios te ha dado es una tarea santa!»*

Tienes un llamado, pero los llamados no siempre se escuchan con facilidad. Al igual que el pequeño Samuel, no siempre reconocemos de quién es la voz que nos pide llevar a cabo algo. Gregg Levoy escribe que, en la Escritura, Dios a menudo llama a los profetas repitiendo su nombre: «Abraham, Abraham. Jacob, Jacob. Moisés, Moisés». Una vez no siempre es suficiente.

Entonces, ¿cómo hacen los seres humanos ordinarios para descubrir su llamado?

TOMA EN SERIO TU LLAMADO

Cuando mis hijos eran pequeños y les regalábamos algo, las tres palabras que más me daban pavor eran: *Hay que ensamblarlo.* Yo no sé ensamblar. Al menos no muy bien, de cualquier manera. Inevitablemente, siempre me quedaban piezas de sobra, solitarias y desconectadas sobre el piso. Estas partes siempre me entristecen. No tienen nada que hacer, ni oportunidad para completar el equipo. Siempre me imaginé que alguien en la fábrica metía la pata y colocaba partes inútiles en el empaque; partes de repuesto.

Pero Dios no trabaja así. Él no hace partes de repuesto. *Tú* no eres un repuesto. Tienes un propósito, un diseño esencial para el sueño de Dios con la humanidad. Antes que nada, y de acuerdo a la Escritura, somos llamados a conocer a Dios y a ser sus hijos. Somos llamados a vivir en la realidad de su reino y para que Cristo se forme en nosotros.

Como parte crucial de su llamado, se te otorgaron ciertos dones, talentos, anhelos y deseos. Identificarlos con claridad, desarrollarlos con habilidad y utilizarlos con gozo y humildad para servir a Dios y a su creación es esencial a la razón por la que fuiste creado.

John Belushi y Dan Ackroyd protagonizaron la película *The Blues Brothers.* Interpretaron a una pareja de exconvictos con aspiraciones de músicos que trataban de reunir fondos para un orfanato. Cada vez que les preguntaban acerca de cuál era su trabajo, tenían una respuesta igual: «Estamos en una misión que nos encargó Dios». Daban esa respuesta como si en verdad la creyeran. La sola idea de que dos indignos e ineptos seres humanos pudieran estar en una misión de parte de Dios era, por supuesto, la broma central de todo el guión.

He aquí la historia de tu vida: Estás en una misión de parte de Dios. O eres eso o no tienes propósito o misión en lo absoluto. Jesús lo dijo así: *Eres la sal de la tierra.* Otros llegaron antes que tú. Otros vendrán después. Pero esta es tu oportunidad. Si el reino de Dios se manifestase en este momento, tendría que ser a través de ti. Ni siquiera Dios va a venir a tomar el lugar tuyo. *Estás en una misión de parte de Dios.*

Hay que comenzar tomando tu llamado con seriedad. Hay una vieja historia jasídica que relata que se les ordena a todos usar un abrigo con dos bolsillos para recibir mensajes de parte de Dios. En un bolsillo está escrito: *Tú no eres más que uno de millones de millones de granos de arena en el universo.* En el otro bolsillo dice: *Hice el universo solo para ti.* Puedo responder a mi llamado con ligereza. Puedo vivir libre del temor a fracasar sin preocuparme cómo ven otros mi carrera, sabiendo que mi salvación y valor como persona no depende de mi título laboral.

Pero lo que hacemos es inmensamente importante. Vale la pena dedicarle lo mejor de nuestra energía. *Estamos en una misión de parte de Dios.*

HONRA TU MATERIA PRIMA

Además de tomar el llamado en serio, discernirlo requiere de uno de los más grandes desafíos de autoexploración y análisis que un ser humano pueda enfrentar. El llamado casi nunca es fácil de descubrir. Tienes que ser crudamente sincero acerca de tus talentos y limitaciones. Tienes que estar dispuesto a hacer preguntas difíciles y ser capaz de vivir con las respuestas. Discernir el llamado de Dios requerirá muchos intentos y fracasos. Tendrás que estar dispuesto a dejar que algunos sueños tengan una muerte dolorosa. No llegaste a este planeta con tu llamado previamente aclarado y tus talentos desarrollados. Llegaste con una pequeña advertencia: *Hay que ensamblarlo.*

UN LLAMADO ES ALGO QUE DESCUBRES, NO ES ALGO QUE ESCOGES. La palabra *vocación* viene del término latín para *voz*. Descubrirla implica escuchar con mucho cuidado. Hay personas que hablan de «elegir su llamado», pero un «llamado elegido» es una contradicción de términos. Toda la idea de un llamado se toma de la Escritura, en la que, una vez tras otra, Dios llama a alguien a llevar a cabo su obra. Toda la idea del llamado se resume en que hay uno Quien llama, y uno a quien se llama.

UN LLAMADO ES ALGO QUE DESCUBRES, NO ES ALGO QUE ESCOGES.

Tú y yo somos a quienes se llama y Dios es quien llama. Dios equipa al trabajador y asigna el trabajo. Michael Novak lo dice de esta forma:

No nos otorgamos a nosotros mismos nuestras personalidades, talentos o anhelos con los que nacimos. Cuando cumplimos con esos talentos, que están más allá de nosotros mismos, es como satisfacer algo para lo que nacimos... el Creador de todas las cosas conoce el nombre de cada uno de nosotros; conoce profundamente, mejor que nosotros mismos, lo que hay en nosotros, pues él lo colocó ahí y pretende que hagamos algo con eso; algo que encaja con sus intenciones para muchas otras personas... Aun si no pensamos siempre acerca de eso en esa forma, a cada uno de nosotros nos dio un llamado, por predestinación, por el azar, por el destino, por Dios. Los afortunados lo conocen.

Parker Palmer, un educador y escritor cuáquero, nos da un pensamiento más: «Todo en el universo tiene una naturaleza, lo que significa tanto límites como potencial». Uno de los intereses del artista y artesano es saber cómo discernir la naturaleza del material con el que trabaja. Los grandes escultores pasan tiempo estudiando la pieza de mármol antes de usar el cincel; describen lo que hacen no tanto como imponer una forma en el mármol sino cómo dejar salir lo que este siempre ha contenido. Los alfareros hábiles saben que, mientras amasan y presionan el barro, este responde a la presión, diciéndoles en qué puede convertirse y en qué no. A los aficionados les falta este discernimiento; cuando yo tenía siete años, cada porción de barro era un cenicero en potencia.

También tú tienes una naturaleza con tus propios límites y potencial. Frederich Buechner escribió que el llamado es «el lugar donde tu satisfacción profunda se encuentra con la necesidad del mundo». No es difícil adivinar dónde yace la necesidad del mundo. ¡Está en todas partes! Lo que resulta más difícil de lo que esperas es descubrir dónde yace su satisfacción más profunda. ¿Qué trabajo te produce alegría? ¿Por qué sientes anhelo y pasión, pues estos también son dones de Dios? Esta es la razón por la que ser talentosos tiene que ver con más que solo talentos, también incluye *pasión*. Como afirma Arthur Miller: «Es el impulso vital de una persona, la canción que su corazón anhela cantar, la carrera para la que sus piernas nacieron para correr... Hay una energía asociada al talento. Dale a una persona la oportunidad y esta te sacudirá».

Una de mis imágenes favoritas sobre la «profunda satisfacción» que Dios pretende para su creación está en el Salmo 19, en donde el salmista indica: «Dios ha plantado en los cielos un pabellón para el sol. Y éste, como novio que sale de la cámara nupcial, se apresta, cual atleta, a recorrer el camino».

Me encanta pensar en un hombre fuerte, un *campeón* o *atleta*, como algunas versiones lo traducen, regocijándose en la carrera. Él sabe que va a ser puesto a prueba y forzado; sabe que le costará todo lo que tiene. Pero le encanta la carrera. Le deleita el desafío. Compite, no por el trofeo al final, sino por amor a la competencia.

Es el profesor enfrentando a un salón de clases lleno de estudiantes escépticos con el desafío de abrirles las puertas del aprendizaje.

Es el líder que mira a una organización con desafíos morales y limitaciones de recursos y se impacienta por escuchar el sonido de la trompeta para desatar el potencial de la gente.

Es el jardinero al que le encanta crear belleza; el contador que se regocija en el orden; la enfermera que se deleita en curar; el mecánico que se enorgullece en la habilidad de las manos inteligentes.

Eso no significa que seguir un llamado siempre traiga sentimientos de gozo. A menudo significa la decisión enérgica de obedecerlo con una difícil tarea, aun cuando sería más fácil abandonarlo. Pero aun esto otorga cierta satisfacción cuando sé que he sido capacitado y adecuado por Dios para la tarea. Pero debo ser crudamente sincero en cuanto a *mi* satisfacción profunda.

Que hable tu vida, el maravilloso libro de Parker Palmer, tiene mucho que decir acerca del descubrimiento de nuestra propia vocación. Palmer escribe acerca del tiempo en el que, debido a su creciente importancia en los círculos educativos, se le ofreció la presidencia de una institución. Eso hubiera significado un incremento en su sueldo, estatus e influencia; desde el punto de vista profesional, era una decisión que no necesitaba pensarse.

Pero los cuáqueros tienen una costumbre por la que, cuando se enfrentan a una decisión importante acerca de un llamado, reúnen a media docena de amigos para que les sirvan como «comité de claridad». Este comité se reúne básicamente para plantear preguntas a fin de discernir el llamado de Dios con más claridad. (Palmer confiesa, sin embargo, que en este caso: «Recordando el pasado... es claro que mi verdadera intención al convocar a ese grupo no era discernir nada, sino ¡jactarme porque me ofrecieron un trabajo que ya había decidido aceptar!») Por poco tiempo las preguntas fueron fáciles: cuál sería la visión de Parker para la escuela, para qué misión serviría en la sociedad, etcétera. Pero luego, alguien formuló la que parecía una pregunta muy sencilla:

—Parker, ¿qué es lo que te gustaría si llegas a ser presidente? Por raro que pareciera, Parker tuvo que pensar al respecto por un momento.

—Bueno, no me gustaría toda la política involucrada; no me gustaría tener que dejar mis estudios y enseñanza; no me gustaría tener que hacer campañas para reunir fondos...

—Sí —le recordó el interrogador—, pero la pregunta es ¿qué es lo que te *gustaría*?

—Ya casi llego a eso —dijo, irritado, y procedió entonces a mencionar varias cosas negativas más—. No me gustaría tener que cancelar mis vacaciones de verano; no me gustaría...

Le hicieron la pregunta por tercera vez. Palmer escribe:

> Me sentí obligado a dar la única respuesta honesta que tenía, la que vino desde el fondo de mí, una respuesta que me horrorizó mientras la decía. «Bueno —dije, con la voz más baja que pude—, creo que lo que más me gustaría es ver publicada en el periódico mi fotografía con la palabra "presidente" abajo». Estaba sentado con cuáqueros experimentados y que sabían que, aun cuando mi respuesta era ridícula, ¡mi alma estaba en juego! No rieron en lo absoluto sino que mantuvieron un largo y serio silencio, un silencio en el que solo pude sudar y gemir internamente.
>
> Al fin, mi interrogador rompió el silencio con una pregunta que nos mató de risa a todos, y que me partió en dos a mí: «Parker —me dijo—, ¿puedes pensar en una manera más sencilla de ver tu foto en el periódico?»

Si Palmer hubiera aceptado el trabajo, piensa en qué resultados habría tenido en su vida: fatiga, desánimo, pérdida del gozo, falta de energía y un sentimiento de incapacidad. Esa es una de las causas de lo que los sicólogos llaman «fenómeno impostor», la sensación de que las personas (sobre todo las exitosas) tienen a menudo que pasar demasiado tiempo y esfuerzo tratando de encubrir su incapacidad de los demás. Si él fuera como la mayoría de nosotros, Palmer habría sido tentado a pensar que el problema consistía en haberse unido a una organización disfuncional o que el consejo lo había abandonado o que tenía un magisterio problemático. «No puedes elegir tu llamado —afirma Palmer—. Debes dejar que hable tu vida». Con esta frase, él quiere decir que una

GRAN PARTE DE SEGUIR NUESTRO LLAMADO NO TIENE QUE VER TANTO CON CON ELEGIR COMO CON *ESCUCHAR*. GRAN PARTE DE SEGUIR NUESTRO LLAMADO NO TIENE QUE VER TANTO CON ELEGIR COMO CON *ESCUCHAR*. Desde temprana edad, te atraían ciertas actividades, ciertas formas de ser y hacer. Estas pueden no ser alabadas por tu familia o tu compañía. Puedes apreciar la soledad en medio de una cultura que premia la extroversión. Puedes anhelar la espontaneidad dentro de una subcultura que elogia la pronosticabilidad. Te costará interés y valor descubrir y ser fiel a la persona que Dios hizo de ti. Con el tiempo, tu corazón buscará que tus anhelos se conecten.

Quizás fuiste creado para aprender y, con tu aprendizaje, beneficiar a otros. Te darás cuenta de que te atrae la lectura, la reflexión, la escritura y la enseñanza. Pero si estás convencido que debe ser un éxito corporativo para que tu vida valga la pena, cosecharás la siembra del grano que es tu vida. No dejarás que tu vida hable.

Tal vez eres una mujer a la que le encanta dirigir equipos, hacer sonar trompetas y sitiar montañas. Pero si se te ha dicho que las mujeres no deben hacer tales cosas, que debes permanecer en el traspatio, entonces sepultarás los talentos que te otorgaron. No dejarás que hable tu vida.

Es muy importante distinguir entre lo que me encanta hacer por hacerlo de lo que puedo querer hacer por las recompensas que me traerá.

El investigador Mihaly Csikszentmihalyi realizó un estudio que involucró a doscientos artistas que dejaron la academia de artes dieciocho años atrás. Descubrió que quienes se convirtieron en pintores serios fueron los que durante sus días de estudiantes saborearon el puro placer de pintar. Los que estudiaron con expectativas de riqueza o fama se dedicaron a otras profesiones. «Los pintores deben desear pintar por sobre todas las cosas. Si el artista frente al lienzo comienza a preguntarse por cuánto lo podrá vender o lo que los críticos pensarán, nunca será capaz de seguir vías originales. Los logros creativos dependen de estar decididamente concentrado».

La decisión de dejar que hable nuestra vida, algunas veces, ha deletreado la diferencia entre fracaso y grandeza. La biografía de Ulysses Grant, que escribió William McFeely, describe a un hombre que era magistralmente adecuado para el liderazgo y la literatura (sus *Memorias* son un clásico de la literatura militar) pero terriblemente incapacitado para los negocios y la política. Grant no entendió ni disfrutó la vida en Washington y usualmente se le juzga por haber sido uno de los presidentes menos eficaces de los Estados Unidos. En su final y extraordinario discurso sobre el estado de la Unión, se disculpó por su ineptitud: «Fue mi fortuna o infortunio, ser llamado al cargo de jefe ejecutivo sin tener capacitación política previa».

Pero, entonces, ¿por qué este héroe de la Guerra Civil hizo un esfuerzo tan grande por un trabajo que ni disfrutó ni entendió? «Su necesidad personal fue retener el inmenso respeto que tenía en todo el norte... Quería ser de importancia para un mundo que le había observado toda su vida. Todo lo que necesitaba era un poco de reconocimiento, que se entendiera un poco que él sabía lo que hacía. Quería ser tomado en cuenta». Sus propias necesidades insatisfechas de aceptación y autoestima le impidieron ver sus limitaciones. No amaba su trabajo en realidad. Fue como si solo hubiera deseado ver su fotografía en el periódico con la palabra *presidente* escrita abajo.

Todos enfrentamos ese desafío. Un conocido mío, cuyo padre tuvo mucho éxito, decidió que tenía que seguir la misma línea laboral. Nadie lo presionó y, ciertamente, habría podido resistir tal carrera si lo hubieran presionado. La trampa era más sutil. En parte, era el éxito de su padre lo que le abrió puertas en ese campo de trabajo, las que habrían estado cerradas en otras arenas; en parte porque, mientras crecía, este era el campo laboral en el que los logros siempre se discutían y celebraban. En todo caso, pasó veinte años tratando de ser como su padre y de convencerse a sí mismo que le iba bien en eso. Y aun así, mientras se desplaza en su trabajo, ese argumento se hace más y más difícil de mantener. La realidad (*Yo no soy mi padre; no tengo el mismo tipo de talentos y motivaciones que él*) sería muy dolorosa para él. Su esposa ve esto con más claridad y a veces trata de decírselo, pero no la escucha. Él no le hace honor a su materia prima.

Pienso en una mujer que ansía atención y está segura de que debe tener éxito como actriz o cantante para poder obtenerla. Se aferra a ese sueño aun ante la evidencia abrumadora de que eso no refleja aquello para lo que fue hecha por Dios. Se aferra a él tan fuertemente que, siempre que alguien trata de decirle que está cometiendo un error, le causa un dolor insoportable. Siente que la rechazan, así que huye. Ella no le hace honor a su materia prima.

Cuando no honro mi materia prima, la realidad se convierte en mi enemiga. Cierro mis ojos y oídos a todas las indicaciones de que estoy tratando de hacer algo para lo que no estoy llamado o dotado. Sin embargo, bajo la superficie, estoy condenado a vivir en una ansiedad crónica y de baja categoría que me susurra que estoy tratando de ser alguien que no soy.

Si tengo el valor de reconocer mis limitaciones y las acepto, puedo experimentar una enorme libertad. Si me falta ese valor, seré prisionero de ellas. Algunas de mis limitaciones no me molestan mucho. Realmente no me importa si no puedo operar herramientas de alta potencia o si no puedo dibujar una línea recta. Pero tengo algunas limitaciones que me duelen excesivamente. Estas involucran sueños que he tenido desde que recuerdo. Reconocer esas limitaciones ha sido para mí como morir. Me ha dejado algunas veces preguntándome si es que tengo un verdadero llamado.

Pienso en algunas personas que conozco y que poseen mentes increíbles. Tienen una capacidad tan profunda para aprender y enfocarse que les permite hacer contribuciones duraderas a la búsqueda de la verdad y el conocimiento. Se sientan a la mesa de lo que el filósofo Mortimer Adler denomina la «Gran Conversación» de la raza humana. Yo era brillante como para que me fuera bien en la escuela y alcanzar cierto nivel de aprendizaje, pero nunca tendré una mente como esas. No me sentaré a esa mesa.

Observo a líderes que tienen una enorme energía para dirigir, que llevan bien dentro de sí reservas de optimismo y confianza para motivar a sus subalternos, que tienen una especie de giroscopio interno que los dirige a desarrollar a otros y cumplir una misión. Admiro muchísimo estos dones y a menudo me descubro confundido o afligido por tratar de hacer una autovaloración sincera de ellos.

Parker Palmer escribe acerca del mito del yo ilimitado:

Como muchos estadounidenses de clase media y, en particular, los hombres blancos, fui criado en una subcultura que insistió en que yo podía hacer y ser cualquier cosa que quisiera si estaba dispuesto a esforzarme. El mensaje era que tanto el universo como yo, somos ilimitados, siempre que haya energía y compromiso suficientes de mi parte. Dios había hecho las cosas así y todo lo que tenía que hacer yo era cumplir el programa.

Por supuesto, mis problemas empezaron cuando comencé a estrellarme contra mis limitaciones, especialmente en forma de fracaso.

Mientras escribo estas palabras, recuerdo mis fracasos más decepcionantes. Después de muchos años, su memoria todavía tiene el poder de hacerme querer olvidarlos, ocultarme de ellos o tratar de racionalizarlos. La razón de algunos de estos fracasos no fue simplemente una falta de persistencia o circunstancias no propicias (lo que solo necesitaría de mayor esfuerzo); me estaba estrellando contra mis propias limitaciones. Es algo humillante para mí percatarme de cuán a menudo mi propia necesidad de ser percibido como un líder exitoso, fuerte, confiado y carismático me ha hecho alejar de un análisis detenido de mis fracasos y aprender de ellos quién soy y quién no soy.

Pienso en los sueños que tuve con una iglesia que ayudé a fundar y que no llegó a ser lo que los que involucrados esperamos y oramos. Sé que, al menos en parte, mis limitaciones jugaron un papel en eso. Uno de los grandes desafíos de la vida es aprender de una experiencia como esa, tanto con la verdad que me capacita a vivir en la realidad como con la *gracia* que me recuerda que tengo un llamado de Dios y talentos apropiados para responder a él. Estoy convencido de que si encaro el reconocimiento de las limitaciones que me afligen más, hay un enorme gozo y libertad del otro lado.

Creo que cada uno de nosotros tiene experiencias similares, lo cual me hace pensar en las preguntas más importantes, aunque difíciles, que una persona debe plantearse: *¿Cuál es tu limitación más dolorosa? ¿Cuál es la limitación que te atemoriza más reconocer y aceptar? ¿En dónde evitas más ver la profunda verdad acerca de ti mismo?*

ENSAMBLA TU PROPIO «COMITÉ DE CLARIDAD»

De igual forma, uno de los mandamientos de la Escritura más difíciles de obedecer es la afirmación de Pablo a pensar de sí mismo «con moderación». Lograr una valoración precisa de mis pasiones, dones y limitaciones es uno de los grandes retos de la vida. En parte, este mandamiento requiere una tremenda conciencia propia. Pero también es muy probable que necesite un poco de ayuda de parte de otras personas para lograr vencer mis puntos ciegos. Cuando pienso en el valor de recibir discernimiento de más de una persona, de un «comité de claridad», pienso en Bob Buford. Bob era un magnate de la televisión inmensamente exitoso que sintió el llamado de Dios para salir de una barca bastante cómoda. En palabras de su libro *Halftime* [Medio tiempo], él deseaba trasladarse del «éxito al significado». Él y su esposa, Linda, tuvieron una reunión prolongada con un consejero, que les ayudó a aclarar inmensamente su sentido de propósito. Luego, este consejero sugirió un paso muy cuestionable: «Venda su compañía e invierta el dinero en los proyectos ministeriales de los que me habló». Bob escribe:

> Me quedé sentado ahí, impactado por las implicaciones de esta decisión. Linda no estaba menos impactada. Casi podía ver las imágenes típicas de ministros, misioneros y monjes pasándole por la mente. ¿Seríamos una pareja de filántropos que entregarían su dinero hasta que nuestra bolsa se vaciara? ¿Se nos pediría vestir como un ministro y su esposa?

Bob continúa explicando la forma en la que ensambló su propio comité de claridad (aunque él no usa ese lenguaje). Ellos lo ayudaron a ver que lo que más amaba y lo que mejor hacía estaba relacionado con el pensamiento estratégico y el liderazgo organizacional. Le ayudaron a discernir que, si vendía su compañía, perdería una plataforma que podría influir para hacer un gran bien. Lo ayudaron a percatarse de que sus pasiones y capacidades eran perfectamente adecuadas para ayudar a los pastores y líderes de iglesias a tratar con cuestiones de complejidad organizacional y efectividad de propósito. Hoy día, dirige un ministerio que desarrolla liderazgo para iglesias clave a través del país, *y le encanta hacerlo*. Pero si se hubiera apresurado a seguir las palabras de su primer consejero, si hubiera vendido su negocio y simplemente repartido los fondos, jamás hubiera experimentado la eficiencia o satisfacción que experimenta hoy.

En la costumbre cuáquera, un comité de claridad no se reúne para aconsejar. (Muchísima gente haría eso sin que nadie se lo pida.) Y en realidad no necesitas gente que tenga su propia agenda para tu vida. La tarea básica de este grupo es simplemente hacer preguntas, escuchar con mucha atención y orar porque Dios haga claro su llamado para tu vida.

Necesito gente que me pregunte cosas como:

—¿Qué es lo que disfruto solamente por el placer de hacerlo?

—¿Qué es lo que evito hacer? ¿Por qué?

—¿Por qué quiero ser recordado?

—¿Qué tanto puede alejarme de mi verdadero llamado el que me ofrezcan dinero o mejores puestos?

—¿Cómo sería mi vida si respondiera al llamado y todo saliera bien?

Haz «Sondeos de bajo costo»

Dios realmente toma nuestro trabajo en serio. Arthur Miller lo define así:

Aceptar o permanecer en un puesto al que sabes que no correspondes es *incorrecto y pecaminoso*. Quizá es una forma de pecar que nunca consideraste: el pecado de estar en el trabajo incorrecto. Pero Dios no te dejó en esta tierra para desperdiciar tu vida en una labor que no usa su diseño o propósito para tu vida, sin importar cuánto es lo que recibes de sueldo.

Puesto que discernir un llamado requiere, por lo general, tiempo y paciencia y que la mayoría tenemos deudas por pagar, ¿qué hacer mientras estamos en nuestra búsqueda? Este proceso no son buenas noticias para los que quieren meter al horno de microondas todo, incluidas sus vocaciones. Podríamos estar tentados a comprometernos con mucha precipitación.

Una alternativa es lo que Bob Buford denomina «sondeo de bajo costo». La idea es conservar tu trabajo diurno, mientras pruebas las aguas de un nuevo llamado. Comienza por explorar tu efectividad en el área que crees que Dios puede estarte llamando. En el caso de Bob, el sondeo de bajo costo se inició conservando su posición como ejecutivo pero reuniendo a un grupo de pastores de iglesias numerosas para saber si se beneficiarían de la experiencia organizacional que él podía aportar. Esto le guió a descubrir su llamado básico para la segunda mitad de su vida. Pero el costo fue tan bajo que, de entrar en un callejón sin salida, fácilmente habría podido reenfocar su búsqueda. Si hubiera renunciado impulsivamente a su empleo y aceptado un puesto en alguna iglesia, habría fallado a su llamado y puesto en peligro la oportunidad de continuar su búsqueda.

Además, Gordon Smith anota que el discernimiento honra las decisiones y los compromisos previos. Dios es un trabajador cuidadoso y no desperdicia ningún recurso. Las capacidades y habilidades que has adquirido hasta ahora son importantes para él y pueden desaprovecharse si abandonas tu situación actual demasiado rápido.

Quizás para ti un sondeo de bajo costo incluiría una zambullida en una misión de corto plazo o comprometerte a enseñar en tu congregación o involucrarte como voluntario en el lanzamiento de un ministerio nuevo. Confía en el hecho de que hay un precedente bíblico para llevar a cabo un sondeo de bajo costo. Amós se posicionó en el negocio de la profecía pero conservó su puesto como pastor para apoyarse. Aparentemente, hasta Pablo mantuvo sus operaciones como fabricante de tiendas en modalidad de producción mientras plantaba iglesias.

EL LLAMADO A MENUDO IMPLICA SUFRIMIENTO

La gente a veces pone en términos muy románticos la noción de vocación. Recibir un llamado de parte de Dios no es lo mismo que dedicarse a la carrera ideal. Esta, por lo general, promete riqueza, poder, estatus, seguridad y grandes beneficios. El llamado, a menudo, es una historia diferente.

Dios llamó a Moisés: *Preséntate ante Faraón, el hombre más poderoso sobre la faz de la tierra. Dile que deje a su fuerza laboral salir sin indemnización para adorar a un Dios en el que él no cree. Luego, convence de huir al desierto a un pueblo tímido y testarudo. Ese es tu llamado.*

Y Moisés dijo: *Heme aquí. Envía a Aarón.*

Dios llamó a Jonás: *Dirígete a Nínive, la ciudad más corrupta y violenta del mundo. Diles a sus habitantes, que no te conocen a ti y no me reconocen a mí, que decidan entre arrepentirse o morir.*

Y Jonás dijo: *¿A qué hora sale la siguiente ballena en dirección contraria?*

Dios llamó a Jeremías a predicar a un pueblo que no quería escucharlo. Fue muy difícil y Jeremías lloró tanto que desde entonces se le conoce como el profeta llorón. ¿Qué te habría parecido tener ese título? ¿Quién quiere una tarjeta de presentación que diga «Director General Sollozante» o «Dermatólogo Deprimido»?

Como norma, las personas de las que leemos en la Escritura que fueron llamados por Dios se sintieron bastante incompetentes. Cuando Dios llamó a Abraham a abandonar su hogar, o a Gedeón para dirigir un ejército, o a Esther para desafiar al rey, o a María para dar a luz al Mesías, su respuesta inicial nunca fue: *Sí, puedo con ese reto. Creo que lo puedo manejar.*

La primera respuesta a un llamado «tamaño Dios» es, generalmente, el miedo. Henry Blackaby escribe:

> Algunas personas dicen: «Dios nunca me pediría hacer algo que no puedo». He llegado a un punto en mi vida en el que, si la tarea que siento que Dios me está asignando es algo que sé que puedo manejar, quizás no viene de él. El tipo de tareas que él asigna en la Biblia siempre es «tamaño Dios». Y siempre están más allá de lo que puede hacer la gente, porque desea demostrar su naturaleza, su fortaleza, su provisión y su bondad para su pueblo y para un mundo que le observa. Esta es la única forma en la que el mundo lo conocerá.

Esto no significa que Dios nos llame en una manera que viole nuestra «materia prima». Cuando Dios llama, provee.

Sí significa, sin embargo, que solo el talento natural no es suficiente para honrar un llamado de parte de Dios. Necesitaré ideas, fortaleza y creatividad más allá de mis propios recursos para hacer lo que Dios me pide. Tendremos que ser Dios junto conmigo, llevándolo a cabo juntos. No SOMOS LLAMADOS SOLO A TRABAJAR *PARA* DIOS. SOMOS LLAMADOS A TRABAJAR *CON* DIOS. Todos y cada uno de los que en la Escritura le dijeron «sí» a su llamado, tuvieron que pagar un alto precio. Será igual contigo y conmigo.

NO SOMOS LLAMADOS SOLO A TRABAJAR *PARA* DIOS. SOMOS LLAMADOS A TRABAJAR *CON* DIOS.

Algunas veces esto significará disponer de horas de esfuerzo y trabajo que preferiría no disponer. ¿Lo harás? Quizás tu llamado no incluirá el tipo de reconocimiento o riqueza o influencia que siempre has esperado. ¿Podrás prescindir de eso? Algunas veces te dedicarás a un sueño, como Jeremías, y las cosas no se desarrollarán como querías, y entonces sufrirás decepción y desánimo abrumadores. ¿Lo soportarás? Tal vez te tome mucho tiempo discernir su llamado. Tal vez esto incluirá mucho ensayo y error y muchas salidas en falso; y tendemos a ser gente impaciente, deseando resultados inmediatos. ¿Serás paciente?

CARRERA O LLAMADO

La sociedad norteamericana ya no habla mucho de llamado. Es más frecuente pensar en términos de carrera o profesión. Y aun así, esta se convierte para mucha gente en el altar en el que sacrifican sus vidas. Benjamín Hunnicutt es un especialista de la Universidad de Iowa que se especializa en historia del trabajo. Escribe que el trabajo se ha convertido en nuestra nueva religión, donde adoramos y ofrecemos nuestro tiempo. En tanto que el compromiso de la gente con la familia, con la comunidad y su fe disminuyen, giran hacia sus carreras para que estas les provean de significado, relaciones, identidad y estima.

El llamado, lo cual es algo que hago *para* Dios, es reemplazado por una *profesión*, la que amenaza con *convertirse* en mi dios. La carrera es algo que elijo para mí; el llamado es algo que hago para Dios. La profesión promete estatus, dinero o poder; un llamado, por lo general, promete dificultad y aun más sufrimiento, pero también la oportunidad de ser usado por Dios. La carrera tiene que ver con la movilidad ascendente; el llamado casi siempre lleva al descenso.

Cuando me dediqué por primera vez al ministerio pastoral, la gente a veces me preguntaba cuándo recibí «el llamado», como si la labor en la congregación requiriera un llamado, pero el mercado de trabajo fuera solo parte de una carrera. Sin embargo, así no es como funciona. Sé demasiado bien que es posible convertir el trabajo de la congregación en una carrera dedicada a los avances y logros. Es también posible hacer de un negocio un llamado cuando es verdaderamente llevado a cabo para servir a Dios y a otros. Una carrera puede terminar con el retiro y con muchos «juguetes». El llamado no termina sino el día en que mueres. Las recompensas de una carrera pueden ser muy visibles, pero temporales. El significado de un llamado dura por la eternidad. Una carrera puede ser interrumpida por cualquier cantidad de eventualidades, pero un llamado no. Cuando Dios llama a las personas, las capacita para llevar a cabo su llamado aun en las circunstancias más inverosímiles.

La Escritura está llena de relatos de personas que fueron forzadas a la esclavitud, capturadas, enviadas al exilio y lanzadas a prisiones. Las trayectorias de sus carreras no se veían muy prometedoras, pero llevaron a cabo su llamado en formas extraordinarias.

Faraón tenía una carrera, pero Moisés un llamado. Potifar tenía una carrera, pero José un llamado. Amán tenía una carrera, pero Esther tenía un llamado. Acab tenía una carrera, pero Elías un llamado. Pilatos tenía una carrera, pero Jesús un llamado.

Y eso no se limita a las personas de la Escritura.

Charles Colson estuvo en medio de una de las carreras de más alto perfil en los Estados Unidos de América. Tuvo acceso al poder. Poseyó enorme influencia. Y terminó en la cárcel. Pensó que su carrera había concluido, y estaba en lo correcto, en cierta forma. Su carrera previa había terminado, pero su llamado apenas comenzaba. Fue llamado a servir a los hombres presos igual que él. Fue llamado a servir a una nación entera a través de sus talentos y su quebrantamiento. Al respecto, reflexiona:

«EL VERDADERO LEGADO DE MI VIDA FUE MI MÁS GRANDE FRACASO, ser un ex convicto. Mi gran humillación, ser enviado a prisión, fue el comienzo del gran uso que Dios le dio a mi vida; él eligió la experiencia en la cual no me podría glorificar por su gloria».

> **«EL VERDADERO LEGADO DE MI VIDA FUE MI MÁS GRANDE FRACASO.**
> **– CHARLES COLSON**

Algunas veces, bajo la providencia de Dios, el fin de una carrera es el inicio de un llamado. Y tú tienes un llamado. No eres una parte de repuesto, estás en una misión de parte de Dios.

Solo recuerda que hay que ensamblarlo.

SAL DE LA BARCA

1. Tu trabajo actual, ¿qué tanto expresa tu verdadero talento y pasión?
2. ¿En qué aspecto tu impulsividad te ha metido en problemas? ¿En qué área has estado más expuesto a confundir la necedad con la fe?
3. Reflexiona en tu vida desde la niñez. ¿Qué actividades o causas te han dado más satisfacción y gozo?
4. ¿Qué limitación —parte de tu «materia prima»— es la que más te duele?
5. ¿Qué tan claro tienes tu sentido del llamado? Trata de escribir una o dos oraciones inspiradoras para concluir esta frase:
   Mi llamado es ⎯⎯⎯⎯⎯⎯⎯⎯⎯⎯⎯⎯⎯⎯⎯⎯

   ⎯⎯⎯⎯⎯⎯⎯⎯⎯⎯⎯⎯⎯⎯⎯⎯⎯⎯⎯⎯⎯⎯⎯⎯⎯

   ⎯⎯⎯⎯⎯⎯⎯⎯⎯⎯⎯⎯⎯⎯⎯⎯⎯⎯⎯⎯⎯⎯
6. ¿Qué sondeo de bajo costo podrías hacer para explorar más tu llamado?

CAPÍTULO 4

*—Ven —dijo Jesús. Pedro entonces bajó de la barca y
comenzó a caminar sobre el agua en dirección a Jesús.*

Mateo 14:29

CAMINA SOBRE EL AGUA

*Me fui al bosque porque deseaba vivir deliberadamente...
y no descubrir, cuando muriera, que no viví.*

HENRY DAVID THOREAU

Hace algún tiempo fui de vacaciones al rancho de un amigo en Arizona. Mi esposa, que creció vacacionando ahí, insistió en que mi experiencia no sería total hasta que no conociera la intensa emoción de un paseo a caballo realmente desafiante. Paseamos por un sendero, pero resultó demasiado aburrido, pues no existía la posibilidad de caer y lastimarme seriamente. La verdad es que he pasado muy poco tiempo cerca de los caballos y nunca me he topado con uno en el que confíe pero, por supuesto, yo no iba a admitirlo.

Entonces, a la mañana siguiente, monté junto con cinco vaqueros del rancho para llevar a la manada de caballos a pastar a unos cinco kilómetros de ahí. Estaba muy interesado en conocer al caballo que me asignarían. A menudo, los caballos reciben sus nombres debido a algún aspecto sobresaliente de sus temperamentos; cuando te asignen un caballo que se llame Chiquito o Valium, sabrás bastante bien lo que te espera. El nombre de mi caballo era Reversa, debido a su particular excentricidad de echar hacia atrás siempre que alguien fuese tan tonto como para halar sus riendas. Registré eso en mi mente para no cometer el error.

El viaje rumbo al pastizal no tuvo incidentes. Dejamos a la manada y ya íbamos de regreso cuando uno de los vaqueros decidió hacer una carrera. Su caballo se adelantó a todo galope y los otros cuatro de inmediato iniciaron la carrera para alcanzarlo. Reversa se comenzó a mover. Por puro instinto, halé las riendas tan fuerte como pude. Reversa se levantó en sus cuartos traseros y caminó unos cuantos pasos hacia atrás, tal como lo hacía Plata con el Llanero Solitario, para luego salir disparado... como por un cañón.

Reversa corrió hasta alcanzarlos. No estábamos paseando ni trotando, era una carrera a toda velocidad como en una escena de película. Los cinco vaqueros eran muchachos en sus veintes que pasaban todo el verano a caballo, haciéndolos competir tan rápido como les era posible. Reversa y yo los rebasamos. Dije «Reversa y yo» pero, la verdad, el caballo estaba haciendo la mayor parte del trabajo. Lo único que yo estaba haciendo era esperar mi muerte. Busqué en la ribera del arroyo cercano la roca con la que me partiría la cabeza una vez que el caballo me lanzara. Me vino a la mente Éxodo 15:1: «Cantaré al Señor, que se ha coronado de triunfo arrojando al mar caballos y jinetes».

Mientras pensaba en la forma en que mi esposa Nancy gastaría el dinero de la póliza de mi seguro de vida, ocurrió algo de lo más extraño. Me di cuenta de que era muy probable que sobreviviera a esta experiencia y que se convertiría en uno de los momentos más intensos de la semana. Por unos segundos experimenté lo que Mihaly Csikszentmihalyi denomina «flujo»: mi propia, óptima y personal experiencia. Por unos momentos estaba totalmente cautivado por una sola actividad. Todo lo que escuché fue el golpeteo de los cascos de Reversa; todo lo que sentí fue el golpe del viento en mi cara y el rítmico vaivén del galope. En una esquina de mi campo visual, me percaté de las miradas asustadas de los cuatro jinetes del apocalipsis que acababa de rebasar hacía un momento (uno que disfruté inmensamente). Me sentí *vivo*, desde mi cabeza ya sin sombrero hasta los dedos de mis pies, marcados por los estribos. Comencé a carcajear debido a la adrenalina. Para el momento en que nos detuvimos en la cerca, supe que este había sido el paseo a caballo de mi vida. No me habría perdido esta experiencia por nada del mundo.

Por supuesto, cuando nos detuvimos ya en el rancho (lo que para mi alivio Reversa decidió hacer poco a poco), el orgullo masculino no me permitiría decir que esa carrera no había sido planeada: «Sí, la monta estuvo decente —les dije—. Su empuje no es todo lo que podría ser, tal vez, pero no importa».

Solo podía decir «sí» o «no» al paseo. Tuve que decidir si tenía fe suficiente para montar el caballo. Cuando lo monté, no tenía la menor idea de lo que me ocurriría. Si hubiera sabido, podía haber dicho «no», pero entonces nunca habría conocido la intensa emoción de ese paseo a caballo. Una vez que di un solo paso, una vez que me monté en la silla, todo un mundo de experiencias se puso en movimiento. No lo pude controlar. Pero me lo pude haber perdido.

EMOCIÓN INTENSA

En cierta forma, el clímax de la historia de Pedro viene a mitad del pasaje. Está contenido en una simple frase: *Pedro... comenzó a caminar sobre el agua.* Hay muchas otras partes en el relato, la tormenta, el miedo que tuvieron antes y el temor que le siguió, el fracaso y la crítica. Todas esas son partes importantes de la historia y aprendemos de ellas porque conocemos las tormentas, el miedo y el fracaso. Podemos ignorarlas o negarlas a nuestro riesgo. Pero no son la totalidad de la historia. A mitad del pasaje está la significativa frase: *Pedro caminó sobre el agua.*

PEDRO CONOCIÓ EL GOZO Y LA LIBERTAD DE EXPERIMENTAR EL PODER DE DIOS DESPUÉS DE CORRER UN ENORME RIESGO. Creo que durante esos momentos Pedro guardó recuerdos que se llevaría a la tumba: la sensación de que el agua en alguna manera se solidificó bajo sus pies; la intensidad del viento sobre su rostro; las miradas asustadas de los pasajeros de la barca al adelantárseles (un momento que apuesto que disfrutó inmensamente). Y creo que supo que este era el paseo de su vida.

Me pregunto qué le pasaría por la mente a Pedro:

No lo puedo creer. Nadie creyó que en verdad saldría de la barca; ni siquiera yo creí que lo haría. Soltarme por la borda fue lo más difícil que he hecho en mi vida. Tenía miedo de morir.

Y ahora me encuentro haciendo lo que hace Jesús. No sé cómo es posible, no estoy moviéndome diferente. Pero algo, Alguien, me está sosteniendo. *Creo que estoy comenzando a comprender. Es verdad: Él es el Esperado. No sé cómo todo podría ser igual después de esto. No sé cómo me podría conformar con mi vida dentro de la barca otra vez.*

Más que nada, creo que Pedro recordaba la mirada en el rostro de Jesús, porque sospecho que el Señor brillaba del gusto de ver que uno de sus seguidores podía confiar en él hasta ese grado. Me da la impresión de que, durante todo el tiempo que duró la caminata, no dejaron de mirarse el uno al otro por un solo instante. Salir de la barca fue el gran regalo de Pedro para Jesús; caminar sobre el agua fue el gran regalo de Jesús para Pedro.

VALE LA PENA ARRIESGARSE

A la mayoría de nosotros nos encanta escuchar mensajes acerca de lo poderoso que es Dios. La Escritura está llena de ilustraciones que nos dan confianza: él es la roca, fortaleza y torre fuerte; es rey y guerrero; hace de las nubes sus carros y monta en las alas del viento (y yo que pensaba que montar a Reversa fue emocionante). Se nos dice que Dios hace que la tierra tiemble solo con una mirada, que las montañas humeen a su toque y que la tierra se funda cuando levanta su voz.

Me encanta leer cómo la confianza de Jesús contrastó con el miedo de sus discípulos. En una ocasión, en una barca diferente, azotó una tremenda tormenta. Jesús dormía una siesta al mismo tiempo que sus discípulos se convencían de que estaban a punto de morir. Cuando lo despertaron, el Señor no tenía miedo en absoluto. Simplemente se acercó a la borda y le habló al viento: «¡Silencio! ¡Cálmate!»

Imagínate estar en una barca, observando a un hombre hablarle a la naturaleza y ver cómo se evapora toda una tormenta. ¿Crees que dejaron de temer o que su miedo cambió de dirección?

A la mayoría de la gente que conozco le gusta oír historias e ilustraciones acerca del poderoso Dios al que servimos. Pero aquí está el problema: Esa única información no es suficiente para crear seres humanos valientes. Puedo recibir mucha información diseñada para asegurarme de que el poder de Dios es suficiente. Pero ella sola no transforma el corazón y el carácter humano. Para que esa transformación ocurra, se requiere de ciertas acciones y experiencias.

Un ejemplo clásico de esta situación ocurrió cuando murió Moisés y el pueblo se preguntaba si Dios seguiría cuidando de ellos. Una vez tras otra, él les recordó: «¡Sé fuerte y valiente! ¡No tengas miedo ni te desanimes! Porque el SEÑOR tu Dios te acompañará dondequiera que vayas».

Cuando llega el momento de que los israelitas crucen el río Jordán, Dios les promete abrirles camino. Pueden confiar en que cruzarán. Pero Dios les pide que den un primer paso: «Tan pronto como los sacerdotes que llevan el arca del SEÑOR, soberano de toda la tierra, pongan pie en el Jordán, las aguas dejarán de correr y se detendrán formando un muro».

Dicho de otra forma, el pueblo experimentará el poder de Dios pero tendrán que dar el primer paso. Eso no involucra solamente un reconocimiento mental del poder de Dios, sino que requiere que lleven a cabo la primera acción basados en la suposición de que Dios también es confiable. Primero tenían que mojarse los pies.

La siguiente es una pregunta poderosa que escuché hace muchos años y que me ayudó a saber si estaba saliendo de la barca en cualquier área de mi vida: ¿QUÉ ESTOY HACIENDO QUE NO PODRÍA HACER SIN LA INTERVENCIÓN DEL PODER DE DIOS?

¿QUÉ ESTOY HACIENDO QUE NO PODRÍA HACER SIN LA INTERVENCIÓN DEL PODER DE DIOS?

Si le hubieran preguntado eso a Pedro, la respuesta sería muy simple y directa. Era claro que la única forma en la que Pedro podría permanecer a flote era si Dios tomaba el control de la situación. ¿Y qué contigo? ¿Existe algún desafío tan grande en este momento que no tienes esperanza de poder enfrentarlo sin la ayuda de Dios? Si no, considera la posibilidad de que no estás siendo desafiado con seriedad.

Si quieres caminar sobre el agua, tienes que estar dispuesto a mojarte los pies primero. Descubrirás entonces que vale la pena el riesgo.

Cuando me arriesgo a dar con generosidad, descubro que puedo realmente confiar en que Dios se encargue de mí; pero primero tengo que mojarme los pies.

Cuando me arriesgo a confesar un pecado a otra persona, descubro que Dios realmente honrará el hecho de que hable con la verdad; pero primero tengo que mojarme los pies.

Cuando me arriesgo a usar mi don espiritual, conozco el gozo de ser utilizado por Dios; pero primero tengo que mojarme los pies.

Por lo general, Dios ayuda a que crezca la fe de las personas al pedirles que den el primer paso. Cuando Dios le llamó a salir de la barca para confrontar a Faraón y dirigir a su pueblo, Moisés se negó a hacerlo. Así que Dios le pidió que diera un paso pequeño: «Deja caer al suelo tu vara». Moisés lo hizo y, al instante, se convirtió en serpiente. En Egipto se adoraba a las serpientes y se les consideraba venenosas, así que Moisés debió haber quedado impactado por la siguiente orden: «pero el SEÑOR le mandó que la agarrara por la cola». Si intentara agarrar una serpiente venenosa, lo que me parece absolutamente improbable, creo que querría agarrarla por detrás de la cabeza. Me imagino que las serpientes se pueden irritar un poco si se les quiere agarrar y tomarlas por la cola, lo que les da bastante espacio para maniobrar. Pero Dios quiso que Moisés aprendiera algo acerca del principio del primer paso. Así que Moisés agarró a la serpiente y se convirtió en una vara nuevamente. Moisés descubrió que Dios es fiel. Pero tuvo que agarrarla primero. Tuvo que dar el primer paso.

Dios les prometió libertad a Moisés y a los israelitas. Los libró de la mano de Faraón, pero primero tuvieron que actuar confiados. Tuvieron que marchar al Mar Rojo *antes* que lo separara.

Este patrón se repite en la Escritura una vez tras otra:

Naamán tuvo que lavarse siete veces en el agua *antes* de ser sanado de la lepra. Gedeón debió depurar a su ejército de treinta y dos mil hombres hasta llegar a trescientos *antes* de que Dios los librara de los madianitas. Los panes y los peces fueron entregados *antes* de ser multiplicados. La semilla debe ser sepultada en la tierra y morir *antes* de que pueda levantarse a una vida más grande y fructífera.

Si he de experimentar una mayor medida del poder de Dios en mi vida, el principio del primer paso normalmente estará involucrado. Por lo general, comenzará por mi actuar en fe, confiando lo suficiente en Dios para dar un paso de obediencia. Solo reconocer la información acerca de su poder no es suficiente. Primero tengo que mojarme los pies.

A menudo, al momento clave de decir «sí», desconozco todas las implicaciones. Ningún padre sabe todo el costo que implicará traer a un niño al mundo; ninguna pareja conoce el índice de gozo o angustia que el matrimonio les tiene dispuesto. Es muy bueno que no lo sepamos pues tal vez nunca daríamos ese primer paso. Pero cuando digo «sí», pongo en movimiento una aventura que me cambiará para siempre.

LA MANERA EN QUE LA FE CRECE
Creo que una razón importante por la que Dios nos pide con frecuencia dar un primer paso se relaciona con la naturaleza de la fe y

la manera en la que esta crece. La mayoría de la gente que conozco desea, al menos en ciertos momentos de su vida, tener más fe. Sé de personas que se atormentan por tener muy poca fe. Están seguras de que su falta de fe es la razón de la oración no contestada, de la debilidad espiritual o de una sensación de que Dios está distante. Martín Lutero, reconocido como el paladín de «la justificación por la fe», conocía todo acerca de la duda.

En Torgau, una pequeña y desdichada mujer se me acercó y me dijo: «Oh, querido doctor, creo que estoy perdida y no puedo salvarme porque no soy capaz de creer». Le contesté: «¿Cree usted, querida señora, que lo que ora en el credo es cierto?» Me respondió con las manos unidas en un fuerte apretón: «Oh sí, lo creo; ¡es la pura verdad!» Y entonces le respondí: «Entonces vaya con Dios, querida señora. Usted cree más y mejor que yo».

Es el diablo quien pone tales ideas en las mentes de la gente y dice: «Ah, deberías creer mejor. Deberías creer más. Tu fe es insuficiente y débil». De esta manera les lleva a la desesperanza.

Cuando la gente lucha contra la duda, pueden llegarse a decir que tratarán con más ahínco de aumentar su fe. Pero la fe no es algo que puede adquirirse esforzarse más. Imagínate que alguien te dijera: «Me he percatado de que tengo dudas sobre el Old Faithful (un géiser natural localizado en el parque nacional de Yellowstone, en el estado de California, EE.UU., y famoso por sus predecibles y espectaculares erupciones de vapor). No estoy seguro de que se pueda confiar en su actividad». ¿Qué le aconsejaría? ¡Seguramente no que «tratara de creer con más ahínco»! El mejor consejo para tal persona sería: «Solo quédate cerca del Old Faithful. Conócelo mejor». Y dado que Old Faithful es fiel, mientras mejor le conozca, más confiará en él.

Es igual con Dios. NUNCA TRATES DE TENER MÁS FE, SIMPLEMENTE CONÓCELO MEJOR. Y YA QUE DIOS ES FIEL, MIENTRAS MEJOR LO CONOZCAS, MÁS CONFIARÁS EN ÉL.

NUNCA TRATES DE TENER MÁS FE, SIMPLEMENTE CONÓCELO MEJOR. Y YA QUE DIOS ES FIEL, MIENTRAS MEJOR LO CONOZCAS, MÁS CONFIARÁS EN ÉL.

La manera de conocer su confiabilidad es arriesgarse a obedecerlo. Ole Hallesby escribió acerca del padre que llegó a Jesús para pedirle que le ayudara si podía «hacer algo».

«¿Cómo que si puedo —responde Jesús—. Para el que cree, todo es posible».

«¡Sí creo! —dice el hombre—. ¡Ayúdame en mi poca fe!» Como la mayoría de nosotros, este hombre era una combinación de confianza y duda. ¿Cuánta fe tuvo?

«Suficiente como para acercarse a Jesús», escribió Hallesby. «Y eso bastó».

¿Cuánta fe necesito? No una sensación de total certidumbre. Solo la fe suficiente para dar un paso.

UN SOLO PASO

En el clímax de la película *Indiana Jones y la Última Cruzada*, Indiana tiene que pasar tres pruebas supremas para llegar al Santo Grial y salvar a su padre, que está agonizando. La primera prueba es «El aliento de Dios». Mientras recorre un pasillo, Indiana debe agacharse en el momento preciso para evitar ser decapitado por enormes cuchillas giratorias de metal.

La segunda prueba es «La palabra de Dios». Jones debe caminar sobre las rocas correctas, las que deletrean el nombre de Dios en latín, para evitar una caída mortal a través del suelo.

Pero la tercera prueba, «El camino de Dios», es la más difícil. Indiana llega a la orilla de un gran abismo, como de treinta metros de ancho y unos trescientos metros de profundidad. Al otro lado está la puerta que conduce al Santo Grial. Las instrucciones dicen: «Solo con el salto desde la cabeza del león, él probará que es digno».

Indiana se dice: «Es imposible. Nadie puede saltar esto». Entonces se da cuenta de que esta prueba requiere un paso de fe. Su padre le dice: «Tienes que creer, muchacho. ¡Tienes que creer!» Aun cuando cada nervio y fibra de su ser le grita que no debe hacerlo, Indiana camina a la orilla del precipicio... levanta su pie... y entonces da un paso al aire, esperando que, de alguna manera no terminará como el coyote de las caricaturas del «Correcaminos».

Si viste la película, sabes qué es lo que ocurre después. Indiana no se desploma, sino que es sostenido por una fuerza invisible.

«Sin fe es imposible agradar a Dios», escribió el autor de Hebreos.

¿Cuánta fe se necesita? Te tengo buenas noticias, no para tener certidumbre perfecta. Indiana Jones puede tener dudas, puede tener una caverna totalmente llena de ellas. La poca confianza que sienta no cuenta en su contra. Y eso es algo bueno porque, si las gotas de sudor en su frente indican algo, es que él no es un pilar de certidumbre. Él solo necesita fe suficiente para dar un paso. Solo necesita fe suficiente para poner su vida en la línea. Mayormente, se trata de un asunto de la voluntad. Si él está dispuesto a pretender que un puente está allí, el puente estará allí. No caerá. Pero tiene que dar el paso primero. Si no lo da, nunca lo sabrá.

EXTIENDE TU ZONA DE COMODIDAD ESPIRITUAL

La mayoría de nosotros tiene lo que podríamos denominar nuestra «zona de comodidad espiritual», que es el área en donde nos sentimos más cómodos confiando en Dios. Cuando él nos llama a ir más allá de nuestra zona de comodidad espiritual, nos comenzamos a sentir nerviosos e incómodos. Preferiríamos no salir de esa zona hasta que nos sintamos mejor al respecto.

Por ejemplo, nos sentimos cómodos hablando acerca de Dios con nuestros amigos de la iglesia, pero nos da nervio examinar nuestra fe con alguien que no es creyente. Podemos sentirnos cómodos en nuestro trabajo actual, pero ansiosos acerca de la posibilidad de algunos reajustes vocacionales. Podemos sentirnos con fe suficiente para orar por gente con la que estamos relacionados, pero realmente confrontarnos con alguien que se comporta mal con nosotros nos hace encogernos de miedo. Podemos discutir problemas pasados con suficiente tranquilidad, pero la idea de señalar con honestidad nuestros problemas presentes a un amigo de confianza nos hace huir.

Solo hay una manera de extender nuestra zona de comodidad y adquirir más que lo que la sola información no provee. Tenemos que seguir el Camino de Dios, lo que requiere dar un paso de fe.

Tienes que salir de la barca un poco cada día. Inicia tu día pidiéndole a Dios sabiduría para entender en dónde necesitas mojar tus pies cada día. Llama a alguien a quien, por temor, has evitado. Comunica tu fe a una persona que no conoce de ella. Haz un gesto de amistad a alguien cuando estás tentado a reprimirte. Arriésgate a decirle la verdad a tu cónyuge, padre o amigo cuando su actitud normal sería dudar al respecto. No es importante si estos pasos se desarrollan de la manera que esperaste. Obviamente, algunas veces las cosas terminarán en el fracaso, pero le estarás dando a tu fe una oportunidad para crecer.

Tienes que salir de la barca un poco cada día. Mientras lo haces, tu fe se profundizará y tu zona de comodidad espiritual se ampliará.

¿En qué área Dios te está llamado a caminar sobre el agua? Déjame darte cuatro indicadores que te pueden ayudar a saberlo y te contaré también acerca de algunos caminantes sobre el agua de la vida real.

Indicador del temor

Con gran frecuencia Dios nos pedirá que salgamos de la barca en el momento en que tenemos temores, precisamente porque quiere que los superemos. De hecho, UNA DE LAS AVENTURAS ESPIRITUALES MÁS EMOCIONANTES DE LA VIDA ES AYUDAR A OTRO SER HUMANO A ENCONTRARSE CON DIOS. ¿Qué es lo que nos impide salir de la barca evangelísticamente? La razón número uno es el temor. ¿Temor a qué? Según la historia las personas han arriesgado sus formas de vida y hasta su misma existencia por causa de su fe. En muchos lugares del mundo, los cristianos todavía lo hacen. Sin embargo, para la mayoría de nosotros, el peor caso es que la gente no querrá hablar sobre asuntos espirituales. Podemos experimentar una breve sensación de vergüenza o rechazo. Cuando preguntemos: «¿Te gustaría conversar sobre asuntos espirituales?», la otra persona podría decir: «No, creo que no. Hoy no. Gracias». Más o menos esa es la mayor cantidad de dolor que enfrentaríamos.

Por otro lado, imagina el potencial opuesto. Realmente podríamos ser parte de los propósitos redentores de Dios en la tierra. Pero si espero a sentirme cien por ciento seguro para mantener una conversación espiritual con alguien que está lejos de Dios, podría no establecerla nunca. Primero, tengo que arriesgarme. Tengo que mojarme los pies.

Jeffrey Cotter relata una ocasión, un inolvidable viaje en avión, en el que se arriesgó. De regreso de una entrevista de trabajo y vestido con *blue jeans*, este pastor se encontró sentado junto a un hombre de negocios, lector de *Wall Street Journal*, con portafolio y traje tipo diplomático. El impulso inicial de Cotter fue evitar cualquier conversación (en especial la relacionada al trabajo), pero cuando Don Graduado en Finanzas lo saludó, perdió esa opción. El hombre laboraba en lo que denominó el negocio de clínicas embellecedoras de la figura. Le habló de la manera en que podía cambiar la autoestima de una mujer cambiando su cuerpo; también le habló de su emoción acerca del poder y significado de lo que hacía.

Cotter quedó impactado por el orgullo del hombre, su trabajo y sus logros. Se preguntó por qué los cristianos no somos más así y por qué somos con frecuencia tan defensivos respecto a nuestra fe. Se percató entonces de que, debido al temor, había permanecido esquivándolo durante todo el vuelo.

Observando con escepticismo la vestimenta de Cotter, Don Graduado en Finanzas le preguntó sobre su trabajo. Dejemos que Cotter lo cuente desde aquí:

El Espíritu comenzó a moverse sobre la faz del abismo. ¡Orden y poder surgieron del caos! Una voz, un susurro, me recordó: «Si alguien ha de gloriarse, que se gloríe en el Señor».

—Qué interesante que tengamos semejantes negocios e intereses —le dije—. Usted está en el negocio de la transformación del cuerpo; yo, en el de la transformación de la personalidad. Aplico principios básicos teológicos para lograr la modificación esencial de la personalidad.

Mordió el anzuelo, pero sabía que nunca lo admitiría. (El orgullo es poderoso.)

—¿Sabe qué?, ya he oído de eso —respondió con duda—. Pero, ¿tiene oficinas en la ciudad?

—Bueno, tenemos muchísimas oficinas. Por todo el estado. Es más, tenemos presencia nacional; tenemos al menos una oficina en cada estado del país, incluyendo Alaska y Hawaii.

El hombre tenía una mirada intrigada. Trataba de identificar a esta gran compañía de la que seguramente habría leído o escuchado antes, tal vez en su *Wall Street Journal*.

—De hecho, ya nos expandimos a nivel internacional. Y la administración tiene planes para establecer al menos una oficina en cada país del mundo para el final de esta era de negocios.

Hice una pausa y le pregunté:

—¿Su negocio tiene un plan semejante?

—Bueno, no. Todavía no —me respondió—. Pero usted mencionó a la administración. ¿Cómo hacen que todo funcione?

—Es una preocupación familiar. Un Padre y su Hijo... manejan todo.

—Debe costar muchísimo capital —comentó con escepticismo.

—¿Se refiere al dinero? —pregunté—. Sí, eso supongo. Nadie sabe cuánto cuesta, pero no nos preocupamos porque nunca nos quedamos cortos de recursos. Parece que el Jefe siempre tiene suficientes. Él es una persona muy creativa... Y el dinero, bueno, simplemente está ahí. Es más, los que estamos en la compañía tenemos un dicho acerca del Jefe: «Él posee todo el ganado sobre miles de montañas.»

—Oh, ¿así que también se dedica a la cría de ganado? —preguntó mi cautivado amigo.

—No, se trata de un dicho que utilizamos para indicar su riqueza.

Mi amigo se acomodó en su asiento.

—¿Y qué de usted? —me preguntó.

—¿Los empleados? Somos todo un caso —le dije—. Tenemos un «Espíritu» que satura la organización. Funciona más o menos así: El Padre y su Hijo se aman tanto que su cariño se filtra a través de toda la organización de manera que terminamos amándonos unos a otros también. Sé que esto se oye muy anticuado en un mundo como el nuestro, pero hay gente en la organización que está dispuesta a morir por mí. ¿En su negocio pasa algo semejante?

En ese momento estaba a punto de gritar. La gente comenzó a moverse notoriamente en sus asientos.

—Todavía no —contestó. Y luego, cambiando rápidamente de estrategia, me preguntó—: ¿Y le ofrecen buenas prestaciones?

—Son abundantes —contraataqué con un destello—. Tengo seguro de vida total y seguro contra el fuego, todo lo básico. Puede no creer esto, pero es cierto: Tengo la propiedad de una mansión que se está construyendo en este momento para cuando me retire. ¿Cuenta con eso en su negocio?

—Todavía no —respondió en tono melancólico. Comenzó a amanecer—. ¿Sabe qué?, hay algo que me incomoda. He leído muchos periódicos y revistas y, si su negocio es todo lo que usted dice que es, ¿por qué no he escuchado nunca acerca de él?

—Esa es una buena pregunta —le dije—. Después de todo, tenemos una tradición de más de dos mil años... ¿Quisiera asociarse?

Durante los siguientes cinco minutos, nos convertimos en algo más que extraños casuales.

Imagínate ser utilizado por Dios para hablarle a una persona de esa manera. Por supuesto, si te arriesgas a una conversación espiritual, podrías terminar mal. Podrías tropezar muchísimo. Pero si no corres el riesgo, el Espíritu podría no usar nunca tus palabras para tocar el alma de otro ser humano.

En vez de dejar que el temor te haga evadir, este puede ser precisamente el indicador del lugar en el que Dios quiere utilizarte. Pero primero tienes que mojarte los pies para averiguarlo.

Indicador de frustración

En algunas ocasiones, las personas de las que nos habla la Escritura fueron motivadas a confiar en Dios de maneras extraordinarias cuando se frustraron con el quebranto de un mundo caído.

Nehemías no pudo tolerar la idea de una Jerusalén en ruinas. Fue movido a arriesgarse a enfrentar el disgusto de un rey y la oposición mortal para unir al pueblo de Dios.

David no pudo tolerar que un filisteo gigante pagano se burlara del Dios de Israel. Fue impulsado a arriesgar su vida en el nombre de su Dios.

Elías no pudo tolerar la práctica bárbara de la idolatría pagana. Fue impulsado a encargarse de todos los profetas de Baal con una sola mano.

Aun en el mundo de hoy, con frecuencia es en el momento en el que nos frustramos con la separación entre la realidad caída y nuestra conciencia de la voluntad de Dios que somos impulsados a actuar en una causa que es más grande que nosotros.

Un sobresaliente ejemplo de esto fue Henrietta Mears. La señorita Mears fue maestra de jóvenes solteros universitarios durante décadas en la Iglesia Presbiteriana de Hollywood. Ella fue una influencia formadora en la vida de una generación completa de líderes cristianos como Billy Graham, Bill Bright, el excapellán del Senado Richar Halverson y otros cientos más. Estaba frustrada por no poder proveer de material de primera calidad para educarlos, así que inició una pequeña empresa de publicaciones en su cochera. Esta se convirtió en la Editorial Gospel Light, una de las casas cristianas más eficientes de su tiempo.

Henrieta estaba frustrada porque conocía a muchos cristianos que habitaban la populosa ciudad de Los Ángeles y que necesitaban de un lugar para retirarse y estar con Dios fuera de ella, en el campo, en donde podrían escucharlo mejor. Manejó hacia las montañas de San Gabriel y encontró lo que parecía el lugar adecuado. Habló con Dios acerca de cuánto se necesitaba. Luego conversó con el dueño del lugar y, aunque no había pensado en venderlo, nunca nadie había orado por él. El lugar se convirtió en Forest Home, uno de los más importantes centros de conferencias espirituales en los Estados Unidos.

Henrietta estaba frustrada por no tener un buen libro de introducción a la Biblia que ayudara a sus estudiantes a comprender cuál es su mensaje, así que escribió uno que vendió cientos de miles de copias y que todavía hoy, décadas después de su muerte, sigue vendiéndose. Ella hizo estas y muchas otras cosas, a pesar de vivir en una época en que mucha gente pensaba que una mujer no debía hacerlas. Una vez tras otra, dio el paso de fe y, una vez tras otra, el puente estuvo allí.

Al final de su destacada vida, mientras yacía en su lecho de muerte, alguien le preguntó: «Señorita Mears, si tuviera que hacerlo todo otra vez, ¿haría algo de forma distinta?»

Ella meditó por un momento. «SI TUVIERA QUE HACER TODO OTRA

«SI TUVIERA QUE HACER TODO OTRA VEZ, HUBIERA CONFIADO MÁS EN CRISTO».

VEZ, HUBIERA CONFIADO MÁS EN CRISTO».

Tal vez Dios te esté llamando a confiar en él en un punto de frustración en tu vida. Confía en él. Nadie ha lamentado confiar más en Cristo; nunca.

Indicador de compasión

Toby fue el paje de anillos en nuestra boda. Se veía como un niño abandonado de una novela de Dickens, de enormes ojos azules, cabello rubio claro, piel color alabastro. (Le prometimos a la niña de las flores, que lo doblaba en edad y estatura, un trozo de pastel gigante si no se separaba de él durante toda la ceremonia. Ella se aferró a él de la misma forma que un hombre en el agua se agarra de un salvavidas. En cierto momento, Toby tiró el pequeño cojín de los anillos; pero ella no lo soltó ni para dejar que lo recogiera.)

Poco después de nuestra boda, la familia de Toby se mudó del vecindario y perdimos contacto. Muchos años después, un nuevo colaborador mío resultó ser buen amigo de la familia de Toby y nos dijo qué había sucedido con nuestro pajecito. Cuando Toby cursó la escuela preparatoria, escribió un ensayo acerca de la hambruna mundial y ganó un viaje de estudio por dos semanas y media en África con Visión Mundial (la agencia misionera conocida en inglés como World Vision).

Toby quedó impactado tanto por la belleza de Etiopía como por su rampante pobreza. Un día se encontraba en un campamento de distribución de Visión Mundial repartiendo comida y suministros y jugando con algunos los niños de la zona. Cuando Toby y los otros miembros del personal de Visión Mundial estaban por irse, un niño de once años le tocó el hombro. El niño miró la camiseta de Toby. Luego miró su propia camiseta, sucia y llena de agujeros. Miró nuevamente la de Toby y preguntó tímidamente: «¿Me regalas tu camiseta?»

Toby no estaba preparado para eso. Su equipaje estaba bastante lejos y no tendría acceso a él sino hasta el final del día. Regalarle la camiseta significaba tener que estar con el torso desnudo el resto del día bajo el quemante sol africano. No había tiempo para pensar qué hacer o decir. Simplemente se alejó del niño, encogió sus hombros y se subió al autobús.

Mientras se alejaban, el peso de esa petición se posesionó de Toby y no lo dejó tranquilo. Continuó pensando en ello por el resto del día. Esa noche, todos en el campamento contaron sus experiencias del día, excepto Toby. Él solo pensaba en un niño de once años que quería una camiseta. Pensó en lo que Jesús dijo: «Les aseguro que todo lo que no hicieron por el más pequeño de mis hermanos, tampoco lo hicieron por mí». Toby esperó hasta que todos en el complejo se durmieran, regresó a su habitación y, quebrantado, rompió en llanto.

El recuerdo de esa escena lo persiguió por el resto del viaje. A todas partes donde iba, veía el rostro del niño. Ni cuando regresó a su hogar en Michigan pudo sacarlo de su mente. Reflexionó cómo es que en los Estados Unidos de América la gente tiene tantas camisetas que se les agota el lugar para guardarlas. Así que decidió hacer algo.

Organizó una recolecta de llamada «Dona la camiseta que te sobra». Comenzó recolectándolas de puerta en puerta. Convenció a gerentes de algunas tiendas para que colocaran depósitos para recolectar las camisetas. Los medios de comunicación locales escucharon su historia y le dieron participación en sus programas. Lo siguiente que Toby supo fue que parecía que todos los habitantes de Michigan sabían sobre su esfuerzo. Recolectó más de diez mil camisetas.

Pero entonces se enfrentó a otro problema. ¿Cómo transportar dos toneladas de camisetas de Michigan a Etiopía? Llamó a una organización de apoyo tras otra contándoles su historia. Siempre recibió la misma respuesta: «Nos gustaría ayudar, pero es demasiado costoso». ¿Qué tan costoso sería? Llamó a UPS (servicio internacional de entrega de paquetes) y les preguntó cuánto costaría enviar dos toneladas de camisetas a África. La respuesta: sesenta y cinco mil dólares.

Así que Toby oró un poco más. «Bueno, Señor, *tú* recolectaste estas camisetas. Ahora, ¿cómo vas a llevarlas a donde pertenecen?»

A fin de cuentas, Toby entró en contacto con una organización denominada Grupo de Apoyo del África del Sub-Sahara. Y ocurrió que ellos estaban enviando un cargamento de provisiones a África y estuvieron de acuerdo en incluir las camisetas. Solo había un obstáculo: Podían llevarlas solamente a un país. «¿Está bien —preguntaron— que solo podamos llevarlas a Etiopía?»

Toby no sabe exactamente en qué lugar terminaron las camisetas, pero espera que una de ellas haya terminado en manos de aquel niño. «Nunca olvidaré su rostro —dice—, sé que es improbable que reciba una de las camisetas que envié. ¿Qué posibilidades reales hay de que eso ocurra? Pero puedo orar. Dios puede hacer *cualquier cosa*». Tal vez un arranque de compasión es la manera como Dios le indicará que quiere que camines sobre el agua. ¿Cuándo fue la última vez que corriste un riesgo serio de compasión? Jesús lo hizo todo el tiempo: tocar leprosos, cenar con cobradores de impuestos y convivir con prostitutas, eso era algo normal para él. Para ti, quizá signifique estar involucrado con un programa de beneficencia o realizar servicio voluntario de ayuda en un país del Tercer Mundo. Quizá signifique compadecerte de alguien que trabaja en una oficina cercana o que vive en una casa de tu barrio.

Indicador de oración

Me impacta el hecho de que, tanto en la Escritura como en los ejemplos actuales, las historias en cuanto a caminar sobre el agua sean casi siempre acerca de la oración. Hay algo respecto a salir de la barca que hace que las personas oren con intensidad, debido a que están conscientes de que no pueden lograr cosas sin contar con la ayuda de Dios.

Una de mis aventuras de oración favoritas tiene que ver con Doug Coe, que dirige un ministerio en Washington, D.C., que involucra mayormente a gente de la política y el estado. Doug conoció a Bob, un agente de seguros que no tenía conexión alguna con los círculos de gobierno. Bob se convirtió al Señor y comenzó a reunirse con Doug para aprender sobre su nueva fe.

Un día, Bob se emocionó completamente debido a la afirmación de la Biblia en la que Jesús dice: «...pidan lo que quieran, y se les concederá».

—¿Es eso realmente verdad? —exigió Bob.

Y Doug le explicó:

—Bueno, no se trata de un cheque en blanco. Tienes que verlo en el contexto de las enseñanzas de toda la Escritura respecto a la oración pero, sí, realmente es cierto. Jesús realmente contesta las oraciones.

—¡Genial! —dijo Bob—. Entonces voy a comenzar a orar por algo. Creo que oraré por África.

—Ese es un objetivo algo amplio. ¿Por qué no lo reduces a un solo país —recomendó Doug.

—Está bien. Oraré por Kenia.

—¿Conoces a alguien en Kenia? —preguntó Doug.

—No —simplemente quería orar por Kenia.

Así que Doug llegó a un acuerdo algo inusual. Retó a Bob a orar todos los días, durante seis meses, por Kenia. Si Bob hacía eso y no pasaba nada extraordinario, Doug le pagaría quinientos dólares. Pero si algo especial ocurría, Bob le pagaría a Doug los quinientos dólares. Y si Bob no oraba todos los días, todo el trato se cancelaba. Se trataba de un programa de oración bastante fuera de lo común, pero Doug es un tipo muy creativo.

Bob comenzó a orar y, por un largo tiempo, nada ocurrió. Pero entonces, una noche, estaba en una cena en Washington. Los convidados a la mesa explicaban cuál era su trabajo. Una mujer dijo que su trabajo era ayudar a dirigir un orfanato en Kenia, el más grande de su tipo.

Bob vio cómo le salían alas a quinientos de sus dólares y comenzaban a volar. Pero no pudo quedarse callado. No había dicho mucho hasta ese momento y de repente comenzó a bombardear a la mujer con preguntas.

—Obviamente, usted está muy interesado en mi país —le dijo la mujer a Bob, abrumada por su repentino alud de preguntas—. ¿Ha visitado Kenia?

—No.

—¿Conoce a alguien en Kenia?

—No.

—Entonces, ¿por qué tiene tanta curiosidad?

—Bueno, alguien está más o menos pagándome quinientos dólares por orar…

Ella le preguntó a Bob si le gustaría visitar Kenia y conocer el orfanato. Bob estaba tan ansioso de ir que hubiera viajado esa misma noche de ser posible.

Cuando llegó a Kenia, quedó horrorizado por la pobreza y la falta de cuidado médico básico. Al regresar a Washington, no podía borrar de su mente el lugar. Comenzó a escribir cartas a compañías farmacéuticas, describiendo la gran necesidad que había presenciado. Les recordó que cada año se deshacen de grandes cantidades de abastecimientos médicos que no se venden. «¿Por qué no enviarlos a este lugar en Kenia?», preguntó.

Y algunas de esas compañías lo hicieron. Ese orfanato recibió más de un millón de dólares en abastecimientos médicos.

La mujer telefoneó a Bob y le dijo: «Bob, ¡esto es asombroso! Nos han hecho donativos fenomenales por las cartas que usted escribió. Nos gustaría que nos visitara otra vez para celebrar con una gran fiesta. ¿Querría venir?»

Así que Bob volvió a volar a Kenia. Mientras estaba ahí, el presidente keniano asistió a la celebración debido a que se trataba del más grande orfanato del país y le ofreció a Bob llevarlo a un viaje a Nairobi, la ciudad capital. Durante la travesía, visitaron una prisión y Bob preguntó acerca de un grupo de prisioneros allí. Se le dijo que se trataba de prisioneros políticos.

«Qué malo —dijo Bob con brillantez—. Deberían dejarlos libres».

Bob terminó el viaje y voló de regreso a casa. Tiempo después, recibió un telefonema del Departamento de Estado del Gobierno de los Estados Unidos de América:

—¿Es usted Bob?

—Sí.

—¿Viajó recientemente a Kenia?

—Sí.

—¿Le dijo algo al presidente acerca de los prisioneros políticos?

—Sí.

—¿Qué fue lo que le dijo?

—Le dije que debería dejarlos libres.

El Departamento de Estado explicó que había estado tratando por años de lograr la liberación de estos prisioneros sin éxito. Los canales diplomáticos habituales y las maniobras políticas llegaban a un callejón sin salida. Pero los prisioneros ahora habían sido liberados y se le dijo al Departamento de Estado que esto se debía en mucho a... Bob. Así que el gobierno lo llamó para darle las gracias.

Varios meses después, el presidente de Kenia telefoneó a Bob. Estaba a punto de reordenar su gobierno y seleccionar a un nuevo gabinete. ¿Querría Bob volar a Kenia y orar por él durante tres días mientras trabajaba en esta importantísima tarea?

Así que Bob, que no tenía conexión política alguna, abordó un avión otra vez hacia Kenia, donde oró y pidió que Dios le concediera sabiduría al líder de la nación mientras seleccionaba a sus colaboradores. Todo eso ocurrió porque un hombre salió de la barca. ¿Y qué contigo? ¿Por qué estás orando? Dale seis meses. Haré un trato contigo, te haré el Desafío de Bob. Si oras todos los días durante seis meses y nada extraordinario sucede, escríbeme. No te prometo quinientos dólares, pero te reembolsaré el costo de este libro. Y por otro lado, si algo extraordinario sucede, tienes que escribirme y contármelo.

Caminar sobre el agua no tiene que ver con que hagas algo grandioso. De hecho, puedes no hacer nada de valor permanente. Eso tiene que ver con lo que Dios anhela hacer, por medio de su gracia y poder, contigo.

Pero primero tienes que mojarte los pies.

SAL DE LA BARCA

1. ¿En qué momento has experimentado más vívidamente que Dios obra en y a través de ti, «caminando sobre el agua»? Describe cómo fue.
2. ¿Cómo responderías a la siguiente pregunta: Qué estoy haciendo hoy que no podría hacer sin contar con el poder de Dios?
3. «Nunca intentes tener más fe. Más que eso, trata de conocer mejor a Dios». ¿Cómo describirías tu fe hoy? ¿Qué te podría ayudar a conocer mejor a Dios?
4. ¿Cuál sería un paso que podrías dar hoy para extender tu «zona de comodidad espiritual»?
5. ¿Y qué de Bob? ¿Por cuál área del mundo, causa o necesidad mayor que tú estarías dispuesto a orar los próximos seis meses?

CAPÍTULO 5

Pero al sentir el viento fuerte, tuvo miedo y comenzó a hundirse. Entonces gritó: —¡Señor, sálvame! En seguida Jesús le tendió la mano y, sujetándolo, lo reprendió: —¡Hombre de poca fe! ¿Por qué dudaste?

MATEO 14:30-32

FRENTE AL VIENTO

Jesús prometió a todos los que le siguieran solo tres cosas... que serían absurdamente felices, que serían absolutamente audaces y que siempre estarían problemas.

GREGG LEVOY

Valor firme [*Undaunted Courage*] es una crónica que alcanzó un gran nivel de ventas y que escribió Stephen Ambrose acerca de la expedición de Lewis y Clark. Después de dos años de batallar con problemas casi insuperables —como el hambre, la fatiga, la deserción, los enemigos hostiles, las enfermedades severas y la muerte—, la expedición alcanzó el nacimiento del río Missouri. Toda la información que recopilaron les hizo suponer que, una vez que alcanzaran la línea divisoria continental de las aguas, deberían cargar su equipaje y suministros durante medio día para luego alcanzar las aguas del río Columbia con el objeto de trasladarse a flote hasta el Océano Pacífico. Estaban a punto de convertirse en héroes. Ya habían pasado la parte difícil. O por lo menos eso creyeron.

Meriwether Lewis dejó atrás al resto de su expedición para escalar los acantilados que le permitirían ver el otro lado, esperando encontrar las aguas que los llevarían hasta su destino final. Imagina lo que sintió cuando, en vez de ver un valle cuyo acceso estuviera ligeramente inclinado, como esperaban, fue el primer estadounidense no indígena que posó su vista en ¡las Montañas Rocosas!

¿Qué harías si, pensando que tus peores problemas quedaron atrás, te dieras cuenta de que simplemente empezabas a entrenarte? ¿De qué forma convocarías a tus soldados? Me imagino a Lewis haciendo señas al resto de la expedición para que se quedaran un poco más atrás mientras trata de definir cómo les da la noticia: *Esperen un minuto muchachos. No suban todavía. Les tengo una sorpresita.*

A fin de cuentas, cruzar las Montañas Rocosas sería quizá el logro supremo de todo el viaje. Este desafío los forzaría a tener mucha creatividad y perseverancia; los llevaría a presenciar panoramas espectaculares y a quedarse con recuerdos inolvidables; les daría una tremenda confianza debido a que, una vez que hubieran conquistado las Montañas Rocosas, sabrían que podían conquistar cualquier cosa.

Pero, antes de pasar al otro lado de las montañas, por supuesto, no sabían nada todavía. Todo lo que sabían era que, esperaban tomar un paseo río abajo, y resulta que tenían que, en vez de eso, escalar su montaña más alta.

Pedro estaba a punto de convertirse en héroe. Ya había superado la parte difícil: salir de la barca. Dominaba ya este asunto de caminar sobre el agua. Y entonces ocurrió lo inesperado: apareció la realidad. Mientras su entusiasmo inicial se apagaba, se dio cuenta de la gravedad de la tormenta. Sintió el viento.

Este detalle me intriga. Yo hubiese pensado que Pedro, una vez que experimentó la sensación de caminar sobre el agua, permaneciera esta tranquila o picada, no implicaría gran diferencia. Las leyes normales de la física, de cualquier manera, ya no operaban. Pero Mateo, aparentemente, quiere que entendamos que, aun para alguien que ha caminado en fe por un momento, las tormentas pueden ser un asunto perturbador. Pedro sintió el viento.

A nosotros nos ocurre lo mismo. Nos lanzamos a una gran aventura: comenzar un nuevo trabajo, responsabilizarnos de una tarea ministerial exigente, iniciar una familia. Los primeros días estamos llenos de esperanza. ¡Estamos fuera de la barca! Estamos por convertirnos en héroes o por lograr algo que valga la pena.

Pero se nos aparece la realidad. Sentimos el viento. Enfrentamos obstáculos. Conflictos inesperados debilitan nuestros espíritus. Los planes salen mal. Las personas con las que contamos nos fallan. La economía se mueve hacia un lado cuando debería moverse hacia el otro. Precisamente cuando estamos esperando una navegación tranquila, aparecen las Montañas Rocosas frente a nosotros. ¿Qué ocurre luego?

En este punto es donde las cosas se ponen interesantes. Hay un campo de las ciencias sociales que explora lo que ahora se conoce como resistencia. Los investigadores estudian a personas que han sobrevivido a sufrimientos traumáticos en los que la vida no ha sido lo que planearon. Algunos de los casos clásicos involucran a tres mil prisioneros de guerra que volvieron de Corea luego de sufrir «lavados de cerebro», quinientos cincuenta hombres que sobrevivieron al cautiverio en Vietnam y cincuenta y dos rehenes liberados luego de catorce meses de encarcelamiento en Irán. Otros estudios incluyen a sobrevivientes de campos de concentración de la Segunda Guerra Mundial, víctimas de accidentes que quedaron incapacitadas y niños provenientes de trasfondos muy problemáticos.

Estos estudios han demostrado que la gente, por lo general, responde a los problemas traumatizantes en dos maneras. Muchos son sencillamente vencidos por tales condiciones difíciles, como es lógico. Pero otros están marcados por la *resistencia*, una condición por la cual aumentan verdaderamente su capacidad para lidiar con problemas y, a fin de cuentas, no solamente los sobreviven sino que crecen. ¿Qué es lo que hace la diferencia? ¿Cómo resistes frente a una tormenta? ¿Por qué las Rocosas estimulan con energía a algunas personas y vencen a otras?

Las respuestas se han concentrado en varios temas:

La gente con resistencia

—busca continuamente reafirmar algo de dirección y control sobre su destino en vez de visualizarse a sí mismos como víctimas

—tiene una capacidad mayor que lo normal de lo que puede ser denominado valor moral, es decir, fuerza para rehusarse a traicionar sus valores

—encuentra propósito y significado en medio del sufrimiento.

Para quienes buscan caminar sobre el agua con sabiduría, lo que denominamos personalidad tipo CSA en el capítulo tres, estas cualidades no son solo el producto de un carácter fuerte. Cada una de ellas surge de una profunda dependencia de Dios. Así que echemos un vistazo a un confrontador de tormentas y escalador de montañas que en la Escritura se conoce como José. Primero averiguaremos cómo se le presentaron las Rocosas. Luego veremos la forma en que tres cualidades le otorgaron una fe excepcionalmente fuerte.

BUENAS NOTICIAS, MALAS NOTICIAS

Siempre me gustaron las narraciones del tipo que incluye buenas y malas noticias, en las que los detalles mantenían al relato yendo del triunfo a la tragedia una y otra vez.

(Sabes a cuáles me refiero: Dos amigos, a quienes les encanta el béisbol, se comprometen a que el que muera primero regrese para informarle si se practica ese deporte en el cielo. El primero que muere contacta a su amigo y le dice: «La buena noticia es que sí se practica el béisbol en el cielo. La mala... es que el viernes te toca lanzar la pelota».)

La vida de José está a punto de convertirse en una historia de buenas y malas noticias.

José es el consentido de su papi: Eso es muy bueno.

Pero sus hermanos lo odian a muerte: Eso es muy malo.

Su papi le regala una hermosa túnica: Eso es muy bueno.

Sus hermanos, sin embargo, la hacen trizas, la cubren de sangre, aparentan su muerte y lo venden como esclavo en un país lejano: Eso es muy malo.

Se asegura un empleo en el equivalente a Silicón Valley [El Valle del Silicio, en California, concentra a numerosas y exitosas empresas de desarrollo tecnológico] en Egipto con Potifar, un jefe rico, no muy brillante y con un estilo administrativo muy liberal. Le cae muy bien a Potifar, así que a José se le concede mucho poder. Se le da un ascenso para trabajar en la oficina principal y termina haciéndose cargo de todo (aparece en la portada de las revistas especializadas en negocios como *Forbes* y *Bussiness Week*). Además de todo eso, José es un hombre asombrosamente bien parecido, tipo Tom Cruise, pero más alto y más guapo. Todo esto es muy bueno.

La esposa de Potifar piensa que es muy guapo y trata de seducirlo. Esto es muy malo.

José se resiste. Muy bueno.

Pero la mujer se enfurece. Le miente a su esposo y hace que arresten a José. Como en Egipto no hay una buena legislación en el papiro sobre el acoso sexual, José está atrapado. Muy malo.

En la prisión, José conoce al mayordomo del Faraón, interpreta un sueño que predice que al mayordomo lo dejarán salir bajo libertad condicional y quedan de acuerdo en que este consiga la libertad de José. Muy, muy bueno.

Pero al mayordomo se le olvida y José languidece en la prisión. Muy, muy malo.

Nos preguntamos cómo terminará esto. Lo que importa en una historia de buenas y malas noticias es la última parte. ¿Cómo concluye? Si termina con malas noticias, todo lo bueno de antes es solo una cruel farsa que provee falsas esperanzas. Si termina con buenas noticias, la historia entera queda redimida. Todas las malas noticias se ven con nueva luz; pero tenemos que ir al principio.

LA TÚNICA

José vistió la túnica. Esta quería decir que él era el escogido, el hijo consentido. Significaba que jamás tenía que preguntarse si su papá lo amaba. Era la promesa de una vida encantadora.

Cuando sus hermanos entraban a la casa, es posible que su papá les preguntara cómo estaban los rebaños o si habían terminado sus faenas. Cuando José entraba a la habitación, los ojos de Jacob se iluminaban y su rostro brillaba. José era el hijo que su padre presumía. Podía quedarse acostado hasta tarde, jugar más tiempo, trabajar menos y salirse con la suya más que cualquiera de ellos. Jacob sabía qué calificaciones obtenía José en la escuela y cuál era el nombre de sus amigos. En cambio, de la vida de sus otros hijos tenía un poco borrosos los detalles.

En más de cien maneras, maneras de las que la mayoría de los padres no están conscientes pero que los hijos las pueden notar a un kilómetro de distancia, Jacob prácticamente transpiraba su favoritismo por José. Un día, sin embargo, este tomó una forma más concreta: Le dio a José una túnica.

La palabra hebrea que describe a este vestido es incierta, algunas traducciones la definen como «una vestimenta larga con mangas». La traducción griega del Antiguo Testamento, la *Septuaginta*, la define como «la túnica de diversos colores» y eso es lo que dice en otras versiones, por eso la imaginamos así la mayoría de nosotros.

José recibió un abrigo hecho a mano de la mejor y más cara marca mientras que el resto de los muchachos recibieron su ropa de los estantes de una tienda barata, adquirida en tiempo de ofertas especiales. Uno no puede vestir a doce muchachos en pleno crecimiento con un salario de nómada sin quitar la vista del presupuesto. Pero si se trataba de José, el hijo de su madurez, Jacob gastaba un dineral. José vistió la túnica.

Lo que hizo que la túnica fuera una cuestión explosiva en la familia no era solo su alto costo y el excelente material del que estaba hecha. En esos días, la vestimenta era una expresión del estatus. El púrpura estaba reservado para los reyes, era una expresión de realeza. Esta túnica marcó a José como el consentido de su papá. Fue una expresión abierta, visible y directa a la cara de crudo favoritismo.

José utiliza la túnica con mucha frecuencia, le hace sentir especial. La siente como una promesa, quizá, de que jamás estará solo, de que no será meramente «normal», de que siempre contará con la protección de su padre y de que se le evitarán los problemas que otros enfrentan. Pero cada vez que la usa, es un recordatorio para sus hermanos de que ellos jamás serán amados por su padre de la manera como ama a José. Cada vez que él la usa, ellos mueren internamente un poco.

Esa hermosa túnica se convierte en un manto mortal para la familia. Un día, sus hermanos deciden que no pueden soportarlo más; así que le arrancan la túnica a José y lo venden como esclavo. Apenas está al pie de la montaña; todavía no se acerca a las Rocosas. Los problemas de José empiezan. Está a punto de tener un lugar de primera fila para sentir el viento de frente.

Sueños poderosos
José no solo vistió la túnica sino que también tuvo grandes sueños acerca de su destino. Los sueños en esa época eran casi siempre considerados proféticos, aunque es muy interesante que el autor no diga si los de José provenían de parte de Dios. Eran sueños impactantes acerca del futuro de José y podrías pensar que él tuvo el sentido común como para quedarse callado. Pero no, no lo tuvo. Al contrario, reúne a sus hermanos, que no tienen una túnica especial como la suya, que han sido heridos desesperadamente por su

padre y que odian a José, y les cuenta su sueño. (Si tienes parientes, ¡imagínate que esto ocurra en tu familia!)

José les dice: Escuchen mi sueño. En un campo de gavillas, de repente se levanta la mía y se queda así y todas las de ustedes se reúnen alrededor de la mía y se inclinan. Esto quiere decir que un día voy a gobernar sobre todos ustedes. Yo ordenaré y ustedes se someterán. Ustedes se inclinarán expresando humildemente obediencia a mi autoridad. ¿No es genial? ¿No se alegran por mí? Vamos, juguemos ahora un poco de «gavilla, póstrate» para practicar.

El autor del relato deja muy en claro la respuesta de ellos: «Y lo odiaron aun más por los sueños que él les contaba». Un serio caso de envidia gavillera.

José tuvo luego otro sueño. Pensarás que, para ese momento, ya había aprendido a guardarse sus sueños. Sin embargo, está tan fascinado con estos que ese pensamiento, en apariencia, no le pasa por la mente.

Él va a lograr grandes cosas. Va a ser famoso. Va a hacer que su padre se enorgullezca. Va a caminar un poco sobre el agua. José viste la túnica.

ENFRENTA LA TORMENTA

Entonces, un día, José es atacado por sus hermanos, vendido a una caravana, llevado a una tierra lejana y comprado como esclavo por una familia que no conoce.

José sintió el viento.

Sin un centavo, sin poder alguno, sin amigo alguno, sin hogar alguno, está a punto de aprender lo que todos aprendemos tarde o temprano: Se revela el corazón y se forja el carácter cuando la vida no es de la manera como uno la planeó. De por sí ya es difícil salir de la barca cuando el viento está calmo y el agua tranquila. Pero en la vida real casi nunca es ese el caso. Tarde o temprano la tormenta golpea tu matrimonio, tu trabajo, tu ministerio, tus finanzas o tu salud. Es en el momento de enfrentar la tormenta que descubres lo que hay dentro de ti y cuando tienes que decidir.

¿Qué decisiones clave son las que la tormenta obliga a tomar?

La gente resistente ejerce control en vez de rendirse pasivamente

El gran tema que caracteriza a las personas resistentes es su sorprendente control en ambientes saturados de estrés. Muchos prisioneros de guerra y rehenes informan que el aspecto más estresante de su suplicio fue percatarse de que habían perdido el control de su existencia. Quienes cedieron a un estado de aceptación pasiva, lo que los observadores de las prisiones de Corea en la década de los cincuenta denominaron «rendicionitis», fueron los que tuvieron menos probabilidades de sobrevivir y recobrarse. Asombrosamente, la pérdida del control de sus vidas diarias fue más crítico para su bienestar sicológico que sus sufrimientos más obvios: las amenazas, el hambre, las golpizas y el aislamiento.

Por el contrario, los rehenes y prisioneros de guerra que triunfaron sobre la adversidad, compartían un rasgo común: lograron reafirmar un sentido de control sobre su futuro. En vez de hacerse pasivos, concentraron la mayor atención que podían en cualesquiera de las posibilidades de control que les quedaban.

Eso fue igual para los prisioneros de guerra de Vietnam. Los prisioneros se sometían a regímenes de ejercicio extenuantes, memorizaban historias o inventaban nuevos juegos. Algunos ordenaban su tiempo manteniendo cuidadosos censos de los insectos en su celda. Con mucho ingenio desafiaron las órdenes que tenían de no comunicarse entre sí. Algunos desarrollaron señales secretas para representar las letras del alfabeto, utilizando golpeteos en los muros. Uno de los prisioneros hizo uso de los movimientos de su escoba para enviar mensajes en clave, otro los transmitía con el ruido producido al arrastrar su sandalia. De esta forma, los prisioneros de guerra se animaban unos a otros y se recordaban que, aun cuando sus cuerpos estuvieran presos, sus espíritus no.

José, también, es hecho prisionero, alejado de casa, separado de su padre, traicionado por sus propios hermanos, rodeado de extranjeros que lo compraron y lo vendieron. Hace mucho que perdió su túnica, fue robada por sus hermanos, hecha pedazos, cubierta con sangre y presentada a Jacob como evidencia de la muerte de José. Su túnica, y la encantadora vida que esta expresaba, ahora solo es un recuerdo.

Pero es precisamente en el momento en que la tormenta golpea que el autor pronuncia la afirmación más asombrosa que hará acerca de José, lo más maravilloso que podría ser dicho acerca de cualquier ser humano.

Muy lejos de casa, separado de su padre, traicionado por sus hermanos, secuestrado por traficantes de esclavos, rodeado de extranjeros, nos dice el autor que «el SEÑOR estaba con él». Imagínate lo que ocurrió con su valor y confianza cuando descubrió que luego de que lo peor le había ocurrido, ¡todo terminaría en mejor! El Señor estaba con José. ¡Después de todo, podía enfrentarse a las Rocosas!

Aunque había perdido su libertad, José se rehusó a pensar de sí mismo como alguien sin poder. Comenzó a mostrar destacadas cantidades de iniciativa y autonomía, debido a que el Señor estaba con él.

Las Escrituras, en efecto, tienen varias narraciones acerca de prisioneros de guerra y rehenes que se rehusaron a ser pasivos.

Daniel, durante el exilio, tomó el control de su dieta: «Y Daniel propuso en su corazón no contaminarse con la porción de la comida del rey, ni con el vino que él bebía».

Pedro y los otros apóstoles rehusaron aceptar una orden ridícula en contra de predicar el evangelio como un pase gratuito para salir de la cárcel.

Pablo y Silas tomaron control de su tiempo y se mantuvieron cantando al unísono: «A eso de la medianoche, Pablo y Silas se pusieron a orar y a cantar himnos a Dios, y los otros presos los escuchaban», ¡como si los presos hubieran tenido otra alternativa!

Por la fe creemos que, con Dios, nunca somos víctimas indefensas.

Aunque no fuera su sueño, aun cuando parecía muerto, José se dedicó diligentemente a la tarea del día. Yo hubiera sido tentado a renunciar: *Yo no me enlisté para esto. Puede que deba trabajar para Potifar, pero no tiene que gustarme.* Sin embargo, JOSÉ, AUN SIENDO ESCLAVO, TRABAJÓ DURO PARA COMPLACER TANTO A SU AMO COMO A SU SEÑOR.

JOSÉ, AUN SIENDO ESCLAVO, TRABAJÓ DURO PARA COMPLACER TANTO A SU AMO COMO A SU SEÑOR.

En la historia hay una progresión. Se nos dice que José estaba «en la casa», lo que significa que no era un simple jornalero del campo. Se le promovió para trabajar en la casa. Era parte de la administración.

Luego, el siguiente texto, dice: «José se ganó la confianza de Potifar, y éste lo nombró mayordomo de toda su casa», ahora es su asistente ejecutivo. Después, lo nombra su supervisor; José se convierte en el director ejecutivo de la totalidad de la operación. La confianza de Potifar es tan absoluta que ni siquiera piensa en hacer una auditoría. «Por esto Potifar dejó todo a cargo de José, y tan sólo se preocupaba por lo que tenía que comer». ¿Comida americana o latina? ¿Sopa o ensalada?

Debido a que José no se dejó vencer, puso en movimiento el desarrollo de su potencial, la profundización de su fe y su fortaleza, lo cual un día le permitiría convertirse en el líder más eficaz de Egipto y llevar a cabo el papel que Dios quiso para él en el rescate de su familia y la redención del mundo.

¿Qué habría pasado si José hubiera vivido en un espíritu de resignación pasiva? No hubiera alcanzado su destino. Siempre es más fácil darse por vencido que resistir. Siempre es más fácil detenerse a comer una rosquilla que correr otra vuelta, o salir en estampida y furioso de una habitación en vez de quedarse y buscar resolver el conflicto.

Cuando la vida no va por el camino que uno la planeó, la opción de renunciar siempre comenzará a aparecer como un dulce alivio:

—«Este matrimonio es difícil, simplemente quiero dejarlo así. O, aun si no busco un divorcio total, me estableceré en la mediocridad. Dejaré de esforzarme».

—«Esforzarse por vivir bajo un presupuesto y honrar a Dios con el diezmo es demasiado difícil. ¡Me dedicaré a gastar!»

—«Este empleo o ministerio no es lo que soñé. Había planeado hacer *grandes* cosas, jugar en una liga más grande, no tener que ser fiel en *esta* situación. Creo que mejor me salgo de este apuro».

Alguien le preguntó a un padre de nombre Abba Anthony: «¿Qué es lo que uno debe hacer para complacer a Dios?» Los primeros dos consejos eran de esperarse: Siempre estar consciente de la presencia de Dios y obedecer siempre la Palabra de Dios. Pero el tercero fue un poco sorprendente: «En dondequiera que estés, no te vayas fácilmente». La idea era que la vida en comunidad es difícil, la amistad auténtica es difícil, la paciencia en el trabajo es difícil, así que irse y dejar todo siempre será más atractivo a corto plazo. Pero a largo plazo, irse con facilidad tiene la tendencia de producir gente que vive en un patrón de renuncia constante. *No te vayas fácilmente.*

Creces cuando buscas o ejerces control donde puedes más que al renunciar en circunstancias difíciles. El crecimiento ocurre cuando decides ser totalmente fiel en una situación que no te gusta o que no puedes comprender. Ocurre cuando continúas caminando aun cuando sientas el viento. Entonces descubrirás que, de algún modo, no estás solo. Como estuvo con José, el Señor también está contigo. En todo caso, José se queda como extraño y como esclavo, pero resiste y llega hasta el nivel máximo del organigrama. Parece que las malas noticias ya debían haberse acabado. Pero entonces se encuentra con problemas de otro tipo. La esposa de Potifar «empezó a echarle el ojo y le propuso: Acuéstate conmigo», lo cual no fue ningún acercamiento discreto. Eso nos lleva a otra encrucijada.

La gente resistente continúa comprometida con sus valores cuando es tentada a menospreciarlos

Ahora José debe luchar contra la tentación. Asumimos que al menos fue tentado. Aunque el texto nos dice que José era atractivo, nunca describe en realidad a la esposa de Potifar. Pudo haberse parecido a Jabba el Hut [un horrendo personaje de la película La guerra de las galaxias], en cuyo caso la huida de José toma una perspectiva completamente diferente. Sin embargo, en cada una de las versiones de esta historia que le he escuchado a los predicadores, a ella se la describe un poco más en la línea de las supermodelos; quizás porque con eso se le puede sacar más jugo a la historia. En todo caso, lo que asumo es que José fue tentado en su soledad.

José pudo haber pensado: *¿Dónde está Dios? Estoy lejos de casa, mis hermanos me odian, estoy aislado de mi padre. Usé la túnica, pero ahora soy un esclavo y eso es todo lo que seré. Nunca tendré lo que tiene mi padre, o lo que soñé tener, o lo que merezco tener, mi propia vida, esposa, familia, propiedades y renombre. ¿Por qué no quedarme con cualquier pequeño gozo que pueda? No tengo nada que perder.*

Pero José dijo: «No».

Y se refiere a la confianza que Potifar había puesto en él y al significado de honrar la confianza. Su vida y su mundo tienen significado debido a la lealtad y por honrar el compromiso en sus relaciones. Seguir otro camino sería entrar a un mundo de oscuridad que destruiría la vida tal y como él la concebía.

Este es un caso clásico de pensamiento resistente. Una de las razones por las que el público norteamericano fue cautivado con la biografía del candidato John McCain durante la campaña presidencial de 2000 fue la crónica de cómo había sido liberado por Hanoi cuando era prisionero de guerra, pero rehusó salir hasta que sus compañeros fueran también liberados. La lealtad a los valores, aun cuando implique sufrimiento, es un poderoso catalizador para la formación del carácter.

La esposa de Potifar persistió: «Y por más que ella lo acosaba día tras día para que se acostara con ella y le hiciera compañía, José se mantuvo firme en su rechazo». La implicación de esto es que ella pudo haber moderado su demanda esperando que José diera el primer paso, solo un paso pequeño que traspasara la línea. «Estemos juntos solo un rato. Solo estemos juntos». Quiere que José esté con ella, se deleite en su atractivo y en sus halagos; quiere burlarse de su esposo, mientras lo hace intercambia miradas, notas y toques llenos de promesas hasta que, tarde o temprano, ambos crucen la línea final.

Pero José siguió rehusándose.

Finalmente, ella decide forzar el asunto:

> Un día, en un momento en que todo el personal de servicio se encontraba ausente, José entró en la casa para cumplir con sus responsabilidades. Entonces la mujer de Potifar lo agarró del manto y le rogó: «¡Acuéstate conmigo!»
> Pero José, dejando el manto en manos de ella, salió corriendo de la casa.

Hay momentos en los que la vida no es como la planeas y la tentación pone una traba fuerte sobre tu vestimenta, esos momentos en los que lo único que debe hacerse es correr.

Hace algún tiempo, estábamos cenando con unos amigos en el patio de su casa. Tenían un arreglo azul de luces y, periódicamente, escuchábamos un zzzzumbido en la oscuridad. Preguntamos qué era el ruido.

«Es el sonido de los insectos golpeando el aparato eliminador de insectos. La luz los atrae, vuelan hacia ella y se electrocutan».

El sonido duró toda la noche, debido cientos y cientos de insectos. Pensarás que, luego de un tiempo, los insectos estarían advertidos. Creerás que observan que bajo los rayos hay un tapiz de cuerpos de algunos de sus impulsivos parientes que se dirigieron a la luz antes que ellos. Pensarás que algún insecto meditabundo diría: «Hey, ¡esperen un minuto! No voy simplemente a seguir mis deseos como si estuviera ciego. Puedo ver que mis amigos son atraídos por esa luz, pero jamás regresan. Consideremos qué precio tan grande estamos dispuestos a pagar por una mirada de cerca a la grande y hermosa luz azul». Pero jamás insecto alguno hace eso. Aparentemente, se dicen a sí mismos: «Sé lo que estoy haciendo. Tengo la fuerza suficiente y la inteligencia para acercarme sin quemarme. No me voy a quedar a reflexionar, soy un tipo bastante hábil».

Toda la noche se oyó el mismo ruido: zap, zap, zap.

Algunas veces me pregunto si somos más inteligentes. Puede que hayas experimentado la tentación que viene cuando la vida no es lo que planeaste. Un pecado que en otro momento de tu vida hubieras despreciado ahora, en cambio, comienzas a verte atractivo. Pensamientos fugaces de racionalización comienzan a juguetear en tu mente.

C.S. Lewis escribió, en *Cartas a un diablo novato,* que aun cuando podríamos creer que la gente es más vulnerable a la tentación en momentos en los que su nivel de energía y sus apetitos están al máximo, es en efecto cuando estamos en el valle, cuando somos golpeados por la tristeza o la desolación, que estamos en el lugar más peligroso.

El pecado —para parafrasear lo que el sicólogo Carl Jung dijo una vez sobre la neurosis—, es siempre el sustituto del sufrimiento legítimo. Es un intento por obtener el placer que no me pertenece por derecho o por evadir el dolor que sí me pertenece.

Los problemas y la frustración son la luz azul que hacen que el pecado parezca irresistible. Sé que estoy más sujeto a la tentación que cuando la vida no marcha como la planeé. Una vez regresé a casa del trabajo al final de un día en el que las cosas no salieron bien. Me preguntaba si estaba en el lugar correcto, haciendo las cosas correctas. Me sentí ansioso con el futuro. Mi esposa y yo nos dirigíamos a cenar y nuestras dos hijas, entonces de siete y cinco años de edad, no dejaban de reñir en cuanto a quién había invadido el espacio aéreo de quien, aun después de que les había advertido dejar de hacerlo. Me volví a ellas y comencé a gritarlas con una furia que silenció a todos en el auto. Yo sabía que la ira es dañina y que eso estaba fuera de proporción con respecto a lo que habían hecho, pero no me detuve. No quería detenerme. Me sentí con poder y con fuerza. Pero cuando terminé, vi una mirada de temor en aquellos ojitos que me anonadó. Me pregunté de dónde vino toda esa ira y por qué la desaté en tan inesperados objetivos, a quienes amo tanto. Me di cuenta de que prefería sentir una oleada de poder a partir de una ira mal dirigida que encarar la realidad de mis ansiedades y dolor acerca de ese día de labor y de mi futuro.

Un ejecutivo amigo mío, me contó sobre un viaje de negocios que no salió del todo bien. Un negocio que pensó había cerrado bien terminó en algo terriblemente mal. Sentado en el restaurante del hotel, lamentando su fracaso, solitario y aburrido, fue abordado por «la esposa de Potifar». Una tentación a la que normalmente no le hubiera echado una segunda mirada, de repente se hizo irresistible.

Un estudiante en un parque de juegos conoce el dolor del rechazo durante toda su vida. Pero un día, mágicamente es invitado al círculo cercano de aceptación y selección, pero con una condición: Debe unirse al rechazo y humillación hacia una persona menor a él en el registro social: su único amigo.

Todas estas personas conocen la tentación de José, la que viene cuando la vida no es como la planearon. Si José hubiera cedido, habría traicionado al que confió en él, habría traicionado a Dios y quizás nunca hubiera conocido su destino. En vez de ello, huyó. Sabemos que huyó de la esposa de Potifar, de la Señora Tentación que lo atraía a la luz azul. Se nos relata que corrió hacia el exterior, pero me pregunto si cuando salió corriendo, se dirigió hacia Dios. Me pregunto si no derramó su corazón, toda la decepción y soledad que hace que la tentación sea tan dolorosa. No creo que sea suficiente con huir del pecado. El pecado es un perseguidor obstinado. TARDE O TEMPRANO, TIENES QUE ENFRENTAR EL DOLOR QUE HACE QUE LA TENTACIÓN SEA TAN ATRACTIVA. TARDE O TEMPRANO, TIENES QUE CORRER HACIA DIOS. En todo caso, José se mantiene firme. Él es leal a su

> **TARDE O TEMPRANO, TIENES QUE ENFRENTAR EL DOLOR QUE HACE QUE LA TENTACIÓN SEA TAN ATRACTIVA. TARDE O TEMPRANO, TIENES QUE CORRER HACIA DIOS.**

patrón, franco con su aspirante a seductora y leal a sus valores. Ahora Dios seguramente lo tiene que recompensar, ¿verdad? La señora de Potifar se queda con el manto de José en sus manos. Una vez más le quitarán la túnica a José y la usarán en su contra. Ella le grita a la servidumbre: «¡Miren!, el hebreo que nos trajo mi esposo solo ha venido a burlarse de nosotros. Entró a la casa con la intención de acostarse conmigo, pero yo grité con todas mis fuerzas. En cuanto me oyó gritar, salió corriendo y dejó su manto a mi lado». Astutamente manipula a la servidumbre apelando a su hostilidad hacia los esclavos y extranjeros, luego le miente a su esposo y sugiere que José trató de violarla.

Al leer esto, pensamos: «¡Esto no puede ser! Dios no va a dejar que la señora de Potifar se salga con la suya, ¿o sí? Si realmente él es Dios, debe prevalecer la verdad. Potifar debe ser capaz de ver con claridad a través de esto. José debe ser recompensado».

Pues no. Potifar está furioso, José va a la cárcel y la señora de Potifar regresa a casa, seguramente a esperar la llegada de un esclavo más sumiso.

Pero ahí no acaba la historia. Hay más malas noticias. Sin embargo, en medio de las malas noticias viene una frase conocida: «el Señor estaba con él y no dejó de mostrarle su amor. Hizo que se ganara la confianza del guardia de la cárcel».

El Señor no evitó que José fuera a prisión. A menudo parece no evitarles muchas cosas a sus hijos. Pero estaba allí con él, como está contigo. José decidió que prefería enfrentar la vida con el Señor y no tener nada a enfrentarla sin él y tenerlo todo. Y aquí vemos otra notable faceta de su vida.

La gente resistente descubre el significado y el propósito en la tormenta

Víctor Frankl fue un siquiatra vienés que sobrevivió a los campos de concentración nazi en Auschwitz y Treblinka. Descubrió que era más probable que una persona en prisión no sobreviviera si no tenía una meta. Su obra le hizo concluir que, en efecto, la fuerza esencial en la vida era la «búsqueda del hombre por el significado», como lo denominó.

Los que vivimos en campos de concentración recordamos a los hombres que caminaban por las barracas reconfortando a otros y regalando su última pieza de pan. Eran pocos en número, pero ofrecían prueba suficiente de que al hombre puede quitársele todo, menos una cosa: la última de todas las libertadas humanas, elegir su actitud en cualquier circunstancia, elegir nuestro propio camino. La forma en que el hombre acepta su destino y todo el sufrimiento que este supone, la forma en la que toma su cruz, le da una amplia oportunidad, aun en la más difícil circunstancia, de añadir un significado más profundo a su vida.

En forma similar, el siquiatra polaco Adam Szymusik descubrió que los sobrevivientes que no traían consigo convicciones fuertes a los campos de concentración no se desenvolvían tan bien en el tiempo como aquellos que sufrían por sus enfoques políticos o religiosos. Varios estudios en los mensajes de suicidas revelan que rara vez mencionan problemas como la salud debilitada, el rechazo o las crisis financieras. En vez de eso, destacan el «cansancio de la vida» y conciben al suicidio como una «salida». Como lo dice el sicólogo Julius Segal: «Una cantidad incontable de individuos acosados por el trauma describen que su problema básico es una existencia que no tiene significado».

Sabemos que José, aun en prisión, estaba saturado de significado y propósito: «Pero el Señor estaba con José...» Para utilizar el lenguaje de la teofanía, el Señor quería adelantársele a José ¡en prisión!

David Garland hace la observación de que las teofanías ocurren casi siempre en cumbres de montañas. De manera tradicional, la gente se encuentra con Dios en paisajes que dejan sin aliento, en donde el alcance de la visión es ilimitado y que están extremadamente alejados de las rutinas de este mundo. Moisés tuvo un encuentro en la cima de la montaña, igual que Elías. La Transfiguración ocurrió en otra montaña.

Pero, de vez en cuando, como en un cambio de ritmo, Dios llevará a cabo una teofanía en medio del mar. El mar era concebido por los israelitas como un lugar de tormentas peligrosas y poder siniestro. Está catalogado en el Apocalipsis, junto con la muerte y el Hades, como un lugar que un día tendrá que «entregar a sus muertos». Dios, en algunas ocasiones, no llega en esos momentos cuando estamos más animados, sino cuando estamos más deprimidos, en el punto de la vulnerabilidad y el miedo. A veces él llega, no sobre la cima de la montaña, sino en medio de la tormenta. Así fue para los discípulos en la barca. Así fue para José.

El Señor estaba con él y no dejó de mostrarle su amor. Hizo que se ganara la confianza del guardia de la cárcel, el cual puso a José a cargo de todos los prisioneros y de todo lo que allí se hacía.

En la cárcel, José halló significado de una manera muy sencilla, al ayudar a un par de prisioneros como él: un panadero y un mayordomo. Después que ellos pasaron una noche de sueños agitados, se nos dice que «A la mañana siguiente, cuando José fue a verlos, los encontró muy preocupados, y por eso les preguntó: ¿Por qué andan hoy tan cabizbajos?»

Este es un detalle impresionante de la historia. Hubiera sido más sencillo para José aislarse y concentrarse en su propia frustración. Cuando la vida no es lo que planeas, se te olvida que otras personas también se enfrentan a la frustración. Puede que solo pienses en tu propio dolor. Tu mundo se hace tan pequeño que tu propio dolor es el único que percibes. Esto es la muerte del corazón, la pérdida del significado.

Sin embargo, José se da cuenta de que él no es el único para quien la vida no es como la planeó. Vive de la manera como Jesús viviría. A los prisioneros en desgracia les da el trato de seres humanos: los toma en cuenta, les pregunta su estado y expresa interés genuino en ellos.

En un momento en el que esperaríamos que se preocupase solo por su persona, José se interesa con sinceridad en el bienestar de otros: «¿Por qué andan hoy tan cabizbajos?» Pregunta eso aun cuando no espera nada a cambio. Y por tomarles en cuenta así, José le da significado a su presencia en la prisión.

Me pregunto si es que parte del significado del sufrimiento de José era desarrollar su compasión. Eso no quiere decir que todo el sufrimiento humano es meramente una lección moral de parte de Dios, me parece que esa clase de teología trivializa la tragedia humana y blasfema el carácter de Dios. Sin embargo, me pregunto si no era necesario para José enfrentar una que otra tormenta.

José era el hijo consentido, el que usó la túnica. Pero puede ser contraproducente usar la túnica del favoritismo y de las expectativas. Eso perjudicó a los hermanos que carecían de estos dos elementos, pero me pregunto si no perjudicó también a José. Cuando eres el niño consentido y esperas que eso te dé una vida encantadora, es posible que ocurran algunas cosas malas:

—Puedes crecer con la necesidad de ser la gavilla grande en medio de las más pequeñas y sumisas. Cuando llega alguien que es más inteligente, más poderoso o más atractivo, no te gusta. Quieres ser el único que use la túnica.

—Puedes hacerte insensible a la manera en que tu poder y estatus afecta a otros.

—Debajo de esa túnica puedes esconder el temor de perder tu posición favorable. Y entonces, ¿quién serás?

Puede no haber sido un accidente el que José pasara años como esclavo y luego como prisionero antes de estar listo para ser exaltado a una posición prominente y ser usado por Dios. NADA ENSEÑA MEJOR QUE LAS TORMENTAS, como lo dice Scott Peck: «En todo este proceso de enfrentar y resolver problemas es que la vida tiene su significado... Es solo por causa de los problemas que crecemos mental y espiritualmente... Por esa razón es que las personas sabias aprenden a no tener temor de los problemas sino más bien a darles la bienvenida, tanto a los mismos como al sufrimiento asociado a ellos».

David Weiner, en su estupendamente titulado libro *Combate al tonto interior*, se refiere a lo que denomina «el trauma controlado» para inducir la transformación. Reconocemos que los acontecimientos traumáticos pueden cambiar nuestras vidas para bien o para mal. Pueden provocar profundos cambios de carácter y personalidad. Un campamento de entrenamiento militar intenso, por ejemplo, puede ser concebido como un trauma controlado diseñado para fomentar cualidades como la lealtad y la obediencia. Permitir que sus discípulos enfrentaran solos una tormenta en la barca es un ejemplo de cómo Jesús utilizó el trauma controlado con habilidad magistral para ayudarlos a dar un paso hacia la confianza que nunca hubieran podido desarrollar por sí mismos. Posiblemente José necesitaba un poco de trauma controlado en su vida.

Mientras usó la túnica, nunca pudo entrar en comunión con sus hermanos. Mientras usó la túnica, nunca pudo saber de lo que era capaz al enfrentar la adversidad. Mientras usó la túnica, José no pudo entender que tener a Dios es suficiente aun cuando todo se pierda.

En cualquier caso, fuera enviada de manera deliberada para enseñarle a José algo o simplemente como resultado de vivir en un mundo contaminado por el pecado, la tormenta azotó.

José comprendió cómo era la vida sin vestir la túnica. Cuando todavía estaba en casa, nunca pareció percatarse de la manera en que sus sueños de grandeza y estatus exaltado afectaron a sus hermanos. Pero en ese momento, en la cárcel, *se dio cuenta*. Su sufrimiento le dio ojos de compasión.

¿CON CUÁNTA COMPASIÓN ACTÚAS?

En medio de la tormenta, ¿lees los rostros de la gente que te rodea? La mayoría de las personas reflejan en sus rostros lo que les pasa en el interior.

Al observar a tus amigos, colaboradores, gente que está a tu servicio o al de los niños de tu familia, ¿*notas* que andan cabizbajos? Esto es una paradoja: preocuparse por uno mismo es derrotarse a sí mismo y eso produce soledad.

José expresó todo lo que llevaba dentro en una sola pregunta que planteó a sus amigos prisioneros: «¿Por qué andan hoy tan cabizbajos?»

Alguien los tomó en cuenta. A alguien le preocupó su vida. Las palabras logran eso. Cada término que dices aumenta un poco la esperanza de alguien; o la mata otro poco.

Fui orador de un congreso fuera del estado; alguien de la audiencia se me acercó y me dijo: «Reconozco su voz. La he escuchado antes. Tengo un amigo que adquiere de su iglesia todas las grabaciones de sus conferencias y me manda *las buenas*». No tuve el valor de preguntarle cuál sería el porcentaje de esas.

Este es un pequeño examen: Durante los periodos tormentosos de tu vida, ¿cuán a menudo expresaste interés genuino cuando no tenías nada que ganar?

Los prisioneros le explicaron a José que cada uno había tenido un sueño que los dejó preocupados. José tomó un momento para ofrecerles su ayuda: «¿Acaso no es Dios quien da la interpretación?... ¿Por qué no me cuentan lo que soñaron?» El mayordomo le cuenta su sueño acerca de una vid y sus uvas. José contesta: «Dentro de los próximos tres días el faraón lo indultará a usted y volverá a colocarlo en su cargo».

El panadero queda muy animado por eso y relata su sueño sobre aves y repostería. José contesta: «Dentro de los próximos tres días, el faraón mandará que a usted lo decapiten y lo cuelguen de un árbol, y las aves devorarán su cuerpo».

Y el panadero seguramente le contestó: «Esta es la última vez que te cuento uno de mis sueños».

El mayordomo es liberado. Estas son buenas noticias. José acordó con él que hablara a su favor para que lo liberaran. ¡Imagínate el gozo de José! Será liberado. No más cárcel. No más esclavitud. Puede regresar a su padre. Puede irse a casa.

Espera todo el primer día. Nada. *Quizá mañana*, se dice. *Mañana será un día de celebración*.

El siguiente día termina. Nada otra vez. Se convence que es debido a algo de burocracia. Piensa que quizá el mayordomo está esperando el momento adecuado.

Los días se convierten en semanas, luego meses. Y José sigue ahí, languideciendo en la cárcel.

Al paso del tiempo se hace claro que el mayordomo lo olvidó. Tiene su propia vida. La gente tiende a obsesionarse con su propio bienestar. Por dos años, casi tanto tiempo como el que les tomó a Lewis y a Clark cruzar un continente, José siguió solo. Me pregunto con qué frecuencia pensó que este era el final de su historia.

Pero por supuesto no lo era. Dios no había terminado todavía. José aprendería a entender el significado más profundo de su sufrimiento. Como lo dijo a sus hermanos: «Pero ahora, por favor no se aflijan más ni se reprochen el haberme vendido, pues en realidad fue Dios quien me mandó delante de ustedes para salvar vidas». Todos los mejores días de José, su ascenso en Egipto, su servicio a la nación, su impacto como líder, su reunión con su padre, su reconciliación con sus hermanos, todo estaba del otro lado de las Rocosas. Y eso debido a que, en última instancia, su historia era parte de la de Dios.

El de José me recuerda otro relato acerca de un joven frustrado por la manera en que su vida se desarrollaba. *Es una vida maravi-*

llosa [It's a wonderful life], perfecta para la temporada navideña, es la historia de George Bailey, un joven que, como José, también era un soñador. Quería viajar por todo el mundo, hacer grandes cosas y lograr que su padre se enorgulleciera de él. Pero ninguno de esos sueños se hicieron realidad. Terminó atrapado en un pequeño pueblo, trabajando en una compañía de ahorros y préstamos insignificante y preguntándose si su vida tenía realmente algún valor. Él también sintió el viento. Leí hace poco que esta película es más popular hoy que la primera vez que se exhibió. En 1946, sus ingresos en taquilla fueron un poco decepcionantes. El autor del artículo sugirió que una razón para su resurgimiento es que hace eco en la vida de muchas personas nacidas en el último medio siglo que se sienten decepcionados y que, al igual que George Bailey, sienten que la vida no es como la planearon. Quieren saber que ellos importan y que lo que han logrado tiene valor después de todo. Quieren que, cuando todo termine, su sentimiento final no sea la decepción.

Como escribe Dallas Willard:

> Conozco a muchos cristianos comprometidos que, a pesar de su fe, están profundamente decepcionados de la forma en la que se desarrollan sus vidas. En algunas ocasiones esto es sencillamente una cuestión de cómo están experimentando el envejecimiento, que toman como algo que significa que ya no *tienen* futuro. Sin embargo, debido a las circunstancias o a decisiones equivocadas y acciones llevadas a cabo por otros, muy a menudo no logran lo que esperaban en la vida. Con dolor tratan de descifrar qué hicieron mal o si es que Dios realmente ha estado con ellos.

Mucho de la aflicción de esta gente buena viene de no poder darse cuenta de que sus vidas están delante de ellos. Dado que están llegando al final, la vida «en la carne» tiene poco significado. Lo que es significativo es la clase de gente en la que se han convertido. Las circunstancias y las otras personas no controlan el carácter de alguien o la vida sin fin que está delante de nosotros en el reino de Dios. Ni hermanos celosos o padres necios, ni la esposa de Potifar, ni mayordomos olvidadizos o faraones orgullosos. Hay una vida sin fin que está delante de nosotros en el reino de Dios. Y es una vida maravillosa.

No siempre puede creerse en esto con facilidad. Algunas ocasiones parece que las malas noticias tendrán la última palabra. Por eso no es de sorprenderse que en la historia más grande de todas, cuando al fin Dios envió a un soñador más, terminó siendo otro hombre joven al cual las cosas parecían no haberle salido como lo había planeado. También él usó una túnica: una túnica púrpura, el color que indicaba el estatus. Pero se la dieron para burlarse de él y también le fue quitada por quienes intentaron matarlo.

Las multitudes se mofaron de él, sus amigos lo abandonaron, Pedro lo negó, Judas lo traicionó, los soldados lo crucificaron y su cuerpo fue puesto en una tumba. Un soñador más, un hombre joven más cuya vida terminó como una decepción.

Hasta que... en el tercer día... se despertó sintiéndose muy bien. Resistencia al máximo.

Al tercer día, las malas noticias se acabaron para siempre.

Desde ese tercer día, cualquier mala noticia que pueda venir a tu vida no tiene poder para separarte de Dios. Y es que la de este mundo es una historia de buenas y malas noticias.

Espera solo a llegar al otro lado de las Montañas Rocosas.

SAL DE LA BARCA

1. ¿Qué papel juegan tus conflictos en tu crecimiento?
2. ¿Qué problemas te preocupan más actualmente? ¿Cuál de ellos equivaldría a tus «Montañas Rocallosas»? ¿Qué es exactamente lo que temes como resultado de este problema?
3. ¿Cómo describiría tu «factor de resistencia»? ¿Cómo te gustaría que este creciera»?
4. ¿De que manera, respecto a un problema en particular, podrías trasladarte de la pasividad al ejercicio del control y la iniciativa?
5. En momentos de problemas y estrés, ¿en qué punto te percibes más vulnerable a la tentación?
6. Si Dios te hablara en el área de tu mayor problema actual, ¿qué te diría?

CAPÍTULO 6

Cuando los discípulos lo vieron caminando
sobre el agua, quedaron aterrados.
—¡Es un fantasma! —gritaron de miedo.
Pero Jesús les dijo en seguida:
—¡Cálmense! Soy yo. No tengan miedo.
—Señor, si eres tú —respondió Pedro—,
mándame que vaya a ti sobre el agua.
—Ven —dijo Jesús. Pedro entonces bajó de la barca y
comenzó a caminar sobre el agua en dirección a Jesús.
Pero al sentir el viento fuerte, tuvo miedo y comenzó
a hundirse. Entonces gritó:
—¡Señor, sálvame!
Mateo 14:26-30

CLAMOR TEMEROSO

A nada hay que temerle tanto como al temor.

HENRY DAVID THOREAU

Adivina cuál es el mandamiento que se repite con más frecuencia en la Escritura.

No es «amar más». Eso puede ser el núcleo de lo que Dios quiere para la vida humana, pero no es su mandato más frecuente.

Varios autores sobre temas de la vida cristiana escriben a menudo que el orgullo es la raíz de la condición perdida de la humanidad, pero el imperativo más común en la Biblia no tiene que ver con evitar el orgullo o con ser más humilde.

Tampoco es un mandato para preservar nuestra pureza sexual o caminar íntegramente, aun cuando estas cualidades son muy importantes.

En la Escritura, el mandato que ocurre con más frecuencia, la orden de Dios más repetida, se compone de dos palabras: *No temas.*

No tengas miedo. Sé fuerte y valiente. Puedes confiar en mí. No temas.

¿Por qué Dios nos ordena no temer?

Parece que el temor no es el vicio más serio del mundo. Jamás llegó a la lista de los Siete Pecados Capitales. En la iglesia, nadie es sometido a disciplina por tener miedo. ¿Por qué entonces Dios manda a los seres humanos que dejen de temer con más frecuencia que cualquier otra cosa?

Tengo la corazonada de que la razón por la que Dios repite tantas veces «no temas» *no* es por evitarnos una incomodidad emocional. En efecto, casi siempre lo dice para que la gente haga algo que de cualquier manera les provocará más temor.

Pienso que Dios dice «no temas» tan repetidas veces porque el temor es la primera razón por la que nos sentimos tentados a evitar hacer lo que él nos pide.

El temor es el motivo número uno por el que la gente rehúsa salir de la barca. Por eso necesitamos escuchar esta orden todo el tiempo. Lloyd Ogilvie señala que en la Biblia hay 366 versículos que incluyen las palabras «no temas», uno para cada día del año, ¡incluido uno para el año bisiesto!

UNA PARÁBOLA DE VALOR

Imagínate a una niñita de dos años, de pie y a la orilla de una piscina. Su padre, con los brazos abiertos, le dice: «¡Salta!, no tengas miedo. Confía en mí. No voy a dejar que te hundas. ¡Salta!»

En ese momento, ella está hecha un manojo de conflictos internos. Por un lado, todo su interior le grita que no salte. El agua es fría, peligrosa y profunda. Nunca hizo eso antes. No sabe nadar. ¿Qué tal si algo sale mal? Algo malo podría ocurrir. Después de todo, es el cuerpecito *de ella* el que está en riesgo.

Por otro lado, el que está en el agua es su papito. Él es más grande y fuerte que ella y ha sido más o menos confiable hasta este punto durante los últimos dos años. Parece que tiene mucha confianza en lo que pueda ocurrir.

Se libra una batalla entre el temor y la confianza.

La confianza le dice: «¡Salta!»

El temor le dice: «¡No!»

Pero ella no puede quedarse de pie junto a la piscina por siempre. Tarde o temprano llega el momento de su decisión. Ella es mucho más que sus temores, o que su confianza, para el caso. Dentro de ella hay una pequeña chispa de *voluntad* y con esa pequeña chispa toma la determinación de su destino: saltará o se retirará de allí. Cualquiera de los caminos que la niña elija le ocasionarán consecuencias significativas.

Si decide saltar, logrará tener un poco de más confianza en la habilidad de su padre para atraparla. Será más probable que salte de nuevo una próxima vez. El agua le provocará menos terror. En resumen, logrará tener una imagen de sí misma como una amable personita que no se detendrá ante el temor.

Por otro lado, si decide no saltar, eso le traerá, igualmente, consecuencias. Perderá la oportunidad de descubrir que puede confiar en su padre. La próxima vez se inclinará hacia la seguridad. Se verá a sí misma como una amable personita que no responde con valentía a los desafíos. Hará un mayor esfuerzo por asegurarse de evitar enfrentarse con decisiones futuras en las que el temor esté presente.

Mi deseo es que mis hijos tengan un temor razonable al agua. Un día, cuando nuestras hijas eran muy pequeñas, jugaba con ellas en la piscina de un hotel. Le habíamos advertido a Mallory (que entonces tenía dos años) que no se metiera sola a lo profundo, pues podría ahogarse. Aparentemente, no le definimos con suficiente precisión la idea.

En cierto momento, cuando su hermana mayor saltó hacia donde yo me encontraba, escuché un zambullido detrás de mí y me volví para observar que Mallory se había arrojado al agua y estaba completamente sumergida, para ese momento ya por más de medio segundo. La saqué de inmediato y comenzó a gritar: «¡Me ahogué! ¡Oh, me ahogué!»

El temor tiene su lugar. Pero quiero que la confianza sea más fuerte. No quiero que jamás el *«no»* del temor triunfe sobre el *«sí»* de la fe.

El temor tiene dos participaciones en el relato de Jesús caminando sobre el agua. Primero, los discípulos sintieron temor debido a que no entendieron que Jesús estaba con ellos en la tormenta. Dale Bruner escribe:

Así que Jesús les dice: «¡Valor! ¡SOY YO! ¡No teman!» Como vimos en el primer capítulo, Jesús no solamente se identificó a sí mismo («Se trata de mí»); esta es una revelación de que Dios, «YO SOY», se encuentra en medio de ellos. Estas son las palabras de Isaías materializadas:

No temas, que yo te he redimido;
te he llamado por tu nombre; tú eres mío.
Cuando cruces las aguas,
yo estaré contigo;
cuando cruces los ríos,
no te cubrirán sus aguas;
cuando camines por el fuego,
no te quemarás ni te abrasarán las llamas.
Yo soy el Señor, tu Dios,
el Santo de Israel, tu salvador...

y te amo.

Un joven discípulo quedó de pie junto a la borda de la barca. Jesús quedó de pie sobre el agua. Le tendió su mano y le dijo: «Ven».

La confianza le dijo: «Salta».

El temor le dijo: «No».

Pedro saltó y, por un breve tiempo, todo iba muy bien.

Entonces el temor volvió a atacar por segunda vez. Sintió el viento. Y esto lo llevó a la siguiente fase: sintió temor. Su respuesta al viento y a la tormenta fue ceder al temor. Perdió su confianza en que Jesús era el amo de la situación. No solamente se hundió en el agua: también se hundió en su propia ansiedad y preocupación.

Pienso que la razón por la que Dios dice «no temas» con tanta frecuencia es porque el temor nos hunde con más rapidez que cualquier otra cosa. EL TEMOR PERTURBA EL DESARROLLO DE LA FE Y SE CONVIERTE EN EL OBSTÁCULO MÁS GRANDE PARA CONFIAR Y OBEDECER A DIOS.

EL TEMOR PERTURBA EL DESARROLLO DE LA FE Y SE CONVIERTE EN EL OBSTÁCULO MÁS GRANDE PARA CONFIAR Y OBEDECER A DIOS.

Un hombre a la mitad de su vida se siente llamado a cambiar de carrera y hacer algo grande para Dios, pero lo detiene el temor.

Una mujer se siente atrapada en un matrimonio doloroso y lleno de abuso, pero el temor le impide reconocer la realidad y buscar ayuda. A una mujer cristiana de muchos años le cuesta trabajo amar a Dios porque siente que puede hacerle daño. Cuando la vida le sonríe por demasiado tiempo, se pone nerviosa. Espera que «caiga el otro zapato».

Una mujer joven se siente presionada por sus padres para seguir un curso de vida que no desea, pero el temor le evita hablar con la verdad.

Un hombre joven termina comprometido con una mujer a la que no ama, pero todo el mundo espera que se casen. El temor no le permite estar consciente de lo que en verdad siente su corazón y actuar con autenticidad.

A otro hombre le encantaría encontrar a una persona con la cual compartir la intimidad y el matrimonio, pero el temor no le permite pedirles a las mujeres una oportunidad de salir con ellas y conocerlas y establecer una relación seria.

Un anciano tiene temor de morir. Nunca se lo ha dicho a nadie: teme a lo que otros puedan pensar de él si llegan a enterarse.

Un hombre de negocios exitoso arriesga todos los días la totalidad de su seguridad financiera y de sus acciones. No se considera una persona con temores, se mira más bien como un audaz, intrépido y aventurado parangón del valor y del coraje. Pero no ha arriesgado su intimidad emocional o la apertura de su corazón desde que era niño. No puede darse el lujo de arriesgarse a perder el control de las situaciones o a exhibir debilidad: eso le provoca demasiado temor.

Admiro enormemente a la gente que lucha en forma genuina contra el temor y que, en el momento decisivo, decide saltar. Una cosa es que una persona Tipo E salte. Pero para que alguien no acostumbrado al riesgo se quede de pie junto a la borda de la barca y salte cuando Dios le llama, para alguien que lucha con la preocupación y la duda y aun así obedece, temblando pero confiado: *para mí, eso es valor genuino*. Y cualquiera de nosotros puede hacerlo.

Puede que no nos convirtamos en personalidades Tipo E, que practican el paracaidismo, el *bungee* [salto atado a cuerdas elásticas] o planean por el aire en aviones caseros; pero cada uno de nosotros enfrentará esos momentos en los que tenemos que elegir entre la confianza y el temor.

Por un largo tiempo ya, la confianza y el temor han luchado entre sí por ganar el corazón humano, el corazón tuyo. Tarde o temprano, ganará uno de los dos. Piensa en tu vida. ¿En qué área Jesús te está llamando a saltar hacia él con osada confianza? ¿Qué te mantiene dentro de la barca? Sospecho que es el temor. Tomemos un tiempo para observar la anatomía del temor. ¿Qué es y cuál es el costo de vivir en él?

¿QUÉ ES EL TEMOR?

En su definición más simple y bondadosa, el temor es un clamor interno que advierte que el peligro está cerca y que más vale que hagamos algo al respecto. Está diseñado para desempeñarse como lo que los investigadores llaman un «mecanismo de autocorrección», suficientemente desagradable para motivarnos a actuar y a alejarnos de lo que nos amenaza. Prepara a nuestros cuerpos para huir, ocultarse o luchar.

Hay un gran componente sicológico en el temor. Un amigo mío trataba de prepararse para una conversación con una persona que le intimidaba mucho. Al hablar con su esposa, le comentó: «¿Sabes? Cada vez que pienso en esa conversación, me sudan las palmas de las manos».

Cerca de una hora más tarde, sin poder pensar en otra cosa, le dijo: «¿Sabes? Cada vez que pienso en esa conversación, se me seca la boca».

«Y entonces —lo aconseja ella—, ¿por qué no te lames las palmas de las manos?»

¿Qué es lo que le ocurría que hacía que su cuerpo reaccionara de esa manera? El temor se compone de varias cosas. Primero, tu mente siente que está en peligro. En efecto, la palabra *temor* se deriva de un término anglosajón antiguo que significa peligro. El autor científico Rush Dozier escribió sobre un proceso primitivo de temor que se centra en cierto sistema que puede detectar el peligro en menos de una décima de segundo desde la percepción inicial, antes de que la toma de decisiones consciente tenga una oportunidad de entrar en escena. Algunas experiencias como los ruidos estruendosos o las grandes alturas parecen estar directamente identificados desde nuestro nacimiento y en nuestro interior para producir temor. Los científicos dicen que algunos temores son innatos mientras otros son aprendidos. David Barry, un comediante casi teólogo lo formula así: «Todos nacemos con un grupo de temores instintivos: temor a caer, a la oscuridad, a las langostas, a caer sobre las langostas en la oscuridad, a dar un discurso frente a los miembros de un Club Rotario y a las palabras "Hay que ensamblarlo"».

La velocidad increíble de este proceso nos ayuda a reaccionar al instante ante las dificultades potenciales, pero igualmente esto significa que nuestras respuestas iniciales no han sido filtradas todavía por un proceso más lento, el que ha sido denominado « sistema del temor racional». (Esta es la razón por la cual la gente en las montañas rusas o en las películas de terror, por ejemplo, pueden estar al mismo tiempo tanto aterrorizadas como riendo a carcajadas: el sistema de temor primitivo vocifera que estamos en peligro mientras que el sistema de temor racional nos dice que todo está bien.)

Cuando se desencadena una respuesta al temor, nuestros cuerpos entran en acción. Las hormonas de energización acelerada, como la adrenalina, se bombean hacia nuestros músculos y torrente sanguíneo. La sangre es extraída de la superficie de la piel (produciendo palidez del rostro) y se distribuye entre los músculos mayores, como las piernas, para facilitar un escape veloz. Tu corazón late para permitir que tu cuerpo se ponga en sobremarcha. Los ojos se te abren más y las pupilas se te dilatan para absorber la máxima cantidad de información. Muchos de los otros sistemas corporales, como el reproductivo o el digestivo, se desactivan para movernos a actuar.

Existe lo que puede considerarse como un buen temor: el que evita que un niño toque una estufa caliente; el temor que te impide conducir con imprudencia, que le impide a un hombre vestirse de la manera como realmente quiere —en tela a cuadros de colores vivos que expresen su verdadera personalidad— porque tiene temor de lo que su esposa pueda pensar.

Si el temor se sintiera solo cuando fuera necesario, cuando estás a punto de ser arrollado por un camión o cuando eres perseguido por un maniático homicida, por ejemplo, entonces no habría que preocuparse de él en lo absoluto. El problema es que, para la mayoría de nosotros, el temor nos invade cuando no lo necesitamos y cuando no nos es útil. Puede quedarse asociado con lo que realmente no nos amenaza y convertirse en un paralizante en vez de un estímulo.

En algunos casos, el temor deja de ser esporádico y se convierte en algo habitual. Cuando eso ocurre, nos convertimos en *preocupados habituales*. La preocupación es una forma especial de temor. La distinción tradicional es que el temor tiene una fuente *externa*, mientras que la preocupación se produce *internamente*. Pero ambos producen las mismas respuestas físicas. La preocupación es el temor que desempaca sus maletas y firma un contrato de renta a largo plazo. Ella nunca se muda por su propia iniciativa, tiene que ser desalojada. Lamentablemente, EL PROPIO DON DE LA IMAGINACIÓN QUE HACE QUE LA MENTE SEA TAN GLORIOSA, INCREMENTA SU VULNERABILIDAD A LA PREOCUPACIÓN.

Joseph LeDoux, un neurólogo de la Universidad de Nueva York, lo sintetiza de esta manera: «Una rata no se preocupa de la caída de la bolsa de valores». Sin embargo, nosotros sí.

Es necesario tomar el aspecto físico del temor con seriedad. Es algo natural del ser humano. En un artículo publicado en *New York Times Magazine* se hizo referencia a investigaciones que indican que ciertas personas tienen una fuerte predisposición al temor y la ansiedad por causas aparentemente genéticas. Inclusive, se menciona que han identificado al gen: el gen slc6a4 en el cromosoma 17q12. Las personas que tienen una versión corta de este gen son más propensas a preocuparse que las que tienen la más larga.

Ahora que sabes esto, ¿te preocupa tener la versión corta?

Esta es una de las razones por las que puede ser crítico para una persona consultar a un médico o siquiatra para saber si hay algún problema fisiológico causado por la ansiedad constante. Por ejemplo, ciertas formas de cavilar o preocuparse obsesivamente están asociadas con problemas en una sección del cerebro llamada córtex cingulado. Los medicamentos que ayudan a que las células de esta área no se hiperactiven no son un sustituto de la fe, solo un recordatorio de que realmente somos seres de dimensiones físicas a la vez que espirituales.

Más que otra cosa, la cantidad de mandamientos en la Biblia sugiere que el temor juega, por lo general, un papel destructivo en la vida de la gente. El temor, tal y como tú y yo lo experimentamos y controlamos, no es bueno. En la Biblia, una vez tras otra, es el *temor* lo que impide que la gente confíe y obedezca a Dios.

Cuando la pequeñita está de pie junto a la piscina, por lo general es consciente del precio que hay que pagar por saltar al agua. Estará fría y le dará miedo, además de que puede morir, lo cual la atemoriza más que nada.

Sin embargo, como tú y yo, ella a menudo es menos consciente de que hay que pagar un precio si se rehúsa a saltar. Vivir invadido de temor crónico es el costo más alto de todo. Susan Jeffers lo afirma de este modo: «Aprobar el temor en nuestras vidas es menos atemorizante que vivir con el miedo subyacente que proviene de un sentimiento de impotencia». Así que consideremos el alto costo de vivir en un estado mental de temor.

Pérdida de la autoestima

La Asociación Americana de Psicología publicó hace unos años un libro que resumía toda la investigación realizada recientemente acerca de la autoestima. Se centraron en una paradoja básica: ¿Por qué hay tanta gente sin autoestima, cuando hay muchas razones para tenerla alta? Tienen muchos logros, son talentosos, atractivos y bien parecidos, pero luchan con su autoestima. Y no solo eso, hay mucha gente que es objeto de afirmación y admiración por parte de sus seres más cercanos y queridos pero *tienden a no creerles* y continúan luchando con su autoestima.

Toda la investigación sugiere que ella está extremadamente concentrada en un asunto: Cuando enfrentas una situación difícil, ¿la abordas, actúas y encaras de frente o la evitas, te quejas y corres a esconderte?

Si actúas, lo que obtienes es una oleada de deleite, aun si las cosas no resultan de manera perfecta. *Hice algo difícil. Enfrenté un desafío. Creces.*

Cuando evitas enfrentar una situación amenazante, aun si las cosas resultan bien, piensas: *La verdad es que le di la vuelta. No hice la parte difícil. Tomé la salida fácil.*

Evitar enfrentarse a algo asesina la sensación interna de confianza y estima. Por eso los elogios de otros a menudo no nos ayudan mucho, aun cuando sean sinceros. Quienes tienden a evitar el desafío se convierten en expertos en «administración de imagen», pretendiendo ser lo que creen que será aceptable para otros. Pero aun cuando sean exitosos en administrar nuestra imagen de ellos y obtener el elogio, por dentro se devalúan: *Si supieran la verdad sobre mí, no me admirarían. Solo admiran lo que quiero que vean de mí.* Pero cuando te enfrentas a un desafío, esto fortalece tu misma esencia, aun cuando no te desempeñes a la perfección.

> **cuando te enfrentas a un desafío, esto fortalece tu misma esencia, aun cuando no te desempeñes a la perfección.**

Hace poco me encontraba en un vuelo a través del país con tres de mis amigos que trabajan en mi iglesia. El avión iba lleno, así que no pudimos sentarnos juntos. Uno de nosotros propuso un desafío: «Veamos quién puede sostener la conversación espiritual más significativa con un extraño en el viaje de regreso». (Yo trabajo para una iglesia de grandes desafíos.) Parece que algunas personas que conozco con mucha frecuencia le predican a la gente y esta se convierte, pero creo que debo volar en la aerolínea equivocada porque, ciertamente, esa no es mi experiencia habitual.

El desafío estaba planteado. Ahora dependía de mí enfrentarlo o evitarlo.

Me senté y me presenté con el hombre sentado a mi izquierda. Era un hombre de negocios, muy ocupado en su computadora portátil y vestido con uno de los trajes más bellos que he visto en mi vida. Se veía como un anuncio de la tienda más cara de ropa.

Excelente, pensé, *ya que quizás tiene un bolígrafo caro que le puedo pedir para dibujar una ilustración del evangelio, así que tendrá que ponerme atención.*

No era la oportunidad ideal para una conversación. Toda la gente del avión estaba irritable por lo lleno y porque estábamos retrasados.

Durante la cena lo saludé e hice el esfuerzo por llevar la conversación en la dirección espiritual. Sin embargo, tuve problemas para sacar el aderezo de la ensalada de su empaque. Le apliqué una presión tremenda y, de repente, el viscoso contenido del empaque voló directo a su traje.

Y no era una gotita. Su pantalón se veía como la piel de una vaca Jersey.

Se necesitó una ayudante del avión, mi persona y veinticinco minutos para convencerlo de que el agua mineral podía quitar la mancha.

Pasó treinta minutos en el baño.

En ese momento, *realmente* quería evitar más desafíos. Solo me preguntaba: *¿Y ahora qué?* Un pensamiento recurrente me invadió: *El agua mineral puede quitar la mancha de su traje, pero ¿qué quitará la mancha de su alma?* Pero no estaba seguro de que ese enfoque sería efectivo.

De cualquier manera hablamos y resultó que él era cristiano y que, en efecto, sabía algo de la iglesia Willow Creek.

«Entonces, ¿usted trabaja ahí?», me preguntó.

«Sí —le respondí—. Mi nombre es Bill Hybels.»

Bueno, en realidad, le di mi verdadero nombre y terminamos entablando una conversación significativa acerca de la vida espiritual. Pero lo que noté en mí mientras salía del avión fue una sensación de satisfacción por haber enfrentado el desafío. No resultó sin complicaciones; de hecho, resultó con muchas. Sin embargo, hay algo al enfrentar un desafío que es muy importante para el bienestar interno.

Anótalo: Cuando estás en una situación que crea temor pero la encaras, sentirás un ímpetu satisfactorio al saber que mostraste valor. ¿Por qué no llevas a cabo tu propio experimento de confianza esta semana? En el momento en el que estés tentado a evitar la situación, mejor opta por conservar tu lugar y presionar hacia delante:

Enfrenta a un bravucón que maltrata a otros (o a ti) en el trabajo. Pon los pies primero en una tarea que has evitado porque temes que será difícil o poco placentera. Expresa tu verdadera opinión cuando hables con una persona a la que normalmente tratas de impresionar o calmar. Responsabilízate por una decisión difícil que no has querido tomar. Haz la llamada telefónica que has evadido. Reconoce ante Dios en oración un pecado o una falla de carácter que has tratado de ocultar. Pide ayuda para cambiar y cuéntale esto a otra persona.

Cuando hagas eso, serás un poco más fuerte en tu interior.

Pero cuando huyes al no dar el paso o no decir la palabra difícil, mueres un poco. Y si eso se convierte en un patrón, con el tiempo te darás cuenta de que eres una persona que no puede lidiar con los desafíos más grandes de la vida. En donde debería haber un núcleo de fortaleza y resolución, observarás, por el contrario, temor y ansiedad. Aprenderás a vivir en temor y evitando los desafíos. Y aun si las cosas salen bien externamente e impresionas a la gente con tu vida, estarás asumiendo una deuda interna que tendrás que saldar por el resto de tu existencia.

PÉRDIDA DEL DESTINO

Si vives invadido por el temor, jamás experimentarás el potencial que Dios te ha dado.

Como ya vimos, el crecimiento siempre implica riesgos y estos siempre implican temor.

Hace poco almorcé con un amigo que está siendo llamado por Dios a hacer grandes cosas. Es una persona enormemente dotada, un talentoso artista y formidable autor. Pero tiene un trabajo que lo está matando. Ahí no desarrolla sus más grandes capacidades y no siente pasión alguna lo que hace. Simplemente registra su entrada y su salida. ¿Por qué sigue ahí?

Temor. Para ser más específico, el temor al fracaso. ¿Qué tal si intenta algo nuevo y no resulta todo bien? ¿Qué tal si no gana suficiente dinero? ¿Qué tal si la gente piensa que está haciendo tonterías? ¿Qué tal si resulta que no es tan talentoso como pensaba?

En cierta y extraña forma, también tiene temor a triunfar. Si triunfa, la gente puede esperar más de él. Las apuestas pueden ser mayores. Su presión puede aumentar aun más. En algunas ocasiones, LA GENTE PUEDE SENTIR MÁS TEMOR DEL TRIUNFO QUE DEL FRACASO.

Por eso, si no tiene una garantía inalterable de que todo saldrá perfectamente bien, si no desaparece todo el riesgo, seguirá donde se encuentra… y se estancará.

> **LA GENTE PUEDE SENTIR MÁS TEMOR DEL TRIUNFO QUE DEL FRACASO.**

Con el paso del tiempo, si este patrón no se altera, llegará el momento en que mi amigo se jubile y entonces sentirá alivio al renunciar y tratará de sentirse tan cómodo como pueda por el resto de su existencia.

Y además, nunca habrá hecho lo que Dios pensó para él cuando fue creado ni se convertirá en lo que Dios quería que él fuese. El temor le costará su destino, y eso es pagar un precio demasiado alto.

PÉRDIDA DEL GOZO

¿Alguna vez has conocido a una persona profundamente gozosa y crónicamente preocupada? El temor destruye el gozo. Déjate invadir por él y conocerás el dolor de la ansiedad constante, crónica y de baja calidad. Véncelo y sabrás lo que significa la satisfacción. Otro de mis amigos está hundido hasta el cuello en un desafío muy difícil. Lo que arriesga racional, espiritual y emocionalmente, es muchísimo. «Nunca me he arriesgado ni he llegado tan lejos al lado de Dios —me dijo—. A las otras personas involucradas les digo: "¡Confíen en él! ¡Dios hará la obra!" Y ahora, en todo lo que pienso es en que *¡más vale que la haga!*» Miré a mi amigo y noté en su rostro las huellas de alguien que está tratando de obedecer y confiar con valor —emoción, anticipación, suspenso, oración, un profundo sentimiento de dependencia, actividad significativa y el ser exigido— al extremo. Me di cuenta de que está disfrutando los mejores momentos de su vida. Esto simplemente es lo mejor de su existencia. Está fuera de la barca. Tener confianza al enfrentar el temor y el desafío produce gozo.

Por otro lado, ceder ante el temor elimina el gozo. Las investigaciones recientes han demostrado que la mayoría de los que se preocupan tienden a poseer una gran capacidad imaginativa. Normalmente tienen un coeficiente intelectual por encima del promedio. A menudo son personas con mucho potencial creativo.

Pero su imaginación los conduce a lo negativo. Tienden a ser pesimistas:

—¿Y si ocurre algo malo?
—¿Y si me involucro en un accidente y hago trizas el auto?
—¿Y si pierdo mi billetera?
—¿Y si predico un mal sermón?

Todas estas cosas son contingencias, ocurren en el futuro y ¡puede que nunca ocurran! De hecho, la mayoría no ocurrirá.

Pero cuando vivo con una perspectiva llena de temor, ¡le doy a todas esas cosas el poder de robarme la vida *hoy*!

Un enfoque saludable de la perspectiva nos permite asignar a estos eventos una valoración realista que nos ayude a continuar con la vida.

—¿Y si hago trizas el auto? *Puedes conseguir uno nuevo.*
—¿Y si pierdo mi billetera? *Puedes conseguir una nueva.*
—¿Y si el pastor predica un mal sermón? *Puedes enviarlo a Hawai para tomarse un descanso sabático.*

Pero cuando vives invadido de temor, el poder de los «Y si…» es abrumador y vivirás tu vida sin gozo. El gozo y el temor son esencialmente incompatibles.

PÉRDIDA DE LA INTIMIDAD AUTÉNTICA

Temer y ocultarse van de la mano como la adolescencia y las hormonas. El primer ejemplo registrado del temor refleja esto: *Pero Dios el Señor llamó al hombre y le dijo:*
¿Dónde estás? El hombre contestó:
Escuché que andabas por el jardín, y tuve miedo porque estoy desnudo. Por eso me escondí.

Y nos hemos escondido desde entonces: detrás de sonrisas que realmente no queremos mostrar, de palabras agradables que no creemos y sobre todo detrás de las cosas que realmente creemos y sentimos pero que nos rehusamos a decir.

Mientras crecía, mis padres a veces nos pedían a mi hermano, a mi hermana y a mí que jugáramos «el juego del silencio». Me imagino que conoces las reglas: gana quien se mantenga en silencio la mayor cantidad de tiempo. Es un juego muy popular entre los padres.

Un día habíamos jugado durante horas, algo en lo que éramos extrañamente buenos, cuando de repente se me ocurrió: *Yo no tengo que participar en el juego del silencio.*

—No tengo que jugar porque… *realmente* no *creo que mis padres me castigarían por hablar.*
—No tengo que jugar porque… *aun cuando me castigaran, nada sería peor que estar sentado aquí en silencio kilómetro tras kilómetro tras kilómetro.*
—No tengo que jugar porque… *ya tengo diecisiete años y eso está convirtiéndose en algo ridículo.*

Me desagrada decirlo pero, en algunas ocasiones, por razones del todo distintas hoy, aún practico el juego del silencio. Muy a menudo me reservo el decir lo que realmente pienso o siento por causa del temor. Tengo temor de lo que alguien pueda pensar de mí; o del dolor del conflicto que pueda surgir; o de que tendré que invertir más energía de la que realmente quiero para limpiar el embrollo relacional que surgirá.

Practicas el juego del silencio cuando pretendes que algo no te molesta pero ocurre lo opuesto; o cuando pretendes estar de acuerdo con alguien pero en realidad no lo estás; o cuanto actúas como si no te preocupara, pero te inquieta.

La gente en las congregaciones casi siempre es buena con el juego del silencio en nombre de la paz, pero no es una paz edificada sobre la verdad. En efecto, no es en lo absoluto una paz real; es ausencia del conflicto que origina el esconderse.

Sé de parejas que practican el juego del silencio durante años. Juegan a que evitan las discusiones, pero también evitan la intimidad.

Conozco a empleados que juegan el juego del silencio en el trabajo. Lo practican para evitar hacer olas o mover el barco, pero desperdician años en el resentimiento y la frustración.

Sé de cristianos que juegan el juego del silencio con vecinos y amigos que no asisten a la iglesia. Puede que eviten el rechazo y lo embarazoso de una situación, pero están perdiendo la oportunidad de compartir con audacia su fe y ofrecerles vida espiritual a gente alejada de Dios.

Me pregunto con quién estás practicando el juego del silencio: ¿Con tu jefe? ¿Tu cónyuge? ¿Un pariente que siempre busca imponer su opinión? ¿Un niño de carácter difícil? ¿Un colaborador dogmático? ¿Una figura de autoridad que te resulta intimidante?

PÉRDIDA DE DISPONIBILIDAD PARA DIOS

El temor nos susurra que Dios no es realmente tan grande como para cuidarnos. Nos dice que no estamos seguros en sus manos. Nos hace distorsionar la forma en la que pensamos de él.

Cuando visitaba clientes en mi empleo como becario en la universidad, conocí a una mujer que tenía una fobia relacionada con todo lo que fuera volar. Había sufrido una experiencia traumática en un avión cuando era niña y nunca se había recuperado totalmente de ella.

Le hice someterse a un proceso llamado desensibilización sistemática, lo cual implicaba aprender a relajarse (es físicamente imposible que el cuerpo experimente temor cuando se está en un estado de relajación) al mismo tiempo que se incrementan las imágenes visuales que tienen que ver con volar, hasta que al cabo del tiempo la persona es capaz de hacerlo. Dado que era cristiana, pasamos también tiempo hablando del lugar que Dios ocupaba en todo esto.

«¿No está consciente —le dije—, de que él está con usted en todas partes? Algunas de las últimas palabras de Jesús fueron: "Estoy con ustedes siempre"».

«No —sonrió—. Lo que realmente dijo fue: "Y les aseguro que estaré con ustedes siempre"».

No hay límite para su presencia. No hay lugar al que podamos ir, ni actividad en la que nos involucremos, en los que Dios no esté observándonos. «Cuando cruces las aguas, yo estaré contigo».

Pero el temor trata de convencernos de que no es así. El temor ha creado más herejías prácticas que todas las que ha propiciado la mala teología, pues nos hace vivir como si sirviéramos a un Dios limitado, finito, parcialmente presente y semicompetente.

Recuerdo a una mujer que se enredó en una relación con un hombre consciente de que no hacía lo correcto. Él tenía varias tendencias pecaminosas no resueltas. Ella sabía lo que arriesgaba. Pero si terminaba con él, quedaría sola. No pensaba que podría tratar con eso, así que se casó con él. Ahora está más sola que cuando era soltera.

¿Qué la mantuvo en esa relación de la que *sabía* debía liberarse? El temor.

Temía que Dios no fuera capaz de protegerla de la insoportable soledad.

Ahora se dirigía a una montaña de remordimiento preguntándose: «¿Y si hubiera confiado en él?»

Nunca sabrás si Dios es confiable a menos que te arriesgues a obedecerlo. Cuando llegues al final de tu vida, todos esos «Y si...» se convierten en «lo que habría pasado».

¿Qué habría pasado si hubiera confiado en Dios?

Si cedes ante un estado mental de temor y quedas al final de tu vida pasando el tiempo en un cómodo sillón frente a un televisor, seguramente pensarás: *¿Qué habría pasado? Si hubiera confiado en Dios, ¿qué habría hecho? ¿En qué me habría convertido?*

El precio a pagar es demasiado alto.

El temor se transmite de generación a generación

Los investigadores en el campo de las ciencias sociales dicen que somos la cultura más preocupada que jamás ha vivido. La expectativa de vida aumentó en el siglo pasado. Podemos curar más enfermedades que nunca. NINGÚN GRUPO HUMANO HA DISFRUTADO TANTA SALUD Y, SIN EMBARGO, HA ESTADO MÁS PREOCUPADO POR ELLA.. Pasamos el tiempo leyendo artículos que describen qué tan enfermos estamos.

NINGÚN GRUPO HUMANO HA DISFRUTADO TANTA SALUD Y, SIN EMBARGO, HA ESTADO MÁS PREOCUPADO POR ELLA.

El periodista Bob Garfield le siguió la pista a la salud en el *Washington Post, USA Today* y el *New York Times* y descubrió que, de acuerdo a los expertos:
—59 millones de estadounidenses sufren enfermedades cardiacas
—52 millones sufren migraña
—25 millones sufren osteoporosis
—16 millones luchan con la obesidad
—3 millones sufren cáncer
—12 millones sufren desórdenes severos como las lesiones cerebrales...

El resultado es que 543 millones de estadounidenses están seriamente enfermos, lo cual es impactante en un país con 266 millones de habitantes. Como lo anota Garfield: «O como sociedad estamos malditos o alguien está repitiendo seriamente su turno».

Leonard Sweet afirma:

> El asunto del temor está dominando nuestra necesidad de seguridad. Simplemente observe nuestros autos y vea el asunto de la seguridad en acción. Antes que nada, instalamos cinturones de seguridad. Luego cinturones para los hombros. Después inventamos artefactos para colocarlos juntos. Más tarde convertimos el arnés del hombro en una boa constrictor que nos clava a nuestros asientos y no nos deja movernos. Luego instalamos bolsas de aire. Muy pronto estaremos transportándonos en malvaviscos gigantes.

Los medios de comunicación nos asustan puesto que el temor vende.

A menudo, se establecen agencias nuevas de gobierno para que los fondos que se recaban constantemente dependan de la percepción pública de que nos están protegiendo de riesgos temibles. Además, muchos de nosotros aprendimos sobre el temor en nuestras familias. ¿Qué es lo que mamita decía cuando salías de la casa para ir a la escuela? Es rara la mamá que dice: «Arriésgate hoy. Aférrate al peligro. Mira solo a un lado de la calle cuando cruces». Casi siempre el consejo maternal sigue la línea de: «Ten cuidado. Te puedes lastimar. No juegues con esa vara, le puedes sacar el ojo a alguien».

En toda tu existencia, ¿has conocido a alguien que haya perdido el ojo por jugar con varas? Fuimos criados para tener miedo.

Para los padres esto puede ser la peor parte de todas. Sus esperanzas, sueños y llamados son lisiados por los temores distorsionados y por la preocupación. De igual manera, estarás limitando las esperanzas, sueños y llamados de tus hijos. Ellos aprenden de ti que la única forma de andar por la vida es con ansiedad y temor.

Por otro lado, el temor no es la única cosa que se contagia. También la confianza. La fe audaz también se contagia.

Hace algún tiempo me llevé a mi hijo, entonces de diez años, a volar en un paracaídas que se ata a un bote y se eleva mientras este lo hala por el mar. El capitán del bote dijo que podía ascender a 130, 200 o casi 300 metros. «¿A qué altura de la superficie quiere volar?»

Era una diferencia muy grande, así que le pedí que se quedara a unos 130 metros.

Luego mi hijo me comentó que sintió un poco de temor. Me impactó el hecho de que si a su edad me hubieran levantado a 300 metros sobre un profundo lago, me hubiera hecho tragar saliva dos veces. Quería librar del temor a mi hijo, así que repasamos las opciones.

Lo pensó por unos minutos y finalmente se decidió: «Voy subir hasta 300 metros. Puede que me dé miedo al principio, pero voy a hacerlo porque el riesgo solamente dura unos minutos. Una vez que acabe, la experiencia me quedará para siempre».

Me parece que si Dios tuviera algo que decirte en este momento, sería esto: *El paseo solo dura pocos minutos. «El hombre es como la hierba, sus días florecen como la flor del campo: sacudida por*

*el viento, desaparece sin dejar rastro alguno». En el eterno y vasto
esquema universal, tu vida es más breve de lo que jamás te imagi-
narás.*

  Pero todo lo que hagas en fe,
  Cada vez que confíes en mí,
  Siempre que actúes en audaz obediencia y saltes en respuesta a
mi invitación,
  Eso lo poseerás para siempre.
  Vamos. Salta.

SAL DE LA BARCA

1. En una escala del 1 al 10 en la materia «Administración de
   Temor», ¿cómo te calificarías entre 1 («A menudo me paraliza
   el temor») y 10 («Casi nunca dejo que el temor me detenga»)?
2. ¿Qué lecciones aprendiste sobre el temor mientras crecías?
   ¿Era tu familia muy atrevida o muy temerosa?
3. ¿Cuál es tu temor más grande?
4. ¿Cuál de los «altos precios del temor» sientes más cercano?
5. ¿Qué paso puedes dar hoy «aunque sientas temor de darlo»?

CAPÍTULO 7

—Ven —dijo Jesús. Pedro entonces bajó de la barca y comenzó a caminar sobre el agua en dirección a Jesús. Pero al sentir el viento fuerte, tuvo miedo y comenzó a hundirse. Entonces gritó: —¡Señor, sálvame! En seguida Jesús le tendió la mano y, sujetándolo, lo reprendió: —¡Hombre de poca fe! ¿Por qué dudaste?
MATEO 14:29-31

COMO QUE TE HUNDES

Aquel que no ha fracasado en algo, tal hombre, no puede ser grande. El fracaso es la prueba de la grandeza.

Herman Melville

Nuestra motivación para dominar las situaciones y crecer parece comenzar en la cuna. Cuando una de nuestras hijas era muy pequeña (y a quien llamábamos de cariño «May-May»), su frase favorita era «May-May lo hace solita» y la repetía siempre que la gente le ofrecía ayuda que ella no solicitaba. Podríamos apostar que la repitió miles de veces. Quería estar en medio de la acción. Le gustaba más conocer la emoción del intento aun cuando terminara en fracaso, que tener un resultado garantizado a costa de la pasividad y la aventura.

Al tratar de caminar se estrellaba contra varias cosas e intentábamos ayudarla. Pero nos despedía y alejaba con la misma frase: *May-May lo hace solita.*

No había crecido mucho cuando comenzó a montar en bicicleta y a estrellarse contra varias cosas. Cuando queríamos ayudarla... *May-May lo hace solita.*

Me asusta saber que pronto May-May va a tener edad para manejar un auto y, como conocemos el patrón, sé qué nos va a decir.

Cuando somos jóvenes, el fracaso parece no afectarnos mucho. Ningún niño de un año de edad, luego de tropezarse cuando intenta caminar, se dice a sí mismo: *Bueno, pero ¡qué torpe y tonto soy! Creo que no nací para caminar. Por supuesto que no quiero que nadie más me vea caer. Prefiero quedarme gateando por el resto de mi vida a exponerme a esa experiencia otra vez.* Los niños están perfectamente conformes con su inestabilidad y lidian con las caídas mientras aprenden a caminar. Por eso, en inglés, se les llama niños que dan los primeros pasos o que caminan con paso inseguro [*toddlers*]. Eso es todo lo que son capaces de hacer. *Están preparados para* caminar con inseguridad.

Sin embargo, conforme vamos creciendo, parece que también aumenta nuestro temor a caer. Preferimos evitar caer que aprender a caminar.

Pedro caminaba sobre el agua con paso inseguro. Sus pasos, al igual que su fe, eran inciertos. Estuvo dispuesto a arriesgarse al fracaso por causa de la aventura de confiar completamente en Jesús. Y, en ese momento, Jesús no iba a usar el fracaso de Pedro como pretexto para descartarlo. Él tomó en serio la fe del apóstol, que tenía al fin y al cabo algunas lecciones por aprender, pero comienza rescatándolo. Como lo anota Dale Bruner, Jesús amonesta a Pedro; diagnostica el área problemática. Por fortuna, sin embargo, «Jesús lo rescata antes de regañarlo». Tanto su rescate *como* su reprimenda son evidencias del amor del Señor por Pedro.

Creo que esta es una de las preguntas más importantes de la vida: *¿Por qué el fracaso es energizante para algunas personas, mientras que para otras es paralizante?*

Todos experimentamos el fracaso y a nadie le agrada. Pero para algunas personas este se convierte en un tipo de aguijón que los empuja al nuevo aprendizaje, a una persistencia más profunda, a un compromiso más vigoroso o a tener un corazón más valiente. Para otros, el fracaso produce derrota total, una sensación de desaliento, pérdida de la esperanza, deseo de esconderse y una resolución secreta para no volver a salir de la barca nunca más.

La percepción y las reacciones de la gente al fracaso hacen una enorme diferencia en sus vidas, una mayor que la que hacen juntos el coeficiente intelectual, el atractivo físico, el encanto y los activos financieros. Los que son capaces de aprender del fracaso, conservando una noción profunda de su propio valor y ordenando la motivación para tratar de nuevo, se hacen maestros administrando el fracaso. El sicólogo Daniel Goleman se refiere a varios estudios que identifican a los más destacados en todas las áreas, desde el atletismo hasta la música. Los que los diferencia, nos dice, es la obstinación que proviene de ciertas «tendencias emocionales —el entusiasmo y la persistencia frente a los contratiempos—, por sobre cualquier otra cosa».

Para considerar esta tendencia, observemos un tiempo de fracaso en la vida de uno de los hombres más aventureros que han vivido, el rey David.

Las Escrituras relatan que, por un prolongado periodo de tiempo, David experimentó una cadena de brillantes sucesos. Fue ungido por Samuel como rey de Israel. Cuando era muchacho derrotó al más formidable enemigo de Israel, Goliat. El rey Saúl lo seleccionó como guerrero y como músico. El ejército lo amaba, la gente escribió canciones sobre él: «Saúl mató a sus miles, David a sus diez miles».

David supo lo que era caminar sobre el agua. Confió en Dios y, por un largo tiempo, todo lo que tocó se convirtió en oro. Iba de camino a palacio.

Luego ocurrió algo extraño. Una por una todas esas cosas maravillosas que se le otorgaron le fueron arrebatas. David perdió su empleo. Había sido ascendido de pastor a músico de la corte y de ahí a guerrero, el oficial más exitoso del ejército. Pero Saúl tuvo celos. Comenzó a arrojar lanzas y David perdió el empleo. Con él, también perdió su salario y su seguridad. No serviría en el ejército de Saúl otra vez.

Después, perdió a su esposa. Se había casado con la hija de Saúl, Mical, pero este envió soldados para matar a David. Mical lo ayudó a escapar, pero regresó con su padre Saúl y terminó casada con alguien más. (Luego David la volvió a tomar como esposa, como se lee en 2 Samuel 3, ¡sí que tenían extrañas costumbres matrimoniales en esos días!)

Así que David huyó a Ramá, donde vivía Samuel, su mentor espiritual. Samuel fue quien lo ungió cuando David era joven. Fue el que le aseguró a David la presencia de Dios en su vida. Samuel fue a través de quien Dios le habló a David. Samuel, David lo sabía, era una persona segura.

Pero Saúl oyó a dónde se dirigía David y envió soldados para perseguirlo. David tuvo que escapar otra vez y Samuel no pudo acompañarlo, pues era un anciano. En efecto, Samuel murió poco después.

Luego, David corrió hacia su mejor amigo, Jonatán, que se había enfrentado a su padre, Saúl, arriesgando su vida por causa de su amigo. Pero Jonatán no dejó el palacio. No podía —ni lo haría— levantar espada contra su propio padre. Así que, una vez más, David estaba solo y tenía que huir para preservar su vida.

Su empleo y matrimonio terminaron en fracaso, su mentor muerto, su mejor amigo había salido de su vida. Luego, todo empeoró.

David huyó de su hogar hacia Gat, pueblo natal del difunto gigante Goliat. No tenía ningún lugar a donde ir excepto a los filisteos, sus enemigos mortales. Este movimiento no resultó más exitoso que los otros. David

se preocupó y tuvo mucho miedo de Aquis, rey de Gat. Por lo tanto, cuando estaban por apresarlo, fingió perder la razón y, en público, comenzó a portarse como un loco, haciendo garabatos en las puertas y dejando que la saliva le corriera por la barba. Aquis dijo entonces a sus oficiales: —¿Pero qué, no se fijan? ¡Ese hombre está loco! ¿Para qué me lo traen? ¿Acaso me hacen falta más locos, que encima me traen a éste para hacer sus locuras en mi presencia? ¡Sáquenlo de mi palacio!

Luego de fracasar tratando de encontrar refugio en Gat, David huyó una vez más. «David se fue de Gat y huyó a la cueva de Adulán».

LA CUEVA LLAMADA FRACASO

Aun cuando una vez David tuvo riqueza, poder, fama, amigos, seguridad y lo que creyó un futuro garantizado, ahora huía por su vida viviendo en una cueva.

Estaba en la cueva de Adulán, pero podemos pensar que se llamaba Fracaso. La cueva es donde terminas cuando tus utilerías, soportes y muletas te son arrebatados. La cueva es donde te hallas cuando —pensando que estabas por hacer grandes cosas como tener una gran familia o dirigirte firmemente a donde nadie se había dirigido antes—, se hace claro que las cosas no saldrán como las soñaste. Quizás estés en la cueva debido a decisiones necias. Tal vez es el resultado de circunstancias que no pudiste controlar. Lo más probable es que sea una combinación de ambas cosas.

Quizás te encuentres en la cueva en este momento—
Tal vez se debe a que perdiste tu empleo o estás bajo presiones financieras. Es probable que tus sueños acerca de tu vida familiar no se hayan realizado. Tal vez debido a que has perdido a un mentor o a tu mejor amigo; tenías una relación con la que podías contar y ahora se ha perdido. Tal vez se debe a una condición física, tal vez has perdido tu salud. O, simplemente, estás solo.

Cualquiera que sea la razón, estás en la cueva.

Si no estás ahí en este momento, espera un poco. Llegarás. Nadie planea terminar en la cueva pero, tarde o temprano, todos tenemos que cumplir un tiempo ahí.

Lo más difícil de estar allí es que comienzas a preguntarte si es que Dios te ha perdido la pista. ¿Olvidaría sus promesas? ¿Recuerda dónde estoy? ¿Saldré algún día de esta cueva? ¿Moriré aquí?

Hay otra gran cosa que debes saber. La cueva es el lugar en el que Dios hace su mejor obra al modelar y formar vidas humanas. Algunas veces, cuando todas las muletas de tu vida te son arrebatadas y te das cuenta de que solo tienes a Dios, descubres que él es suficiente. Otras veces, cuando tus peores temores de incapacidad son confirmados y descubres que realmente estás jugando en una liga que no te corresponde, experimentas la liberación de percatarte de que está bien ser incapaz y de que Dios quiere que su poder fluya a través de tu debilidad.

Algunas veces la cueva es el lugar donde te encuentras con Dios, pues él hace algunas de sus mejores obras en las cuevas.

David conoció el fracaso. Pasó cerca de diez años de su vida en el desierto durante su huida. Desde una perspectiva humana, parecería que las promesas que Dios le hizo nunca se harían realidad.

Pero no estuvo totalmente solo. Lo acompañaron varias personas y formaron una pequeña comunidad. Pero no conformaban un grupo muy prometedor. «Además, se le unieron muchos otros que estaban en apuros, cargados de deudas o amargados. Así, llegó a tener bajo su mando a unos cuatrocientos hombres». David no trabajó con la crema y nata de la sociedad; más bien se trataba de personas en bancarrota y agitadores. Él y su variopinto grupo establecieron una especie de comunidad de refugiados en una aldea llamada Siclag. Se habían unido a sus mujeres y habían iniciado familias, acometiendo periódicamente contra otras aldeas.

Un día regresaron a casa y descubrieron que su aldea había desaparecido. Siclag fue saqueada y se llevaron a sus hijos y esposas. Se nos relata que David y su pueblo levantaron sus voces y lloraron «hasta quedar sin fuerzas».

¿Has llorado alguna vez de esa manera? ¿Hasta que no te quedan más lágrimas que llorar? ¿Hasta que tu cuerpo está tan exhausto que ni siquiera te quedan energías para llorar? David conoció ese tipo de lágrimas.

Eso ya es bastante malo, pero para David las cosas todavía podían ponerse peor. El lamento de sus hombres se tornó en ira, y su ira se volvió hacia David. (Recuerda que, después de todo, no se trataba de graduados de una escuela de motivación y superación personal como la de Dale Carnegie.) «David se alarmó, pues la tropa hablaba de apedrearlo; y es que todos se sentían amargados por la pérdida de sus hijos e hijas».

Entonces aparece una de las grandes afirmaciones de la Escritura: Pero David «cobró ánimo y puso su confianza en el SEÑOR su Dios».

Este es un gran secreto de la vida espiritual. Cuando cualquier otra fuente se ha agotado, cuando toda utilería ha sido quitada de debajo de él y toda muleta ha sido arrebatada, CUANDO ALCANZÓ EL PUNTO DEL FRACASO TOTAL, DAVID SE ANIMÓ A SÍ MISMO EN EL SEÑOR.

CUANDO ALCANZÓ EL PUNTO DEL FRACASO TOTAL, DAVID SE ANIMÓ A SÍ MISMO EN EL SEÑOR.

¿Cómo ocurre esto? ¿Cómo es que las personas que están viviendo en la cueva del fracaso encuentran fortaleza para aventurarse a salir? Consideremos lo que involucra el arte de recibir ánimo divino.

Creo que el punto inicial para tratar el fracaso es encarar con sinceridad y dar nombre a nuestro desánimo. Aquí es donde comienza David. Esto es lo que leemos en el Salmo 142, que se describe en su subtítulo como «Masquil de David, cuando estaba en la cueva». El salmo se asoció con esta era de la vida de David; fue el clamor de su corazón cuando se sintió destruido por el fracaso. Este es un salmo para los habitantes de la cueva.

A voz en cuello, al SEÑOR le pido ayuda;
a voz en cuello, al SEÑOR le pido compasión.
Ante él expongo mis quejas;
ante él expreso mis angustias.

¿Eres capaz de quejarte? ¿Has descubierto que, en efecto, este es tu don espiritual? Si puedes quejarte, puedes dar este paso. Los eruditos en Antiguo Testamento nos dicen que hay diferentes tipos de salmos. Algunos son denominados salmos de acción de gracias, otros son salmos de entronización, otros salmos sapienciales, etcétera. Pero la categoría más popular es denominada salmos de lamento. El salmo más frecuente trata de alguien quejándose ante Dios. Y, aparentemente, Dios no se desanima por esto en lo absoluto. Dios le permite a la gente hacerlo, es más, lo estimula. Eso es lo que hizo David en la cueva. Se mantuvo callado lo suficiente delante del Señor como para llegar al fondo de su dolor y desánimo. Lo sintió en sus entrañas.

Sin embargo, mucha gente nunca tiene el valor para hacer esto. Por el contrario, buscan sepultar su desánimo en lo más profundo de su interior. Se visten de un exterior estoico. Dibujan unas cuantas sonrisas pero, al hacer eso, evitan experimentar el dolor interno.

En nuestros días, el fracaso a menudo trae consigo bochorno. Vergüenza no solo de haber experimentado el fracaso, sino de *ser* un fracaso. Encarar este sentimiento es una de las cosas más difíciles que puede hacer un ser humano.

Visité el cementerio en donde Shakespeare fue sepultado en Stratfor-upon-Avon. Su cuerpo reposa a seis metros bajo tierra en vez de los habituales dos, con el objeto de asegurarse de que nadie lo extrajera de nuevo. Me he dado cuenta de que algunas veces hago lo mismo con mi propia noción del fracaso. Durante mis años de estudiante opté a un cargo en mi grupo y perdí. La necesidad de tener una popular imagen de líder en mi grupo fue destruida; sentí vergüenza total y deseé no haberme postulado jamás. Pero no hablo de esto con nadie. Ni siquiera gasto tiempo o esfuerzo en mirar a lo profundo de mi ser para preguntarme por qué me duele o qué lección pude haber aprendido. Simplemente quiero dejar eso a seis metros bajo tierra.

Solicité un puesto en la universidad, pero tampoco lo obtuve. Jugué la final de un torneo de tenis que había soñado ganar, contra un jugador que sabía que podía vencer, y perdí. Alcancé una meta vocacional anhelada, pero me quedó grande.

Lo que más lamento al recordar esas experiencias no es que fracasé. Más bien, lamento sentir el dolor del fracaso tan intensamente que me reprimí de poseerlo y aprender de él para no sanar y seguir adelante. Quise sepultarlo tan hondo que nadie pudiera notar que estaba allí, ni siquiera yo. Así que he necesitado aprender a orar el salmo del lamento.

Cuando soy sincero con esto y comienzo a explorar bajo la superficie, descubro que mucho del dolor del fracaso no es solamente que no logré algo, sino lo que otras personas pueden *pensar* de mí al fracasar.

Una vez, un hombre llamado Elías estaba en una cueva. En toda la extensión de la definición, él había sido un profeta extremadamente exitoso, habiéndose hecho cargo de cuatrocientos opositores y un rey malvado y dando predicciones climatológicas exactas. Pero la oposición de una sola reina desencadenó algo en él. Tal vez había estado bajo el influjo de la adrenalina demasiado tiempo; tal vez su fe era demasiado débil. En todo caso, de repente fue atrapado por un temor que no pudo controlar; estaba seguro de que había fracasado: «¡Estoy harto, SEÑOR! —protestó—. Quítame la vida, pues no soy mejor que mis antepasados».

Pero Dios no le quitó la vida. Él tenía un plan para Elías posteriormente. Quizás no le preocupaba que Elías fuera mejor que sus ancestros. En todo caso, Dios fue muy tierno, hizo que un ángel le cocinara un panecillo sobre carbones calientes (y aquí estoy tentado a decir algo sobre el origen del pastel de ángel) y dirigió a Elías a tomar una siesta. Después de todo, Dios trató a Elías así como tratarías a un pequeñito malhumorado: Come algo, duerme un poco y hablaremos cuando estés un poquito más compuesto. Otro día sigues tropezándote.

Elías fue de la montaña a la cueva y se le dijo que Dios pasaría por allí. (Como ya hemos visto, esta es la frase que indica una epifanía, es decir, una manifestación de Dios.) Luego de un gran viento, un terremoto y fuego, sobrevino un «suave murmullo». Luego vino todavía una voz pequeña, al Dios hacerle a Elías una maravillosa pregunta: «¿Qué haces aquí?» La mejor parte de la pregunta es que Dios no dijo: «¿Qué haces *allí*?» Dios estaba en la cueva con él.

Me pregunto si Elías se sorprendió por eso. En momentos de gran éxito no es difícil creer que Dios está presente. Sospecho que cuando Elías desafió a los profetas de Baal y vio que fuego del cielo consumió la ofrenda y el altar en respuesta a una sola oración, supo que Dios estaba allí. Sospecho que cuando predijo el final de la sequía, cuando resucitó al hijo de la viuda, cuando se le adelantó al carro, cuando le advirtió al rey y se salió con la suya, sabía que Dios estaba con él.

Pero creo que quizás la cueva es el lugar más maravilloso de todos para percatarte de que Dios te ama. Si sabes realmente que Dios te ama cuando sientes el peso del fracaso, entonces no hay lugar en el que estés más allá de los confines de su cuidado.

Uno de los más grandes regalos que nos puede hacer el fracaso es reconocer que somos amados y valorados por Dios *precisamente cuando estamos en la cueva del fracaso.*

Fue en la cueva donde David clamó a Dios: «Tú eres mi refugio, mi porción en la tierra de los vivientes». Mientras mi noción de valioso y significativo esté relacionada con mi éxito, será frágil. Pero cuando sé hasta la médula de mis huesos que soy tan valorado y amado por Dios cuando quedo tendido de cara al suelo, *entonces* soy tomado por un amor más fuerte que el éxito *o* el fracaso.

Puedes arriesgarte a ser totalmente honesto con Dios por una razón muy importante: Dios nunca es un Dios de desánimo. Cuando tienes un espíritu desanimado o cuando un tren de desánimo cruza por tu mente, puedes estar seguro de que no proviene de Dios. En algunas ocasiones, él permite el dolor en sus hijos: la convicción de pecado o el arrepentimiento sobre la condición caída, o retos que nos atemorizan o visiones de su santidad que nos abruman. Pero Dios nunca trae desánimo. Todo el tiempo, su guía nos lleva a la motivación y a la vida.

Hace algún tiempo le pregunté a uno de mis mentores espirituales: «¿Cómo evalúa el bienestar de su alma? ¿Cómo mide su condición espiritual?»

Mi amigo me dijo que la primera pregunta que se hace es esta: *¿Me desanimo con más facilidad en estos días?* «Eso se debe a que —me dijo—, si camino cerca de Dios y si tengo esa sensación de que está conmigo, los problemas pierden su capacidad de dañar mi espíritu».

Actúa

El siguiente paso de David fue pedirle al sacerdote que le trajera el efod, una vestimenta sagrada utilizada originalmente por este último mientras ministraba en el santuario, para que pudiera saber de parte del Señor qué hacer luego. El efod era un recordatorio de la presencia de Dios. La Escritura nos recuerda aquí que David, al igual que Pedro cuando salió de la barca, está buscando discernir cuál es la voluntad de Dios. David también quiere establecer la diferencia entre la fe y la necedad.

David recibió un mensaje muy claro del efod: «Persíguelos —le respondió el Señor —. Vas a alcanzarlos, y rescatarás a los cautivos». Así que actuó y, al hacerlo, rescató a su comunidad y recuperó su liderazgo.

Actuar es algo muy poderoso. La razón por la que mucha gente se paraliza con el desánimo es porque no dedican el tiempo ni la energía para entender lo que estuvo involucrado en primer lugar con el fracaso y entonces se equivocan al actuar en dirección al cambio. Esperan que alguna fuerza o persona exterior los rescate cuando Dios está llamándolos a actuar.

En cualquier área en la que le preocupe a usted el fracaso, lo único más destructivo que usted puede hacer es *nada*. El psicólogo David Burns escribe acerca de lo que él denomina el ciclo del letargo: Cuando me enfrento a un reto y no hago nada, eso me conduce a pensamientos distorsionados respecto a que estoy desamparado, sin esperanza y muy lejos de cambiar. Estos, a su vez, me conducen a emociones destructivas, como la pérdida de la energía y la motivación, una autoestima lesionada y a un sentimiento sobrecogedor. El resultado final es una conducta derrotista, dejar las cosas para después, evitarlas y escapar de ellas. Estas conductas luego refuerzan los pensamientos negativos y el ciclo entero continúa en una espiral descendente.

Las buenas noticias son que Dios nos hizo de tal manera que dar un simple paso puede ser extremadamente poderoso para quitarle poder al fracaso. Tomemos como ejemplo el fracaso matrimonial. El sicólogo Neil Warren afirma que no hay nada que mate más al matrimonio que la falta de esperanza. Cuando esta fallece, muere la motivación para el cambio y dejas de intentarlo. En ese punto, la muerte del matrimonio es solo cuestión de tiempo.

Warren recomienda concentrarse en un área de su matrimonio en la que se sienta desanimado y se ponga por objetivo mejorar solo un diez por ciento en un lapso de doce meses. Si puede mejorar ese porcentaje (lo cual no es una meta muy grande), logrará obtener algo mucho más importante: esperanza.

Muchas parejas se acercan a él desanimadas por causa de su vida sexual. Warren comenta que es ahí donde a menudo las expectativas se desconectan. Muchos esposos quieren tener relaciones sexuales en las mañanas; muchas mujeres quieren tener relaciones sexuales en... junio. Si una pareja experimenta cualquier mejora notable como resultado de sus esfuerzos, aprenden que estos valen la pena. No son víctimas impotentes. Nace la esperanza. Y la esperanza siempre triunfa sobre el desánimo.

La alternativa a actuar es la pasividad y la resignación. Uno de los amigos de Winnie Pooh es un burrito pesimista llamado Igor, que siempre encara la vida de esta forma. Renuncie a la esperanza y prevenga así el dolor del desánimo. Este curso de acción debió ser tentador para David en algunos momentos: *Creo que simplemente viviré en una cueva por el resto de mi vida. Simplemente dejaré al rey Saúl. No me sorprende que las cosas no salieron bien.*

Pero puedes estar seguro de que esta no es la voluntad de Dios para tu vida. ¡Dios *nunca* es un Dios de desánimo! El fracaso puede ser un tremendo motivador. Cuando me permito experimentar el dolor que produce, me puede conducir a hacer cambios que me llevarán a un nuevo aprendizaje.

En algunas ocasiones, el fracaso simplemente involucra nuestra falta de persistencia cuando debemos continuar tratando. Gilbert Brim nos recuerda que cinco de los libros mejor vendidos del siglo veinte fueron rechazados por más de una docena de casas editoriales antes de ser finalmente aceptados: M*A*S*H, de Richard Hooker, fue rechazado por más de veinte editoriales; *Kon-Tiki*, de Thor Heyerdahl, por veinte; *Juan Salvador Gaviota,* de Richard Back, por dieciocho (en gran parte porque los editores erróneamente entendieron que se trataba de un libro para niños); *Tía Mame*, de Patrick Dennis, por diecisiete; y el que estableció el récord para este grupo, el primer libro del Dr. Seuss: *Y pensar que lo vi en la calle Mulberry* [And to Think That I Saw It on Mulberry Street], por un increíble total de veintitrés rechazos.

Parker Palmer escribe acerca de un tiempo en su vida en el que experimentó la cueva de la depresión profunda. Su acción fue experimentar un programa llamado Outward Bound [Destino Exterior].

Escogí el curso de una semana en la isla Huracán, frente a la costa del estado de Maine. Debí haber sabido, por ese nombre, lo que me esperaba; la próxima vez me inscribiré en Jardines de Gozo o en Valle Placentero...

Para la mitad de la semana enfrenté el desafío que más temía. Uno de nuestros instructores me seleccionó para que fuera a la orilla de un acantilado de casi cuarenta metros sobre la roca sólida. Ató una cuerda muy delgada a mi cintura, un poco descuidada y comenzando a deshilacharse, y me dijo que empezara a descender por el acantilado.

—¿Que haga qué? —pregunté.

—¡Solo descienda! —explicó el instructor, al típico estilo de Outward Bound. Así que comencé a bajar y al instante me golpeé contra un saliente, como a un metro de la orilla del acantilado, con una fuerza quiebra huesos y quiebra cráneos.

El instructor me miró:

—Creo que no has entendido.

—Cierto —le dije, ya que no estaba en posición de discutir con él—. Entonces, ¿qué se supone que debo hacer?

—La única forma de hacer esto —me dijo—, es impulsarse tan lejos como puedas. Tienes que mantener tu cuerpo en ángulo recto con respecto al acantilado para que tu peso se concentre en tus pies. Va en contra de nuestra intuición, pero es la única manera en la que se puede hacer.

Por supuesto, yo sabía que él estaba equivocado. Sabía que el truco era abrazar la montaña y estar tan cerca de la roca como me fuera posible. Así que intenté otra vez, a mi manera. Y me volví a golpear con el saliente siguiente, otro metro más abajo.

—Todavía no lo logras —me dijo el instructor, *ayudándome*.

—Muy bien —dije—, dime otra vez qué es lo que se supone que haga.

—Impúlsate hacia atrás —me dijo—, y da el siguiente paso.

El siguiente paso fue muy grande, pero lo di y, maravilloso, resultó. Me impulsé al espacio, mis ojos se fijaron en el cielo en oración, hice movimientos pequeñitos con mis pies y comencé a descender la roca del acantilado, ganando confianza con cada paso.

Iba como a mitad de camino cuando la segunda instructora me gritó desde abajo:

—Parker, creo que es mejor que te detengas y veas qué hay bajo tus pies.

Bajé mi vista muy lentamente y noté que me estaba aproximando a un gran agujero en la roca.

Para bajar, tendría que haber rodeado ese agujero, lo que significaría no mantener la línea recta de descenso con la que me había comenzado a sentir cómodo. Tenía que haber cambiado el curso y columpiarme alrededor del agujero. Sabía con total certeza que intentar eso me conduciría directamente a la muerte, así que me congelé, paralizado de temor.

La segunda instructora me dejó estar ahí colgado, temblando, en silencio, por lo que pareció un largo tiempo. Finalmente, me gritó estas útiles palabras:

—Parker, ¿ocurre algo malo?

Hasta el día de hoy sigo sin saber de dónde salieron mis palabras, aunque tengo doce testigos de que las dije. En una voz alta y chillona, dije:

—No quiero hablar de eso.

—Entonces —dijo la segunda instructora—, es momento de que aprendas el lema de Outward Bound.

Vaya entusiasmo, pensé. *Estoy a punto de morir y ¡ella me quiere enseñar un lema!*

Pero entonces me gritó cinco palabras que espero no olvidar nunca. Cinco palabras de las que todavía puedo sentir su impacto y significado:

—Si no puedes salirte, ¡métete!

Esta es tu vida y estos son *tus* fracasos. Ningún helicóptero va a venir a sacarte del peligro. Ningún genio va a salir de una botella para rescatarte. Ningún borrador mágico hará que las cosas desaparezcan.

Esta es tu vida. No puedes salirte de ella. Así que métete en ella. Da un paso hacia la confianza en Dios en un área en la que sientas fracasar:

—Haz una llamada telefónica para confrontar una situación que has evitado

—Abre un libro para comenzar a estudiar para un proyecto que has estado obviando porque te parece que es abrumador

—Escribe una carta para comenzar a buscar un trabajo que significaría la realización de tu sueño

—Toma un curso para tratar de adquirir una habilidad nueva que te haga crecer de manera significativa.

Una pequeña acción a menudo vale lo que cien discursos enardecedores. Pero debes recordar algo: Debes estar dispuesto a fracasar.

En la película *Carros de Fuego,* el atleta inglés Harold Abrams compite en contra del campeón escocés Eric Liddell y pierde por primera vez en su vida. El dolor del fracaso es tan grande que decide que no correrá ni una vez más.

Su novia Cybil le dice:

Harold, esto es totalmente ridículo. Perdiste una carrera, no a un pariente. No murió nadie.

Harold murmura:

—Perdí.

—Lo sé. Estuve ahí. Recuerdo que te observé; fue maravilloso. *Estuviste* maravilloso. Él fue más maravilloso, eso es todo. Ese día ganó el mejor... Él estuvo a la cabeza, y no había nada que hacer. Ganó justamente».

—Bueno, se acabó —dice Abrams.

—Si no puedes soportar una derrota, quizá es lo mejor.

—No corro para soportar derrotas, ¡compito para ganar! —grita Harold— Si no gano, no corro.

Cybil se detiene y entonces le dice con firmeza:

—*Si no corres, no ganas.*

Correr la mejor carrera que puedas, dar todo lo que hay en ti y ganar es glorioso. Correr la carrera, dar lo mejor de ti y perder, es doloroso. Pero no es un fracaso. *Fracasar es rehusarse a correr la carrera.*

EL FRACASO COMO MAESTRO

La historia de Parker Palmer nos indica otra parte importante de la administración del fracaso: tomarse el tiempo y tener el valor de aprender del fracaso.

En un libro llamado *Arte y Temor* se muestra la indispensable manera en la que el fracaso está ligado al aprendizaje. Un maestro de cerámica dividió a sus alumnos en dos grupos. Uno sería calificado solamente por la cantidad de trabajo: veintidós kilos de cerámica serían una «A», cuarenta una «B», etc. El otro grupo sería calificado por la calidad. Los estudiantes en este equipo tenían que producir solo una vasija, pero más les valía que fuera buena. Sorprendentemente, las vasijas de la más alta calidad fueron producidas por el grupo de la cantidad. Parece ser que mientras que los alumnos del grupo de la cantidad producían vasijas en serie, aprendían continuamente de sus desastres y crecían como artistas. El grupo de la calidad se sentó a hacer teorías sobre la perfección y a preocuparse por esta, pero realmente nunca mejoraron. En apariencia, por lo menos en cuanto a orfebrería, intentar y fallar, aprender del fracaso, e intentar otra vez resulta mucho mejor que sentarse a esperar la perfección. Ninguna vasija, sin importar cuan mal hecha esté, es realmente un fracaso. Cada una es solo otro paso hacia la «A». Es un camino pavimentado con vasijas imperfectas. Pero no hay otro camino.

Pedro estaba en el grupo de la cantidad. Su caminar sobre el agua no fue una obra perfecta. Pero, una vez que la hizo, Jesús lo ayudó a aprender de su fracaso («¿Por qué dudaste, hombre de poca fe?»). Su fe no era material tipo «A» todavía. Pero, por lo menos, era un poco más fuerte que la de los otros once discípulos sentados en el grupo de la calidad. La próxima vez que saliera, la fe de Pedro sería un poco más fuerte.

La cueva es el lugar donde podemos aprender del fracaso y seguir los planes de Dios. Un día, Saúl llevó a trescientos soldados consigo para buscar a David. «Por el camino, llegó a un redil de ovejas; y como había una cueva en el lugar, entró allí para hacer sus necesidades». (El autor nos cuenta un poco más de lo que queremos saber, pero quiere que comprendamos la vulnerabilidad de Saúl en ese momento.) David y sus hombres estaban en el interior de esa misma cueva. Sus hombres le dijeron a David, en tantas palabras que «¡Este debe ser el día del que habló el Señor! Él ha entregado a Saúl en tus manos. Dios no quiere que seas infeliz y miserable en esta cueva. Puedes ser el rey. Un movimiento de tu espada puede hacer que todos tus sueños se hagan realidad».

David debió haber tenido muchos pensamientos tentadores: *Puedo salir de la cueva ahora mismo. No más escondites. No más fracaso. Podría ser el rey.* Pero no los llevó a cabo. Descubrió allí, en la cueva, que más que ser rey, quería pertenecerle a Dios. Prefería agradar a Dios y habitar una cueva que desagradarlo y sentarse en un trono.

A largo plazo, ser rey, logrando éxito externo, no era un sueño suficientemente grande para David. Tenía uno mayor: agradar a Dios.

Contrastemos lo que aprendió David con Willy Loman. Willy es el personaje principal en el libro de Arthur Miller *La muerte de un vendedor* [*Death of a Salesman*], una de las más grandes obras que se han escrito acerca del fracaso y los sueños no realizados. Willy invirtió toda su vida en lograr el sueño de convertirse en un vendedor irresistiblemente exitoso. Por lo tanto, vive en constante negación de sí mismo y duda entre la ilusión de que el mañana traerá el gran éxito y los momentos de desesperación en los que se siente totalmente inútil. Se tortura a sí mismo con la idea de que si fuera suficientemente persistente o si tuviese harta confianza en sí mismo, sería exitoso, lo cual concretaría la realización de sus sueños.

Si hubiese tenido el valor para enfrentar por completo el dolor de su sensación de fracaso, si hubiera podido sentarse quieto por un tiempo ante la realidad de su vacuidad, Willy podría haber percibido que estaba tratando de realizar el sueño equivocado y de convertirse en alguien que no era. Al final, comete suicidio. Su hijo, Biff, percibe la verdad sobre su padre:

> Hubo muchos días lindos. Cuando regresaba de un viaje; o los domingos, haciendo la entrada; acabando la cava; colocando el porche nuevo ... ¿Sabes algo, Charlie? La entrada del frente tiene más de él que lo que hay en todas las ventas que hizo ... Tuvo sueños equivocados. Total, totalmente equivocados ... Nunca supo quién era.

La cueva del fracaso ofrece una valiosa oportunidad para aprender. Sin embargo, debemos estar dispuestos a hacer preguntas valientes:

—¿Busco realizar los sueños correctos?

—Lo que busco realizar, ¿es consecuente con el llamado de Dios para mi vida?

—¿Estoy operando en base a lo que Dios hizo de mí o a lo que mi propia necesidad de parecer importante y significativo exige?

—¿Estoy dispuesto a permanecer en la cueva si eso significa ser honesto con Dios?

ENCUENTRA EL MÁXIMO REFUGIO

En la cueva, David le dice a Dios: «Tú eres mi refugio». Por supuesto, conocemos el resto de la historia. Sabemos que David no murió allí. Sabemos que le esperaba una corona. Pero él no lo sabía. Todo lo que sabía era que la cueva era lo mejor que podía aspirar. Pero ahí hace un descubrimiento: tiene un refugio.

En algunas ocasiones, estás en una cueva y no hay acción humana que pueda sacarte de ahí. Hay algo que no puedes arreglar, sanar o de lo que puedas escapar y todo lo que puedes hacer es confiar en Dios. Encontrar el máximo refugio en Dios significa que te sumerges en su presencia, tan convencido de su bondad y tan sometido a su señorío, que te percatas de que aun la cueva es un lugar perfectamente seguro porque ahí está él contigo.

Un amigo mío, que estudió sicología en la misma universidad que yo, quería casarse. Emocionalmente era bastante sano, pero le atraían mujeres que no lo eran tanto. Esto lo desanimó por un tiempo. Estaba en la cueva de las salidas con mujeres. Cuando se convirtió en profesor universitario, solía enseñar sicología anormal con una variación: Ilustraba cada categoría general de la sicopatología describiendo a una de sus antiguas novias. Era una de las cátedras a las que asistía más gente en el recinto. Se rehusó a hacer una elección necia; simplemente esperó con paciencia en Dios.

Recuerdo cuando al fin conoció a la joven que se convertiría en su esposa. Era una cristiana comprometida y fuerte, además de una persona emocionalmente saludable con extraordinarias capacidades para relacionarse con otros. Al igual que él, ella ostenta un doctorado en filosofía en sicología clínica. Mi amigo salió de la cueva. Pero no era la última vez que se encontraría ahí.

Luego que contrajeron matrimonio, los dos anhelaban fervientemente tener hijos. Sin embargo, ella contrajo cáncer de pecho y parecía que nunca tendrían hijos. Era hora de la cueva otra vez. ¡Pero se recuperó! Su tiempo en la cueva terminó. Al cabo del tiempo tuvieron a una hermosa bebita.

Me mudé a otra parte del país. Después de unos años, tuvieron otro hijo. Entonces recibí una llamada telefónica. Luego de siete años, el cáncer retornó. Esta vez estaba en sus huesos y era inoperable. En la grabación de mi máquina contestadora, cuando dejó el mensaje, junto con el dolor, la ansiedad y el miedo, expresó esto: «Nunca había sentido la presencia de Dios tan fuerte como ahora, ni había estado más segura de la bondad de él». Algunas veces la cueva no tiene salida. En esas ocasiones, todo lo que puedes hacer es encontrar refugio en Dios. Luego, te das cuenta de que Dios sabe de cuevas, porque Jesús sufrió como nosotros y por nosotros. El Hijo de David entendió esa sensación de hundirse aun más que David. Nadie descendió jamás en la forma en que Jesús lo hizo.

El Hijo de David también perdió su posición, su estatus como maestro, su seguridad y sus garantías. Perdió no solo a su mejor amigo, sino a todos ellos, a pesar de sus enseñanzas y advertencias. Fue a la cruz y murió. Todos sus sueños propios y los que inspiró, parecieron morir con él. Lo que comenzó como un brillante éxito terminó en un infame fracaso.

Y luego colocaron su cuerpo en una cueva. Ese fue el gran error. Su cuerpo estuvo allí durante tres días. Pero no pudieron mantenerlo allí. Olvidaron que DIOS HACE ALGUNAS DE SUS MEJORES OBRAS EN LAS CUEVAS. LA CUEVA ES EL LUGAR EN DONDE DIOS RESUCITA LAS COSAS MUERTAS.

No sé en qué cueva estás ahora.

Tal vez se trata de un empleo perdido. Quizás de un matrimonio fracasado. Es probable que sea un hijo a quien amas que te ha decepcionado. Tal vez los sueños que tenías para tus hijos parecen que nunca se realizarán. Quizás se ha hecho claro que el anhelo más grande de tu vida jamás verá la luz del día.

Tal vez no te encuentras en una cueva. O nunca has estado en una. Pero lo estarás.

Tarde o temprano, todos cumplimos un tiempo en la cueva. Así que cuando te llegue tu turno, simplemente recuerda una sola cosa: Dios hace algunas de sus mejores obras en las cuevas.

SAL DE LA BARCA

1. ¿Qué modelo de «administración de fracaso» te dieron tus padres y tu familia?
2. ¿Cuál dirías que es tu reacción más común ante el fracaso?

❑ Vergüenza

❑ Temor

❑ Determinación incrementada

❑ Negación

❑ Culpar a alguien más

❑ Otra

¿Por qué?

3. ¿ Cuál ha sido el fracaso más doloroso de tu vida? ¿Cómo te ha afectado?
4. ¿En qué área te detiene el fracaso hoy?
5. ¿Cuán experto eres en «cobrar ánimo en el Señor»? ¿Cómo podrías desarrollar tu habilidad para hacer esto con mayor eficiencia?

CAPÍTULO 8

En seguida Jesús le tendió la mano y, sujetándolo, lo reprendió: —
¡Hombre de poca fe! ¿Por qué dudaste?
MATEO 14:31

CONCÉNTRATE EN JESÚS

Cada uno de nosotros lleva una palabra en su corazón:
un «no» o un «sí».
MARTIN SELIGMAN

Todas las promesas que ha hecho Dios son «sí» en Cristo.
2 CORINTIOS 1:20

La primera vez que esquié fue en los Alpes Suizos. Un amigo mío, gerente de un campamento de deportes invernales, nos pagó el boleto de avión a mi esposa y a mí para volar desde Escocia, donde vivíamos con los escasos fondos obtenidos de una beca, y además pagó nuestros pasajes para ascender a la montaña. Luego de dos descensos por la pista del conejito, le dije a mi esposa, una ávida esquiadora, que estaba listo para algo más arriesgado. Nos montamos en una de las sillas de ascenso y rápidamente subimos a decenas de metros sobre el suelo. Como recordarás, a mi esposa no le gustan las alturas. Se aferró al tubo de metal que estaba entre nosotros como si fuera una boa constrictora.

«Amor —me dijo, parafraseando a Ken Davis—, te amo. Eres mi esposo y haría lo que fuera por ti. Pero, ¿ves este tubo? Este es *mi* tubo. Si lo tocas, conocerás al Señor en persona hoy mismo».

«No mires hacia abajo», le sugerí.

Bajamos de aquella silla y agarramos algo llamado una barra T para el ascenso final. Por desgracia, cuando ya casi estábamos en la cima de la montaña, nos caímos de la barra. Estuvimos tirados en la nieve por un rato, esperando a un San Bernardo que nunca llegó. Docenas de esquiadores pasaban zumbando a nuestro lado y gritándonos consejos en alemán. La única palabra que podía entender era «tontof».

Otra pareja cayó (o saltó junto a nosotros por lástima) en el mismo lugar. Hans hablaba un poco de inglés y nos guió durante una hora a través de la nieve, que nos llegaba a las caderas, hasta que alcanzamos la pista de esquí más cercana. La pista tenía la marca de un diamante negro con una calavera y unos huesos cruzados. Descendí de la montaña a un ángulo de más o menos ochenta y cinco grados.

Fue entonces cuando Hans me dio la única lección de esquí que he tenido en toda mi vida: «No mires hacia abajo —me dijo—. Te asustará la pendiente y te abrumará la distancia. Cuando los esquiadores novatos miran hacia abajo, les da pánico y, cuando encaran derecho una pendiente de esta inclinación…» Dio un silbido e hizo un ademán no muy alentador con su mano. Fue un vago recuerdo de la persona en «agonía de la derrota» del viejo programa de televisión *El ancho mundo del deporte*. «Solo recuerda una cosa: No mires hacia abajo».

«No mires hacia abajo» se convirtió en la regla número uno de mi vida. Ese día establecí un récord por la mayor cantidad de vueltas en zigzag. La gente que descendía me rebasaba, subía a la silla de ascenso y me rebasaba otra vez, solo para ver cuántas veces me daban la vuelta.

Sospecho que ejecuté el peor descenso en esquí que ese alpe en particular había visto. Ejecutando vueltas tipo barredora de nieve, hacía todo lo posible para llevarlas a cabo frente a niños pequeños para que, en caso necesario, ellos detuvieran mi caída.

Solo hice una cosa bien: nunca miré hacia abajo. No fue muy bonito pero pude llegar hasta el pie de la montaña.

Cuando Pedro caminó sobre el agua, no se nos dice en el texto si Jesús le dijo algo o no. Si lo hizo, me imagino que sería en el tono de *Pedro, hagas lo que hagas, no mires hacia abajo. Continúa, un pie luego del otro. ¡Piensa cosas simples! Solo recuerda que, hagas lo que hagas, no mires hacia abajo.* Me imagino que los ojos de

Pedro estaban fijos en Jesús y que, durante esta experiencia, la conciencia de la presencia de Jesús simplemente dominó la mente de Pedro. De tal maestro, tal discípulo. En todo caso, durante el tiempo que duró, Pedro caminó sobre el agua. Se nos dice entonces que ocurrieron tres cosas. El centro de su atención se desplazó de Jesús a la tormenta. Sintió el viento. Este cambio de atención dio lugar a un conjunto nuevo de pensamientos y sentimientos que se centraron en el pánico y la incapacidad. «Tuvo miedo». Esto, a su vez, interrumpió su capacidad de continuar caminando en el poder de Jesús. Comenzó a hundirse y clamó: «¡Señor, sálvame!»

Con esto me acuerdo de los personajes de dibujos animados que en ocasiones, sin darse cuenta, terminan corriendo en la orilla de un precipicio. Como Wily E. Coyote en los dibujos animados del Correcaminos. Por un momento él continúa moviendo las piernas y, de hecho, corre tan bien en el aire como lo hacía en la tierra. De repente, se da cuenta de que ya salió de la cima del precipicio. Le da pánico, toma en sus manos un pequeño cartel que dice *Sálvenme* y se desploma por cientos de metros a lo que sería la muerte segura de un coyote ordinario, pero eso nada más lo deja con unos cuantos raspones, que desaparecen en el siguiente cuadro. Aparentemente, no es salirse de la cima corriendo lo que lo hace caer. La caída se inicia cuando él *se da cuenta* de ello. Se le olvidó la regla número uno: No mires hacia abajo.

Cuando rescató a Pedro, Jesús le preguntó por qué dudó. Yo no creo que eso fue simplemente un ejercicio de consignar la culpa. Creo que, como todo buen maestro, Jesús en realidad quería que Pedro aprendiera de esta experiencia y, con ello, pudiera crecer.

LA ESPERANZA ES EL COMBUSTIBLE

Tal parece que Mateo quiere que entendamos claramente algo. Mientras la mente de Pedro se concentró en Jesús, tuvo el poder de caminar sobre el agua. Pero cuando se concentró en la tormenta, su miedo hizo corto circuito con su capacidad de recibir el poder sustentador de Dios.

La esperanza sacó a Pedro de la barca.

La confianza lo sostuvo.

El temor lo hundió.

Todo quedó pendiendo entre su concentración en el Salvador o en la tormenta.

Existe una condición mental que es esencial para que vivamos el tipo de vida que anhelamos. Llámale esperanza, confianza o seguridad. Es la más sencilla y más grande diferencia entre quienes siguen intentando y los que renuncian. Cuando se pierde, igual que Pedro, estamos hundidos. *No mires hacia abajo.*

La esperanza es el combustible que hace funcionar el corazón humano. Un choque automovilístico o un accidente al lanzarse de cabeza a una piscina pueden paralizar el cuerpo, pero la muerte de la esperanza paraliza el espíritu.

La esperanza es lo que mueve a un hombre y a una mujer jóvenes a pararse frente a un predicador y decir «sí acepto», aun cuando no tienen garantías.

La esperanza es lo que da energía a la misma pareja, muchos años después y luego de promesas incumplidas y corazones rotos, para darle a su promesa otra oportunidad.

La esperanza es la razón por la que los seres humanos siguen procreando hijos en un mundo perdido.

La esperanza es la razón por la que existen hospitales y universidades.

La esperanza es la razón por la que existen los terapeutas y los consejeros y la razón por la que los Cachorros de Chicago siguen haciendo su entrenamiento de primavera.

Ningún compositor sufriría angustiosamente por una partitura sin la esperanza de que una pequeña luz de belleza surgirá de esa lucha.

Ningún padre sufriría angustiosamente por un hijo sin la esperanza de que este vivirá una vida mejor, más noble y más feliz que la que él o ella tuvo.

Cuando ya era anciano, el maestro pintor Henri Matisse quedó incapacitado por causa de la artritis. Tomar un pincel entre sus dedos era doloroso y pintar era un sufrimiento angustioso. Alguien le preguntó por qué seguía pintando. Él respondió: «El dolor se va; la belleza permanece». Eso es esperanza.

Pablo Casals siguió practicando el cello durante cinco horas al día aun cuando ya era reconocido como el mejor cellista del mundo y aun cuando su edad era tan avanzada que el esfuerzo le hacía quedar exhausto. Alguien le preguntó qué le motivaba a hacer eso. «Me parece que estoy mejorando». Eso es esperanza.

Lewis Smedes escribió que, cuando Miguel Ángel trabajaba día tras día pintando el techo de la Capilla Sixtina, se desalentó a tal grado que decidió abandonar el proyecto.

Mientras el atardecer oscurecía la siempre oscura Capilla Sixtina, Miguel Ángel, cansado, adolorido y dubitabundo, descendió por la escalera desde el andamiaje en el que recostaba su espalda desde el amanecer, cuando comenzaba a pintar. Luego de tomar una solitaria cena, le escribió un soneto a su adolorido cuerpo. La última línea era... *No sé pintar.*

Pero cuando el sol brillaba otra vez, Miguel Ángel se levantaba de su cama, subía a su andamiaje y trabajaba otro día en su magnífica visión del Creador.

¿Qué lo hacía subir la escalera? La esperanza.

La historia de cada personaje que Dios usa en la Biblia es el relato de la esperanza.

La esperanza es lo que hizo que Abraham dejara su hogar.

La esperanza es lo que hizo que Moisés se dispusiera a enfrentar a Faraón.

La esperanza es lo que dirigió a los profetas a seguir tomando las plazas públicas.

Podemos sobrevivir a la pérdida de un número extraordinario de cosas, pero nadie puede ir más allá de la esperanza. Cuando se pierde, estamos acabados. Por lo tanto, la capacidad para permanecer concentrados en la presencia y el poder de Dios en nuestras vidas se convierte en algo de suprema importancia. Cuando olvidamos esta sencilla verdad, somos como un ensamblador de vigas de acero que camina en una de ellas a cien metros sobre el suelo y comienza a mirar hacia abajo. Cuando nos concentramos en la abrumadora naturaleza de la tormenta más que en la presencia de Dios, entonces estamos en problemas. La Biblia a menudo habla de esto en términos de «perder el ánimo».

SIEMPRE QUE JESÚS LLAMA A ALGUIEN FUERA DE LA BARCA, LE DA PODER PARA CAMINAR SOBRE EL AGUA.

Recuerda las palabras de San Jerónimo: «Tú ordenas e inmediata-

SIEMPRE QUE JESÚS LLAMA A ALGUIEN FUERA DE LA BARCA, LE DA PODER PARA CAMINAR SOBRE EL AGUA.

mente el agua se hace sólida». Nunca llama a las personas para que se hundan. Con seguridad esto ocurrirá algunas veces, pero no es su intención; tu llamado jamás es una trampa para que fracases.

Moisés envió a doce exploradores para inspeccionar la tierra prometida y observar a sus enemigos, un pueblo que desafió a Dios. Regresaron diez de ellos y reportaron que «la gente allí son como gigantes. Mejor nos regresamos a casa». Dos de ellos, Josué y Caleb, dijeron: «Debemos subir y poseer la tierra, porque con toda certeza podemos hacerlo».

Los doce miraron la misma tierra, enfrentaron la misma situación y alcanzaron dos conclusiones diametralmente opuestas.

Un joven pastorcito llevó comida a sus hermanos, los que servían en el ejército. El gran campeón de sus enemigos, el gigante de nombre Goliat, un personaje sacado de la Federación Mundial de Lucha Libre, los provocaba. Todos los soldados lo vieron y estaban demasiado aterrorizados para retarlo; se desanimaron. David lo vio y fue tras él con una honda.

Jesús y sus discípulos estaban en una barca cuando llegó la tormenta. Los discípulos estaban tan asustados que se convencieron de que morirían; clamando con pánico, se desanimaron. Jesús se sentó en la misma barca, capeó la misma tormenta y tomó una siesta.

En todas estas historias, dos conjuntos de personas enfrentaron exactamente la misma situación. Exploraron la misma tierra prometida, enfrentaron al mismo enemigo, soportaron la misma tormenta. Unos respondieron con paz, otros con pánico. Unos se desanimaron y otros cobraron ánimo.

No mires hacia abajo.

Impotencia aprendida

Por un momento, consideremos este asunto del ánimo en términos contemporáneos. ¿Cuál es el común denominador en los diez espías atemorizados y los soldados israelitas paralizados por Goliat?

Uno de los experimentos en sicología más influyentes del siglo veinte trató precisamente esta cuestión. Martin Seligman era un estudiante universitario en la Universidad de Pennsylvania durante la década de los sesenta, cuando se topó con un interesante fenómeno denominado «impotencia aprendida». Cuando a algunos perros se les suministraba una ligera descarga eléctrica de la que no tenían control, sin importar lo que los perros hicieran, no las podían detener. Las descargas simplemente se detenían al azar.

Luego, los perros fueron expuestos a una situación en la que podían detener las descargas *fácilmente*. Los pusieron en una caja que tenía una barrera baja a la mitad de ella; todo lo que tenían que hacer era pasar sobre la barrera al otro lado para que las descargas se detuvieran. Normalmente, los perros aprenden a hacer esto muy rápido. Cuando comienzan a recibir las descargas, empiezan a saltar por todos lados y descubren que cruzar la barrera les trae alivio. Sin embargo, esos perros previamente expuestos a las descargas aparentemente habían aprendido algo distinto: «aprendieron» que eran impotentes para detener las descargas. Llegaron a creer que, sin importar cuánto trataran, nada que hicieran significaría una diferencia. Así que dejaron de intentarlo. Simplemente se postraron y se rehusaron a moverse, aun cuando unos pocos pasos habrían hecho toda la diferencia del mundo.

Seligman describe el fenómeno de esta manera: «*La impotencia aprendida* es la reacción a rendirse y la respuesta de renuncia que siguen al creer que *no importa lo que hagas*».

La esperanza hace una extraordinaria diferencia. El desempeño académico de los estudiantes de primer año en la Universidad de Pennsylvania fue pronosticado con más precisión por las pruebas que midieron su nivel de optimismo que por sus calificaciones en la escuela preparatoria o su calificación en el examen general de desempeño académico norteamericano (SAT). Daniel Goleman escribe que: «Desde la perspectiva de la inteligencia emocional, tener esperanza significa que uno no se rendirá ante la ansiedad abrumadora, la actitud derrotista o la depresión al enfrentarse a retos difíciles o contratiempos. Ciertamente, la gente que tiene esperanza da muestras de menos depresión que otros al maniobrar por la vida en la búsqueda de sus metas, son en general menos ansiosos y tienen menos aflicciones emocionales». La convicción de que nuestros esfuerzos hacen una diferencia y que no somos víctimas de las circunstancias es lo que nos hace persistir al enfrentar contratiempos. Nos resguarda de la apatía, de la falta de esperanza y del desánimo.

La esperanza no solo estimula la acción positiva. Tiene, en efecto, poder sanador. En una investigación, se evaluó el grado de desesperanza y pesimismo de 122 hombres que sufrieron su primer ataque cardiaco. De los 25 hombres más pesimistas, 21 de ellos murieron ocho años después. De los 25 más optimistas, ¡solo murieron 6! La falta de esperanza incrementó las posibilidades de muerte en más de un 300 por ciento, pronosticó la muerte con más precisión que cualquier otro factor de riesgo médico, incluida la presión sanguínea, el daño del corazón o el nivel de colesterol. Mejor comer panecillos dulces con esperanza que comer brocoli sin ella.

Gordon MacDonald cita al historiador John Keegan respecto al efecto de las batallas de la Somme e Ypres en la Primera Guerra Mundial, en las cuales más de doscientos cuarenta mil soldados ingleses fueron muertos o heridos y las que marcaron el fin de una era de «optimismo vital», de la cual la Gran Bretaña nunca se recobró. El optimismo vital, dice MacDonald, es una «cualidad del espíritu que posee una comunidad o persona en la que hay una certeza de que lo mejor está todavía por venir». El adjetivo es significativo debido a las dos formas en las que utilizamos la palabra *vital*: es urgente porque hemos perdido algo de gran importancia pero también está relacionado con nuestra *vitalidad*, una cualidad de vida y energía. En la medida que nos falte el optimismo vital, cesaremos de estar completamente vivos.

MAESTRÍA EN JESÚS

La condición de impotencia aprendida cambia radicalmente cuando alguien decide creer en Dios y cree también que él se interesa y está activo en los asuntos humanos. Alburt Bandura es un sicólogo de la Universidad de Stanford que ha conducido investigaciones en lo que se denomina «autoeficiencia», es decir, la noción de que tengo dominio sobre los sucesos de mi vida y puedo manejar cualquier cosa que se me presente. La gente con un fuerte sentido de autoeficiencia tiene más probabilidad de ser resistente al enfrentar el fracaso y de lidiar con las cosas en lugar de temerles. La autoeficiencia es una fuerte confianza en las capacidades propias.

Pero para alguien que cree en Dios, el eje central no es simplemente aquello de lo que *yo* soy capaz. La cuestión real es qué es lo que Dios pueda querer hacer a través de mí. «Todo lo puedo en Cristo que me fortalece». Ahora bien, este no es un cheque en blanco. Al escribir esas palabras, el apóstol Pablo no quería que entendiéramos que ser cristiano significa que puedo conectar más jonrones que Mark McGuire o alcanzar notas más agudas que Pavarotti. Significa que tengo gran confianza en que puedo enfrentarme a cualquier cosa que la vida me depare, que nunca necesito rendirme y que mis esfuerzos tienen poder, debido a aquel que obra dentro de mí.

Aquí es donde notamos que el optimismo y la esperanza para nada son la misma cosa. El optimismo requiere de lo que Christopher Lasch denomina una creencia en progreso: que todo mejorará para mí. La esperanza incluye todas las ventajas sicológicas del optimismo, pero está fundamentada en algo más profundo. Cuando tengo esperanza, creo que Dios obra para redimir todas las cosas *a pesar de la forma como las cosas estén saliendo hoy para mí.* La esperanza no me evita esperar lo peor, «los que tienen esperanza están preparados para ello». El discípulo de Cristo se distinguirá por lo que podemos denominar *esperanza vital.*

Entonces meditemos un poco acerca de lo que significa cultivar una *mente* dominada por este solo pensamiento: «Todo lo puedo en Cristo que me fortalece». ¿Qué hay que hacer para desarrollar mentes que se centren en Cristo cuando estamos en medio de las tormentas?

De inmediato hacemos un sorprendente descubrimiento. Toda la gente (incluyéndote a ti y a mí, por lo menos a mí) somos a menudo asombrosamente indiferentes a la manera en que tratamos a nuestras mentes.

¿En qué está concentrada tu mente?

Imagina que tienes el automóvil de mejor desempeño en el mundo y decides que va a competir en las 500 millas de Indianápolis y dedicarte a ganar la competencia. ¿Cuáles son las probabilidades de que llenes el tanque con gasolina sin plomo y de bajo octanaje adquirida en una estación de servicio de descuento?

Imagina que estás seriamente dispuesto a correr el Maratón en los juegos olímpicos. Esto se convierte en la meta principal de tu vida. ¿Cuán probable es que te pongas a dieta de chocolate desde hoy hasta la celebración de los juegos?

Cuando una pareja tiene un hijo, son muy cuidadosos respecto a lo que llega a la boca del niño. Tendemos a ser muy serios acerca de lo que lo que invertimos en las cuestiones que nos interesan. La gente es muy cuidadosa con lo que suministra a sus autos, a sus cuerpos, a sus hijos y hasta a sus mascotas.

Tan solo lo que le das a tu cuerpo se ha convertido en una industria multimillonaria. La gente gasta miles de millones de dólares tratando de convencernos de qué es lo que necesitamos. Nos dicen que el secreto de la salud es una dieta alta en carbohidratos y baja en grasas; o de altas proteínas, con grasas pero sin nada de carbohidratos; o una combinación de un 30, 30 y 40 por ciento respectivamente; o evitar el azúcar a toda costa. Nos dicen que el secreto son las barras Atkins, Pritikin, Met-Rex, Power o las leches malteadas Slim-Fast, Nutri-Fast, de germen de trigo o la pizza doble estilo Chicago. (Nadie ha ofrecido todavía esa dieta pero, cuando lo hagan, voy a recomendarla públicamente.)

Estamos muy conscientes de que el combustible que le ponemos a las cosas determina en última instancia su desempeño y bienestar. Por esa razón es tan irónico que, en el área más importante de la vida, con frecuencia descartamos un recurso humano básico con una despreocupación que no es nada menos que asombrosa: la mente. Los elementos con los que alimentamos a todo lo que poseemos no son nada comparados con la importancia que tienen los elementos con los que alimentamos a nuestras mentes. El apóstol Pablo escribió: «...consideren todo lo verdadero, todo lo respetable, todo lo justo, todo lo puro, todo lo amable...» o, en otras palabras, «alimenten sus mentes».

Nuestra capacidad para vivir en esperanza, es decir, permanecer concentrados en Cristo durante la tormenta, depende en gran manera de lo que alimenta nuestras mentes. Así es como somos capaces de concentrarnos en el Salvador más que en la tormenta.

Quiero presentarte dos leyes que gobiernan nuestras vidas. La primera la podríamos denominar *ley del conocimiento*: Tú eres lo que piensas. El sicólogo Archibald Hart escribió que: «Las investigaciones demostraron que nuestros pensamientos influyen cada aspecto de nuestro ser». Estar llenos de confianza o de temor depende de la clase de pensamientos que habitualmente ocupan nuestras mentes.

Durante aproximadamente los últimos treinta años, el movimiento predominante en la sicología estadounidense es el que se conoce como sicología cognoscitiva, fundamentada en la realidad de que la manera en la que piensas es lo que resulta más determinante de ti:

La forma en que piensas define tus actitudes; moldea tus emociones; gobierna tu conducta; influencia profundamente tu sistema inmunológico y tu vulnerabilidad a la enfermedad. Todo lo que está relacionado contigo fluye a partir de la manera que piensas. Creo que este es uno de esos casos en los que sencillamente estamos confirmando lo que los autores inspirados de la Escritura supieron con tanta claridad. Pablo dijo: «No se amolden al mundo actual, sino sean transformados mediante la renovación de su mente».

Jesús dijo en una ocasión que un buen árbol no puede producir un mal fruto y que un mal árbol no puede producir un buen fruto. Hizo esta observación en términos de la conexión entre nuestra condición interna y nuestra conducta externa. A largo plazo, el buen pensar, es decir, las percepciones precisas, las emociones saludables, los deseos íntegros, las intenciones honorables, no pueden producir malos resultados; el mal pensar no puede producir buenos resultados.

Podemos llamar a la segunda la *ley de la exposición*: Tu mente pensará mayormente en aquello a lo que esté más expuesta. Lo que repetidamente entre a tu mente la ocupa, al cabo del tiempo la moldea y, en última instancia, se expresará en lo que haces y en lo que te conviertas. La ley de la exposición es tan inviolable como la de la gravedad. Nadie se sorprende por la ley de la gravedad. Nadie dice: «Oigan, tiré este invalorable vaso antiguo de cristal al cemento y se rompió. ¿Cuáles eran las probabilidades de que eso ocurriera?» Sin embargo, y para nuestro asombro, la gente reacciona con total conmoción a la ley de la exposición. La gente se sorprende de que aquello a lo que se expone, asiste y habita, al paso del tiempo resurge en la forma en la que sienten y en las cosas que hacen.

Los niños están expuestos a miles de actos violentos y asesinatos en la televisión y, de formas todavía más gráficas, en el cine. Lo ven en juegos de vídeo y observan símbolos e imágenes asociadas con violencia de bandas callejeras magnificadas por la cultura popular. Luego actuamos con sorpresa cuando se inicia una pelea en las tribunas durante un partido de fútbol o cuando los tiroteos en la escuela preparatoria Columbine dejan devastada a toda una nación. La verdad es que, simplemente, nos hace falta la voluntad nacional y la autorrestricción para crear una sociedad que produzca mentes que no estén saturadas con violencia desde que nacen.

Estamos inundados de imágenes sexuales en las pantallas de televisión, terminales de computadoras, portadas de revistas y antesalas de los centros de exhibición de películas. Las imágenes y correos electrónicos sexualmente explícitos no solo se envían a adolescentes sino a niños que no tienen oportunidad de protegerse de algo a lo que ni siquiera saben que se están metiendo, y luego pretendemos estar impactados cuando los niveles de promiscuidad y adicción sexual se elevan y decrece la fidelidad y la estabilidad marital. Me sorprende con qué frecuencia las personas piensan o viven como si pudieran salirse con la suya al violar la ley de la exposición. La gente dice: «Leo este material, observo estas imágenes o escucho estas palabras perversas pero en realidad no me afectan. En verdad no les pongo atención. Entran por un oído y sale por el otro». Los científicos sociales se han dado cuenta de lo que los autores inspirados de la Escritura supieron desde siempre: ¡Oh, no, para nada!

Si el número suficiente de niñas adolescentes ven el número suficiente de cubiertas de revistas que incluyan el número suficiente de modelos a las que se les pagan cifras inverosímiles para aparecer artificialmente delgadas y luego entrevistarlas y citarlas como expertas en lo que hace que la vida valga la pena, criaremos una generación de mujeres jóvenes cuyas mentes estén siempre ocupadas con pensamientos como: No eres muy delgada, no eres tan bonita, no eres tan deseable para los hombres. Sus sentimientos de autoestima se desplomarán. La esperanza se desvanecerá y las consecuencias en su conducta se multiplicarán a cifras astronómicas. Y esto no debería sorprender a nadie.

Las actividades a las que asistes, el material que lees (o que no lees), la música que escuchas, las imágenes que ves, las conversaciones que mantienes, los sueños que tienes despierto y que ocupan tu mente, todos están moldeando tu mente y, en última instancia, tu carácter y destino. Cuando se trata de esperanza, esto es supremamente verdadero.

Dice Isaías: «Tú guardarás en completa paz a aquel cuyo pensamiento en ti persevera». Todo depende del lugar en el que esté tu mente. Las buenas noticias son que puedes poner estas leyes a trabajar a *tu favor*. Si realmente quieres convertirte en cierto tipo de persona, alguien lleno de esperanza y concentrado en Cristo, debes comenzar a tener pensamientos que produzcan estas características.

SI REALMENTE QUIERES CONVERTIRTE EN CIERTO TIPO DE PERSONA, ALGUIEN LLENO DE ESPERANZA Y CONCENTRADO EN CRISTO, DEBES COMENZAR A TENER PENSAMIENTOS QUE PRODUZCAN ESTAS CARACTERÍSTICAS.

Así es que entendemos que Pablo dijo: «Consideren bien todo...» Cuando te concentras en Cristo, estos son los pensamientos que él te inspirará. Por lo tanto, debes colocar tu mente en un lugar que le estimule pensamientos que produzcan esperanza. Debes exponer tu mente a recursos, libros, cintas, gente y conversaciones que te inclinen a confiar en Dios. ¿Cómo ocurre eso?

LOS CONTINENTES NO DESCUBIERTOS DE LA VIDA ESPIRITUAL

Frank Laubach dedicó toda su vida a aprender a concentrarse en Jesús. Fue un sicólogo, educador y misionero en las Filipinas durante principios del siglo veinte y su carrera se derrumbó cuando vivía su década de los cuarentas. Perdió la oportunidad profesional que más deseaba. Sus planes para el pueblo maranao en las Filipinas fueron totalmente rechazados. Su esposa y él perdieron tres hijos por causa de la malaria, así que ella se llevó a su único hijo sobreviviente y se mudó a miles de kilómetros de distancia, dejando a Laubach en desesperada soledad.

Con profunda desesperación, Laubach se llevó a su perro Tip a la cima de la colina Signal, desde donde se podía ver completamente el Lago Lanao. Él escribió lo siguiente:

Tip tenía su nariz bajo mi brazo y trataba de lamer las lágrimas de mis mejillas. Mis labios se comenzaron a mover y me dio la impresión de que Dios hablaba. *«Hijo mío... has fracasado porque en realidad no amas a los maranaos. Te sientes superior a ellos porque eres blanco. Si solo olvidaras que eres norteamericano y pensaras solamente en cuánto los amo, ellos responderían».*
Al atardecer le contesté: «Dios, no sé si me hablaste a través de mis labios, pero si así fue, es cierto. Todos mis planes se han hecho trizas. Sácame de mí mismo y ven, toma posesión de mí y piensa tus pensamientos en mi mente».

Esto fue el principio de una experiencia espiritual notable en el siglo veinte. Laubach dedicó el resto de su existencia a la búsqueda de una vida en la que cada momento tuviera conciencia de la presencia de Dios y llevara a efecto una rica relación amistosa con él. Los siguientes son algunos pensamientos basados en sus recomendaciones para permanecer concentrados en Cristo:

—En una reunión social, susurra en voz muy baja «Dios» o «Jesús» mientras observas a cada persona cerca de ti. Practica la «doble visión» como Cristo, es decir, mira a la persona como es y a la persona como Cristo quiere que sea.

—Durante la hora de la comida, ten una silla extra a la mesa para que recuerdes la presencia de Cristo. Al verla o tocarla, recuerda sus palabras: «Y les aseguro que estaré con ustedes siempre ...»

—Mientras lees un libro o una revista, ¡léesela a él! Laubach pregunta: «¿Alguna vez has abierto una carta (o en la actualidad un correo electrónico) y has leído el mensaje con Jesús, percatándote de que él ríe con nosotros en lo divertido, se regocija con nosotros cuando triunfamos y llora con nosotros en las tragedias? Si no, te has perdido de una de las experiencias más dulces de la vida».

—Cuando estés resolviendo problemas en el trabajo, en lugar de hablar contigo mismo acerca del problema, desarrolla un nuevo hábito de hablarle a Cristo. (Después de todo, esto es lo que hizo Pedro con su problema al hundirse en el agua.) Como dice Laubach: «Muchos de los que hemos hecho la prueba nos dimos cuenta de que pensamos mejor y de tal manera ¡que nunca tratamos de pensar sin él otra vez!»

—Conserva una ilustración de Jesús o una cruz o un versículo de la Escritura en algún lugar en donde lo veas justo antes de dormir. Permite que Dios tenga la última palabra del día. Y luego deja que tu mente y tu vista empiece ahí mismo en la mañana. Laubach afirma: «Al abrir los ojos y ver una ilustración de Cristo en la pared podemos preguntar: "Ahora, Maestro, ¿debemos levantarnos?" (si no eres "madrugador", necesitarás una palabra definitiva de parte del Señor con esta pregunta.) Algunos le susurramos cada pensamiento en cuanto a lavarnos y vestirnos por las mañanas, pulir nuestros zapatos y elegir nuestro atuendo. CRISTO ESTÁ INTERESADO EN CADA DETALLE DE NOSOTROS PORQUE NOS AMA CON UN AMOR MÁS ÍNTIMO QUE EL DE UNA MADRE A SU BEBÉ...»

El poder de tales hábitos, tal como lo descubrió Laubach, no reside en que simplemente cambiaron los patrones de su vida, aunque eso ya tiene considerable poder. El significado real de esta forma de vida es que lo abrió com-

> CRISTO ESTÁ INTERESADO EN CADA DETALLE DE NOSOTROS PORQUE NOS AMA CON UN AMOR MÁS ÍNTIMO QUE EL DE UNA MADRE A SU BEBÉ...»

pletamente a la realidad espiritual y al poder que, en efecto, estuvo alrededor de él todo el tiempo, como si una antena de radio repentinamente se hubiera sintonizado en la frecuencia correcta. Esto lo convenció de que existen, como él dice en una maravillosa frase, «continentes no descubiertos de vida espiritual» disponibles para cualquiera que diligentemente se abre a ellos.

La extraordinaria práctica de Laubach de concentrarse en Cristo, que se inició a la mitad de sus cuarentas, le condujo a una vida notable. Se convirtió posiblemente en el defensor más influyente de la alfabetización, viajando a más de ciento tres países para dirigir un programa de alfabetización a nivel mundial. Fue el fundador de la Cruzada de Alfabetización Mundial, que todavía opera. Desarrolló el programa «Cada quien enseñe a uno», que continúa hasta nuestros días. Sin una designación formal, se convirtió en un influyente consejero en política exterior para los presidentes estadounidenses durante los años siguientes a la Segunda Guerra Mundial. Fue autor de libros que enseñaban a concentrarse en Cristo, con copias vendidas por cientos de miles. Él caminó sobre el agua.

Sin embargo, el arte que realmente dominó fue concentrarse en Cristo.

MEDITA EN LA ESCRITURA

La Escritura contiene pasajes que hablan acerca de meditar en la Palabra de Dios. El salmista dice que las personas piadosas meditan en la Palabra «de día y de noche». ¿Qué tan cierto es eso?

Es posible que sienta que la meditación es algo que solo llevan a cabo los monjes y místicos. Así que déjame preguntarte, ¿sabes cómo preocuparte? Si sabes preocuparte, sabes meditar. Meditar significa meramente pensar una vez tras otra en alguna cosa, que fermente en tu mente. Reflexionar en eso desde diferentes ángulos hasta que se convierta en parte de ti.

MEMORIZAR LA ESCRITURA ES UNA PARTE IMPORTANTE DE MANTENER UNA MENTE CONCENTRADA EN JESÚS.

Esto es algo atemorizante para muchos. Tal vez eres es muy bueno en esto; quizás tienes muy buenos recuerdos de cuando estudiabas para los exámenes escolares, mirabas una sola vez algo y se fijaba en tu mente como el Peñón de Gibraltar. Pero tal vez no. Quizás memorizar era un trabajo difícil. Tal vez pasas un mal rato tratando de encontrar tu automóvil en un estacionamiento; o te toma dos o tres intentos recordar el nombre correcto de tu hijo (y resulta que es tu único).

La cuestión de memorizar la Escritura no tiene que ver con cuántos versículos puedes memorizar. La cuestión es lo que ocurre en tu mente en el proceso de repasar la Escritura. Cuando repasas afirmaciones de la Escritura, tienes pensamientos distintos a los que tendrías si estuvieras mirando un programa de televisión.

Un amigo me envió hace poco una tarjeta que decía: «Que el Señor de la esperanza te dé todo gozo y paz mientras confías en él, de manera que estés lleno de esperanza por el poder del Espíritu Santo». Cuando pienso en esa sencilla afirmación, recuerdo que:

—Dios es la fuente de toda esperanza;

—Aun hasta este día, sigue queriendo llenar mi cuerpo no solo con gozo y paz, sino con *todo* gozo y paz;

—Su deseo es que no solamente tenga esperanza, sino que *rebose* de esperanza;

—Este proceso no depende de mi poder, sino del poder del Espíritu Santo que obra en mí.

Mi mente tiene pensamientos distintos a los que tendría si leyera un pasquín o un periódico tabloide. Con mi mente fija en Dios, estoy listo para salir de la barca.

Conserva tu tenedor

Una de las herramientas más importantes para concentrar nuestras mentes está relacionada con los rituales. Crecí en una tradición que era muy reservada en el uso del «ritual» en la vida espiritual pero, en efecto, los rituales son usualmente indispensables para la vida humana saludable.

Un libro de reciente publicación dirigido a los «atletas corporativos» describe que quienes se desempeñan al más alto nivel utilizan, entre otras cosas, una serie de ritos que les ayudan a concentrar sus mentes y energías, permitiéndoles estar totalmente presentes en sus trabajos.

Los sicólogos nos dicen que las personas desarrollan rituales para todas las cosas que les son importantes. Cuando una familia o matrimonio tiene pocos rituales, esto significa con frecuencia que las relaciones están en problemas. Por eso me he apropiado de ciertos ritos y símbolos que me ayudan a mantener mi mente concentrada en Cristo:

—Tengo un clavo en mi oficina, del tamaño de los clavos que pudieron haber sido usados en la cruz. En algunas ocasiones, mientras oro, lo sostengo en mi mano para recordar lo que Jesús sufrió por mí.

—Tengo la estatua de un niñito que está abrazando a un padre amoroso. Cuando oro, suelo mirarlo y pienso que Dios me ama de esa manera.

—Tengo una piedra con una palabra escrita en ella. Me la dio un muy buen amigo, que afirma que esta es una cualidad que ve en mi vida. Yo no la veo mucho, pero deseo verla bastante. Es una palabra de Dios para mí, y en algunas ocasiones oro respecto a ella.

—Tengo una gran oración, enmarcada y puesta en la pared. Se le atribuye a San Patricio, siglos atrás. La llaman «Lorica», el cual es el nombre del manto de una armadura romana que se usaba para protección de quien lo vestía:

Hoy me levanto por la fuerza de Dios para que me comande:
El poder de Dios me sostenga,
La sabiduría de Dios me dirija,
La mirada de Dios mire antes que yo,
El oído de Dios me escuche,
La palabra de Dios hable por mí,
La mano de Dios me guarde.
Cristo en mí, Cristo delante de mí, Cristo tras de mí,
Cristo en mí, Cristo debajo de mí, Cristo sobre mí,
Cristo a mi derecha, Cristo a mi izquierda,
Cristo cuando reposo, Cristo cuando me siento, Cristo cuando me levanto.
Cristo en el corazón de todo el que piensa en mí,
Cristo en la boca de todo el que habla de mí,
Cristo en la mirada que me ve,
Cristo en el oído que me escucha,
Hoy me levanto
Por una poderosa fuerza: la invocación de la Trinidad.

Pienso en esta oración como en la armadura del rey Saúl que David trató de ponerse cuando iba a pelear con Goliat, aunque no le quedaba (Saúl vestía chaquetas talla 50 grande y David 30 corta), y le pido a Dios que me proteja dentro de ella igualmente.

Tengo un amigo que viaja mucho debido a su trabajo. Cuando llega a su cuarto de hotel, lo primero que hace es colocar una foto de su esposa y de sus hijos sobre el televisor. Una razón por la que lo hace es que, en ocasiones, es tentado a sintonizar películas pornográficas. Él sabe que eso moldearía su mente de maneras que no quiere. Cuando mira a su familia, tiene otros pensamientos. Algunos de ellos se relacionan con su sentido de culpabilidad debidos a su vulnerabilidad a la tentación y a fracasos del pasado. Pero mayormente son pensamientos acerca de cuánto ama a su familia y acerca de la clase de padre y esposo que quiere ser. La fotografía le recuerda su esperanza y lo fortalece.

¿Cómo se ve una mente que está concentrada en la esperanza? Recientemente leí sobre una mujer a la que le diagnosticaron cáncer y a la que le pronosticaron tres meses de vida. Su doctor recomendó que hiciera todos los preparativos para morir, así que se puso en contacto con su pastor y le dijo cómo quería su servicio funeral, qué cantos quería que se entonaran, qué porciones de la Escritura quería que se leyeran, qué palabras quería que se dijeran, y que quería ser sepultada con su Biblia favorita.

Pero antes de que su pastor se fuera, ella le dijo:

—*Una cosa más.*

—¿Qué?

—*Es muy importante. Quiero ser sepultada con un tenedor en mi mano derecha.*

El pastor no supo qué decir. Nadie le había hecho esa solicitud antes, así que ella procedió a explicarle:

—Todos los años en los que asistí a una actividad de la iglesia, siempre que había que comer, mi parte favorita era cuando la persona que recogía los platos de la comida principal se inclinaba y me decía: *Conserve su tenedor.*

»Era mi parte favorita porque sabía que algo grande estaba por venir. No era gelatina. Era algo sustancioso, pastel o dulce (una comida bíblica).

»Así que quiero que la gente me vea en mi ataúd con un tenedor

en la mano y quiero que se pregunten: *¿Y por qué el tenedor?*
Entonces quiero que usted les diga: *Viene algo mejor. Conserven su tenedor.*
El pastor de dio a la mujer un abrazo de despedida. Poco después, murió. En el servicio fúnebre la gente vio el vestido que ella escogió, la Biblia que ella amaba y escuchó los cantos que a ella le gustaban, pero todos hicieron la misma pregunta: «¿Y por qué el tenedor?»

El pastor explicó que esta mujer, amiga de todos, quería que supieran que para ella, o para cualquiera que muere en Cristo, ese no era un día de derrota. Se trataba de un día de celebración. La verdadera fiesta solo estaba comenzando.

Algo mejor está por venir.

Así que, esta semana, ¿por qué no haces del humilde tenedor tu icono personal? Cada vez que te sientes a tomar tu alimento, mira el utensilio al lado izquierdo de tu plato y recuerda a la mujer que se llevó uno al ataúd. Cuando te detengas para dar gracias a Dios por el alimento, dale gracias también por la esperanza. Cada vez que tomes en tu mano el tenedor, recuerda que «Algo mejor está por venir».

Recuerda que el Dios del caminar sobre el agua y de las tumbas vacías tiene un mensaje para ti. Jesús dice a todos los que están trabajados y cansados:

A todos los que se desaniman o caen en la tentación,

A cualquiera cuya mente se haya extraviado en nimiedades vanas,

A la gente como tú y como yo que estamos tentados a desanimarnos o a perder esperanza,

Todavía nos dice:

No mires hacia abajo.

Conserva tu tenedor.

SAL DE LA BARCA

1. Presta atención al lugar al que va tu mente. ¿Cómo describirías la clase de pensamientos a los que eres atraído con más frecuencia?

> Temor
>
> Esperanza
>
> Enojo
>
> Dolor
>
> Apatía
>
> Gozo
>
> Desánimo
>
> Otros

2. ¿Qué fuentes de información (medios, libros, amigos, actividades) *dañan* más tu nivel de esperanza?
3. ¿Qué fuentes de información (medios, libros, amigos, actividades) *nutren* más tu nivel de esperanza?
4. A la luz de esto, ¿cómo desearías arreglar tu vida para crear el mayor nivel de esperanza posible?
5. Dedica un día a pasar tanto tiempo como te sea posible con Jesús. Invítalo a ser parte de cada actividad. Invéntate ritos y utiliza objetos (como el tenedor) para ayudarte a mantenerte concentrado.
6. ¿Cómo te fue?

CAPÍTULO 9

Cuando subieron a la barca, se calmó el viento.
MATEO 14:32

APRENDE A ESPERAR

Esperar es la obra más difícil de la esperanza.
LEWIS SMEDES

Esperar con paciencia no es el fuerte de la sociedad estadounidense. El automóvil de una mujer se detiene en medio del tráfico. Mira el motor tratando de identificar la causa en vano, al tiempo que un automovilista detenido atrás se recarga implacablemente sobre su claxon. Finalmente, ella llega al límite de su paciencia. Camina hacia la parte trasera de su automóvil y sugiere con dulzura: «No sé qué le pasa a mi auto. Pero si usted quiere ir a darle un vistazo al motor, con todo gusto me quedo aquí y sigo tocando su claxon».

No somos un pueblo paciente. Tendemos a permanecer en la prisa del ruido del claxon, el horno de microondas, el envío por paquetería especial, la comida instantánea y el pago en cajas rápidas. A la gente no le gusta esperar en el tráfico, en el teléfono, en la tienda o en la oficina postal.

En un maravilloso libro llamado *Geografía del Tiempo*, Robert Levine sugiere la creación de una nueva unidad de tiempo denominada el *claxosegundo*, es decir, «el tiempo comprendido entre el momento en el que cambia la luz del semáforo y el que la persona detrás de usted toca su claxon». Levine afirma que es la medida más pequeña de tiempo conocida por la ciencia.

Entonces, ¿qué tan bien sabes esperar?

En una caseta de cobro en la carretera, el automovilista en el auto frente a ti mantiene una conversación prolongada con el cobrador de la caseta. Tú:

A. Estás feliz de que compartan la caseta y piensas unirte a ellos para formar una tertulia.

B. Sueñas despierto con cosas que te gustaría decirle al operador de la caseta.

C. Intentas conducir tu vehículo entre el auto de la otra persona y la caseta de cobro.

Llevas una hora sentado en la sala de espera del consultorio médico. Tú:

A. Estás agradecido por la oportunidad que tienes de leer una edición de 1993 de *Selecciones del Reader's Digest*.

B. Les dices a los otros pacientes que tienes una enfermedad mortal y altamente contagiosa, esperando que la sala de espera quede vacía.

C. Tratas de hiperventilarte para recibir atención inmediata.

A la mayoría de nosotros no nos gusta esperar, así que nos encanta el hecho de que Mateo nos muestre que Jesús es el Señor de la acción inmediata. En pocos párrafos, Mateo utiliza en tres ocasiones las palabras *en seguida*, siempre relacionándolas con Jesús: él hizo que los discípulos subieran a la barca y se le adelantaran, «en seguida». Cuando los discípulos pensaron ver un fantasma y clamaron con temor, el Señor les respondió «en seguida». Cuando Pedro comenzó a hundirse y clamó por ayuda, Jesús extendió su mano «en seguida» y lo agarró.

Los actos de Jesús son rápidos, selectivos y decisivos. No desperdicia ni un claxosegundo. Y con todo y eso, esta historia tiene que ver con esperar. Mateo nos relata que Jesús se acercó a sus discípulos «en la madrugada» o cuarta vigilia nocturna. Los romanos dividían la noche en cuatro vigilias: de las 6 a las 9 p.m.; de las 9 p.m. a la medianoche; de la medianoche a las 3 p.m.; y de las 3 a las 6 p.m. Así que Jesús se acercó en algún momento después de las 3 de la mañana. Sin embargo, ellos habían estado en la barca desde el atardecer del día anterior. ¿Por qué una espera tan larga? Si yo fuera uno de los discípulos, habría preferido que Jesús se presentara al mismo tiempo o aun un poco antes de la tormenta. Me hubiera gustado verlo ahí en un claxosegundo.

Sin embargo, parece que Mateo tuvo buenas razones para tomar nota del tiempo. A.E.J. Rawlinson escribe que los primeros cristianos que sufrieron sus propias tormentas de persecución pudieron haber hallado gran alivio en este retraso:

Los corazones débiles podían, inclusive, preguntarse si es que el mismo Señor les había abandonado a su suerte o dudar acerca de la realidad de Cristo. De esta historia, debían aprender que no se les abandona, que el Señor, sin ser visto, los cuida ...[que] el Viviente, Señor del viento y de las olas, vendrá a salvarlos rápidamente, aun cuando esto ocurra «en la cuarta vigila de la noche».

Mateo quiso que sus lectores aprendieran a esperar.

Otro momento de espera tiene que ver con la decisión de Pedro de dejar la barca. Él no puede hacer eso basado en la fuerza de su propio impulso; debe pedir primero permiso a Jesús y luego esperar por la respuesta, es decir, por la luz verde. Una de las más grandes diferencias entre la gente Tipo E y la gente Tipo ES es que estos aprenden a esperar.

Me pregunto si es que estaba involucrada otro tipo de espera para Pedro. ¿Cómo te imaginas que se veía dando sus primeros pasos sobre el agua? Yo esperaría que Jesús fuera un caminante sobre el agua experimentado. Pero en cuanto a Pedro, me pregunto si no requeriría de una curva de aprendizaje. Quizás, como en el caso del personaje de Bill Murray en la película *What about Bob?* [¿Qué le pasa a Bob?], tenía que iniciar con pasitos de bebé. Aprender a caminar siempre requiere paciencia.

No fue sino hasta que terminó todo el episodio que los discípulos obtuvieron lo que querían: «se calmó el viento». ¿Por qué Jesús no hizo que el viento se calmara «en seguida», en cuanto se percató del temor de los discípulos? Eso habría facilitado la caminata de Pedro. En apariencia, sin embargo, Jesús sintió que ganarían algo con la espera.

Así es que, en este penúltimo capítulo y antes de que se apresure a caminar sobre el agua, quiero que consideres la actividad en la que Pedro y los discípulos se ocuparon hasta el final: esperar.

Digamos que decides salir de la barca. Confía en Dios y das un paso de fe como, por ejemplo, renunciar con valentía a un cómodo trabajo para consagrarte al llamado de Dios; utilizarás un talento que crees que Dios te ha dado aun cuando estás muerto de miedo; correrás riesgos en tus relaciones personales aun cuando detestas que te rechacen; volverás a estudiar aunque la gente te diga que, financieramente hablando, eso no tiene sentido; decides que confiarás en Dios y saldrás de la barca. ¿Qué ocurre después? Bueno, es posible que experimente una imparable y tremenda descarga de emoción. Tal vez tendrás una confirmación inmediata de su decisión: las circunstancias coincidirán, cada riesgo dará resultados, sus esfuerzos serán coronados de éxito, su vida espiritual crecerá mucho, su fe se duplicará y sus amigos se maravillarán, todo en el lapso de un claxosegundo.

Quizás. Pero no siempre. Por una buena razón, Dios no siempre actúa a la velocidad de nuestro frenético ritmo. Muy a menudo somos seguidores-doble-expreso de un Soberano-descafeinado. Richard Mouw escribe que el libro que más se necesita en nuestros días podría titularse *Tu Dios es demasiado rápido*.

Algunas formas de espera, tanto en las carreteras rápidas como en las salas de los consultorios médicos, son bastante triviales con respecto al esquema general de las cosas. Sin embargo, existen tipos de espera más serios y difíciles:

—La espera de una persona soltera porque Dios le haya reservado a su pareja en matrimonio, pero que está comenzando a desesperarse

—La espera de una pareja sin hijos que ansiosamente quieren iniciar una familia

—La espera de Nelson Mandela sentado en una celda durante veintisiete años preguntándose si es que algún día saldría libre o si su país alguna vez conocería la justicia

—La espera de alguien que anhela tener un trabajo significativo pero que parece no encontrarlo

—La espera de una persona profundamente deprimida, anhelando una mañana en la que se levantará con deseos de vivir

—La espera de un niño que se siente torpe y lento y que anhela el día en el que sea seleccionado antes que otro en el campo de juego

—La espera de las personas de color por ese día en el que los hijos de todas las personas sean juzgados «no por el color de su piel sino por el contenido de su carácter»

—La espera de un anciano en un asilo, solo, gravemente enfermo, que solo aguarda la muerte

Todos y cada uno de nosotros, en ciertas coyunturas de nuestras vidas, tendremos que aprender a esperar.

Lewis Smedes escribe que

Esperar es nuestro destino como criaturas que no pueden obtener por sí mismas aquello en lo que tienen esperanza. Esperamos en la oscuridad una llama que no podemos encender. Esperamos con temor un final feliz que no podemos escribir. Esperamos un «todavía no» que se siente como un «nunca». Esperar es la obra más difícil de la esperanza.

Esperar puede ser lo más difícil a lo que somos llamados. Por eso es frustrante cuando nos volvemos a la Biblia y descubrimos que Dios mismo, que es Todopoderoso y Omnisciente, no deja de decirle a su pueblo: *Espera*. «Guarda silencio ante el SEÑOR, espera en él con paciencia ... Pero tú, espera en el SEÑOR, y vive según su voluntad, que él te exaltará para que heredes la tierra».

Dios se encuentra con Abraham cuando tiene setenta y cinco años y le dice que va a ser padre, ancestro de una gran nación. ¿Cuánto tardó en cumplirse esta promesa? Veinticuatro años. Abraham tuvo que esperar.

Dios les dijo a los israelitas que dejarían de ser esclavos en Egipto y se convertirían en una nación. Pero el pueblo tuvo que esperar durante cuatrocientos años.

Dios le dijo a Moisés que guiaría al pueblo hasta la tierra prometida. Pero tuvieron que esperar durante cuarenta años en el desierto.

En la Biblia, esperar está tan íntimamente ligado con la fe que, en algunas ocasiones, las dos palabras se usan indistintamente. La gran promesa del Antiguo Testamento era la venida del Mesías. Pero Israel tuvo que esperar, generación tras generación, siglo tras siglo. Y, cuando vino *el* Mesías, fue reconocido solo por los que tenían sus ojos fijos en su venida, como Simeón. Él era un anciano «justo y devoto, y *aguardaba* con esperanza la redención de Israel. El Espíritu Santo estaba con él».

Pero ni aun la llegada de Jesús significó que la espera terminaba. Jesús vivió, enseñó, fue crucificado, resucitó y estaba por ascender cuando sus amigos le preguntaron: «Señor, ¿es ahora cuando vas a restablecer el reino a Israel?» o, dicho de otra forma: «¿Ya podemos dejar de esperar?»

Y Jesús dio una orden más: «No se alejen de Jerusalén, sino *esperen* la promesa del Padre».

Y vino el Espíritu Santo, pero eso tampoco significó que el tiempo de espera había terminado.

Pablo escribió que «… también nosotros mismos, que tenemos las primicias del Espíritu, gemimos interiormente, mientras aguardamos nuestra adopción como hijos, es decir, la redención de nuestro cuerpo. Porque en esta esperanza fuimos salvados. Pero la esperanza que se ve, ya no es esperanza. ¿Quién espera lo que ya tiene? Pero si esperamos lo que todavía no tenemos, en la espera mostramos nuestra constancia».

Tan solo en el Antiguo Testamento, se le ordena cuarenta y tres veces al pueblo que «Esperen. Esperen en el SEÑOR».

Las últimas palabras escritas en la Biblia tienen que ver con la espera: «El que da testimonio de estas cosas, dice: "Sí, vengo pronto"». *Es posible que no parezca pero, a la luz de la eternidad, es pronto. Resiste.*

«Amén. ¡Ven, Señor Jesús!» *Excelente, resistiremos. ¡Pero ven! Te estamos esperando.*

¿Por qué? ¿Por qué Dios nos hace esperar? Si él puede hacer todas las cosas, ¿por qué no nos da alivio, ayuda y respuestas *hoy*?

Por lo menos en parte, y parafraseando a Ben Patterson, lo que Dios hace mientras esperamos es tan importante como aquello por lo que esperamos.

LA HABILIDAD MÁS IMPORTANTE DE UN CAMINANTE SOBRE EL AGUA

La capacidad de esperar bien es una prueba de madurez. Los sicólogos mencionan la habilidad de soportar el aplazamiento de la gratificación. M. Scott Peck escribe que «El aplazamiento de la gratificación es el proceso de calendarizar el dolor y el placer de la vida de tal manera que se mejore enfrentando y experimentando primero el dolor y recuperándose de él. Esa es la única forma decente de vivir».

Daniel Goleman escribió un libro de gran influencia en el que propone que la efectividad en la vida se basa más en lo que puede denominarse «inteligencia emocional» que en la inteligencia cognoscitiva. Esto es lo que puede causar que las personas con un alto coeficiente intelectual terminen en el fracaso matrimonial o con sus vocaciones frustradas. El núcleo de la inteligencia emocional es la habilidad de retrasar la gratificación y no vivir a merced de los impulsos.

El ejemplo más célebre de este fenómeno es lo que se conoce como la «prueba del bombón». Un niño de cuatro años está en una habitación con algunos bombones y se le dice que la persona que está llevando a cabo el experimento tiene que salir por un momento. Si el niño de cuatro años espera hasta que la persona que está conduciendo el experimento regrese, se le darán dos bombones. Si quiere comer de inmediato, puede hacerlo, pero el primer bombón es el único que recibirá. Esto probará el alma de cualquier niño de cuatro años: «un microcosmos de la batalla eterna entre el impulso y la restricción, el id y el ego, el deseo y el control, la gratificación y el aplazamiento».

Los niños desarrollan todo tipo de estrategias que les permitan esperar: cantan, se cuenta a sí mismos historias, juguetean con sus dedos. De hecho, un niño se agachó a lamer la mesa, como si el sabor de la golosina se hubiera transmigrado a la madera. Lo más asombroso es el impacto que este rasgo del carácter desplegado a la edad de cuatro años tuvo en las vidas de quienes participaron en el experimento. Un equipo de investigación de la Universidad Stanford le siguió la pista a estos niños durante muchos años. Los que pudieron esperar cuando tenían cuatro años crecieron como personas socialmente más competentes, con mejor capacidad para lidiar con el estrés y con menos probabilidad de dejarse vencer bajo presión que los que no pudieron esperar. Los que se comieron el bombón crecieron como personas más obstinadas e indecisas, desplegando más fácilmente su disgusto por causa de la frustración y con resentimientos por no obtener suficientes cosas. Todavía es más sorprendente que el grupo de los que esperaron obtuvo calificaciones en el examen general de conocimientos estadounidense (conocido por sus siglas SAT) que en promedio eran ¡*210 puntos más altas* que las del grupo de los que no esperaron!

Más aun, después de todos esos años, los que no esperaron continuaron siendo incapaces de aplazar la gratificación. Además, varias investigaciones demuestran que el control de los impulsos débil es más probable que esté asociado a la delincuencia, al abuso de sustancias y al divorcio. No nos sorprende que Goleman, al resumir todo eso, denomine acertadamente a la habilidad de esperar «la aptitud maestra».

La incapacidad de controlar los impulsos y de rehusarse a vivir en espera y confianza paciente está cerca al corazón del deterioro humano. La vida ha sido así desde que Adán y Eva mordieron el bombón prohibido.

Pablo escribió que, mientras esperamos que Dios arregle todo, sufrimos. Sin embargo, el sufrimiento produce resistencia; la resistencia, carácter; y el carácter, esperanza. Dios produce estas cualidades en nosotros mientras esperamos. Esperar no es simplemente una cosa más que tenemos que hacer mientras obtenemos lo que deseamos. Esperar es parte del proceso de llegar a ser lo que Dios quiere que seamos.

¿Qué significa esperar en el Señor? Comencemos con una palabra acerca de lo que, bíblicamente, *no* significa esperar. No se trata de una espera pasiva porque ocurra algo para ayudarle a salir de sus problemas. La gente a veces usa la frase «estoy esperando en el Señor», como una excusa para no enfrentar la realidad, para no admitir su responsabilidad o para no actuar de la manera apropiada.

He escuchado de personas con espantosos hábitos financieros, tales como gastar compulsivamente o negarse a ahorrar y que, justo a la mitad de un gran desorden monetario, dicen: «Estamos esperando la provisión del Señor...» Esto cuadra perfectamente en la categoría teológica del ¡*No seas tonto!* En este caso, esperar en el Señor no significa sentarse a esperar una carta de la compañía emisora de tarjetas de crédito que diga «Le pagaremos 200 dólares por causa de un error a su favor por parte del banco». Más bien, podría significar arrastrar a su pequeño yo financiero a una fuente en la que pueda aprender los principios bíblicos de una vida de buena mayordomía. Podría significar cultivar nuevos hábitos financieros como el uso de presupuestos, el diezmo y posponer la compra de cosas hasta que realmente se tenga el dinero suficiente para pagarlas.

Esperar en el sentido bíblico no es algo pasivo; no se trata de una forma de evadir la realidad que nos incomoda.

Esperar en el Señor es aferrarse a Dios de una manera confiada, disciplinada, expectante, activa y, en ocasiones, dolorosa.

Esperar en el Señor es la decisión diaria y continua para decir: «Confiaré en ti y te obedeceré. Aun cuando las circunstancias de mi vida no sean de la manera como quiero, y tal vez nunca sean de la forma en que lo prefiero, estoy arriesgando todo por ti. No tengo plan alterno».

Y entonces, ¿cuál es el costo de esperar bien?

CONFIANZA PACIENTE

Esperar en el Señor requiere de una confianza paciente. ¿Confiaré en que Dios tenga buenas razones para decir «espera»? ¿Recordaré que Dios ve las cosas diferentes porque él cuenta con una perspectiva eterna?

Pedro escribió: «Pero no olviden, queridos hermanos, que para el Señor un día es como mil años, y mil años como un día. El Señor no tarda en cumplir su promesa, según entienden algunos la tardanza. Más bien, él tiene paciencia con ustedes, porque no quiere que nadie perezca sino que todos se arrepientan». Dicen que una vez un economista leyó estas palabras y se emocionó mucho.

—Señor, ¿es verdad que mil años para nosotros son como un minuto para ti?

—Sí.

—Entonces un millón de dólares para nosotros debe ser solo un centavo para ti.

—Sí.

—Señor, ¿me darías uno de esos centavos?

—Por supuesto. Espera aquí un minuto.

Con muchísima frecuencia anhelamos los recursos de Dios, pero no queremos ajustarnos a su tiempo. Queremos el centavo, pero no el minuto. Nos olvidamos que su obra en nosotros mientras esperamos es tan importante como por lo que pensamos estar esperando. Esperar significa que le damos a Dios el beneficio de nuestra duda de que él sabe lo que hace.

Y debe ser confianza paciente: confianza que está dispuesta a esperar una y otra vez, día tras día.

Quizás eres soltero o soltera. Los estadounidenses viven en una sociedad en la que, muy a menudo, se asume que el matrimonio es normal y la soltería no. Puedes sentir el dolor de ese estigma. Quizás sientas un anhelo legítimo por una verdadera intimidad y cercanía a otra persona.

Tal vez sientes un tipo de soledad que solo Dios puede sanar y de la que ningún otro ser humano es capaz de rescatarte. Esperar es tan difícil.

Tal vez haya una relación potencial justo a tu puerta, pero sabes que no honraría a Dios. Es probable que sepas que no se trata de la persona adecuada porque no comparte contigo su total compromiso con Dios. Quizás esa persona te está presionando para involucrarte sexualmente aun cuando no están casados.

Te sientes tentado a pensar así: «Ya he esperado el tiempo suficiente. Estoy cansado. Voy a aceptar cualquier satisfacción que pueda darme esta vida y después me preocuparé por las consecuencias».

¿Esperarías en el Señor? Dirás con valentía: «Está bien, Señor. No me voy a enredar en una relación que sé que te deshonrará y dañará las almas de los implicados. Trataré de edificar la mejor vida que pueda en donde estoy, sin saber qué es lo que me depara el mañana. Aun cuando a veces siento que nadie más entiende lo doloroso que es, confiaré en ti. Esperaré».

Es posible que sueñes con ciertos logros en tu trabajo o en algún área de tu ministerio. Pero no está ocurriendo lo que esperabas; no conoces la razón, pero sí sabes que duele. Eres tentado a forzarlo presionando, manipulando o tramando para obtener lo que quieres.

O quizás estés tentado a dejar de hacer intentos por desarrollar el potencial que Dios te dio y dejarte llevar por la corriente. ¿Tendrás la paciencia para no forzarlo ni abandonarlo, sino para esperar pacientemente, para continuar aprendiendo acerca de tus dones, para recibir con humildad retroalimentación y dirección de otros, para crecer un paso a la vez y confiar en el plan de Dios más que en lo que crees que es tu necesidad?

Es probable que estés en una relación difícil. Quieres desentenderte de todo a nivel emocional, si no es que también físico. Pero Dios te dice: «¡Espera! Concéntrate en el amor que puedes ofrecerle a la otra persona, no en el que piensas que debes recibir. Confía en mí. Sigue ahí. Sigue intentando».

Tener el carácter para limitarte a tomar el bombón prohibido es una de las pruebas más grandes del mundo. Pero vale la pena.

¿A qué se asemeja el esperar con confianza paciente? Henri Nouwen nos dio una ilustración de ese tipo de confianza no mucho antes de fallecer en 1996. Al escribir sobre unos artistas del trapecio que se convirtieron en muy buenos amigos suyos, explicaba que existe una relación muy especial entre el acróbata y el receptor. (Esto no me sorprende. Si fuera acróbata, querría convertirme en el mejor amigo del receptor. Haría mi mejor esfuerzo para asegurarme de que no hubiera resentimientos persistentes de su parte. Querría caerle extremadamente bien.)

Mientras el acróbata se balancea muy alto sobre la multitud, llega el momento en que se suelta del trapecio y describe un arco en el aire. Durante ese instante, que debe sentirse como una eternidad, el acróbata queda suspendido en la nada. Es demasiado tarde para tratar de agarrarse otra vez del trapecio. Ya no hay marcha atrás. Sin embargo, es demasiado pronto para ser sujetado por el que lo va a recibir. El acróbata no puede acelerar la recepción. En ese momento, su único trabajo es quedarse tan quieto y estático como le sea posible.

«El acróbata jamás debe tratar de recibir al receptor —le dijo el artista del trapecio a Nouwen—. Debe esperar en absoluta confianza. El receptor lo agarrará. Pero debe esperar. Su trabajo no es agitarse ansiosamente. Si lo hace, de hecho, podría propiciar su muerte. Su trabajo es quedarse quieto. Esperar. Ese es el trabajo más difícil de todos, esperar».

Puede que estés ahora en ese momento muy vulnerable: tienes que soltar aquello que Dios te ha pedido que sueltes, pero no sientes todavía que la mano de Dios te está agarrando. ¿Esperarás en confianza absoluta? ¿Serás paciente? Esperar requiere de confianza paciente.

HUMILDAD CONFIADA

Esperar en el Señor también requiere de humildad confiada. Dijo el profeta: «El producto de la justicia será la paz; tranquilidad y seguridad perpetuas serán su fruto».

El resultado de la justicia, tal como él lo discierne, serán dos cualidades del carácter. La primera es la confianza, no tanto en mí mismo como en aquel que me sustenta. Es la seguridad de que Dios es capaz. Implica una orientación intrépida hacia el futuro. La segunda cualidad es la quietud, lo opuesto a la arrogancia y a la jac-

ESPERAR ES, POR NATURALEZA, ALGO QUE SOLO LOS HUMILDES PUEDEN HACER CON GRACIA.

tancia, un reconocimiento humilde de mis propios límites. ESPERAR ES, POR NATURA-LEZA, ALGO QUE SOLO LOS HUMILDES PUEDEN HACER CON GRACIA.

Cuando estamos esperando, reconocemos que no tenemos el control.

En la sociedad norteamericana existe una correlación directa entre el estatus social y la espera. Mientras más alto sea tu estatus, menor es el tiempo que esperas. La gente de estatus social bajo siempre espera a la de estatus social más alto.

Intenta, por ejemplo, llegar a la oficina de tu doctor y decirle a la recepcionista: «Soy una persona importante. Mi tiempo es tan valioso que no puedo esperar. ¡El doctor debe atenderme de inmediato!» Leí recientemente acerca del director general de una compañía que se frustró tanto al tener que estar sentado en una sala de espera, que le envió una factura al doctor para que le pagara por el tiempo que lo mantuvo esperando.

Esperar es algo bueno para las personas como yo. Me recuerda que no tengo el control. Yo soy el paciente. Estoy en la sala de espera. Esperar me hace humilde en áreas que necesito serlo. Podemos esperar con confianza. Dado que esperar nos recuerda que estamos a la espera *de* alguien, la actividad más importante al hacerlo es la oración.

La oración nos permite esperar sin preocupaciones. Hace unas cuantas noches no podía dormir. Estaba perturbado por toda clase de pensamientos del tipo «¿y qué ocurre si…»: ¿Y si eso no cambia? ¿Y si no recibo lo que quiero tanto? Por mi mente pasaban pensamientos desesperados. Había un poco de verdad en ellos, es decir, cosas malas que podrían ocurrir, pero no me estaban llevando a la vida.

Poco después de eso, leí el recuento de Jesús y sus amigos en una barca, bajo el azote de una tormenta. Los discípulos estaban desesperadísimos debido a que, ¿lo recuerdas?, Jesús dormía.

Y entonces me impactó: hay una experiencia que Jesús nunca tuvo. Él había experimentado virtualmente toda emoción humana: sufrimiento, gozo, dolor. Había estado cansado, molesto y esperanzado. Pero hubo una sola cosa que nunca experimentó: Nunca estuvo preocupado. Nunca tuvo pánico. En ese momento, me di cuenta de que Dios nunca está desesperado.

Hay personas que hablan acerca de reconocer la voz de Dios cuando él les habla. Hay muchas cosas respecto a esto que no entiendo. Pero lo que sí sé es que la manera en la que reconoces la voz de cualquier persona es experimentando su tono y su calidad. La voz de Dios nunca es desesperada. Cuando escuches pensamientos desesperados en tu mente, puedes estar seguro de que no es Dios quien habla. Puedes esperar en humildad confiada.

Esperar en el Señor requiere de una esperanza inextinguible

Pablo escribió: «Porque en esa esperanza fuimos salvados. Pero la esperanza que se ve, ya no es esperanza. ¿Quién espera lo que ya tiene? Pero si esperamos lo que todavía no tenemos, en la *espera* mostramos nuestra constancia».

La esperanza a la que se refiere es, en sí misma, una forma de espera. Ernst Hoffmann escribe: «La esperanza del Nuevo Testamento es una espera y una expectativa paciente, disciplinada y confiada del Señor como nuestro Salvador... demuestra su carácter vivo por medio de la perseverancia con la que aguarda».

—Es un novio aguardando por su esposa la noche de bodas.

—Es la espera de un atleta por la carrera que más le gusta correr.

—Es esperar a que el reloj señale las 6 a.m. cuando es Navidad; tienes siete años y tus padres te dijeron que no los despertaras antes de esa hora, y sabes que algo bueno te aguarda.

Si estás esperando en el Señor en estos días, es decir, si le estás obedeciendo, pero no ves aún los resultados que deseas, necesitas saber que en la Biblia hay una maravillosa promesa ligada a esta espera.

Aun los jóvenes se cansan, se fatigan,
y los muchachos tropiezan y caen;
pero los que confían [esperan] en el Señor
renovarán sus fuerzas;
volarán como las águilas:
correrán y no se fatigarán,
caminarán y no se cansarán.

Nunca olvidaré el comentario de David Hubbard respecto a estos versículos. Fue un erudito en Antiguo Testamento y el hombre más inteligente que conocí. Escoge cualquier tema, como los lenguajes semíticos, la historia de la Dinastía Ming, las innovaciones en la ingeniería, la música clásica, la teoría de la administración organizacional o las estadísticas de béisbol; él era capaz de discutirlo con expertos en la materia. Debido a sus dotes de liderazgo, David pasó treinta años como presidente del seminario interdenominacional más grande del mundo pero, en su corazón, esperaba el día en que pudiera jubilarse y dedicarse al estudio de su primer amor: el Antiguo Testamento. Ese era el bombón que más quería.

Irónicamente, muy poco después de su jubilación, sufrió un ataque masivo al corazón y falleció. De igual forma, parecía haberse desvanecido la misma oportunidad que esperó por tres décadas. Todos los que lo amamos y conocimos sentimos una inmensa tristeza. Pero para él era difícil lamentarse consigo mismo. Siempre insistió en que el valor de estudiar el Libro era conocer a aquel que estaba tanto atrás como por encima de su propia obra. Así que la oportunidad que realmente esperó durante todos esos años, al fin la alcanzó.

La última carta que recibí de él, justo unas cuantas semanas antes de su muerte, contenía un comentario acerca de esos versículos de Isaías relacionados con esperar en el Señor. David Hubbard escribió que debemos vivir esas palabras, volar, correr y caminar con ellas, «un versículo por vez».

En algunas ocasiones remontarás los cielos y volarás en alas de águilas. Esta es una hermosa imagen. Los ornitólogos dicen que las aves tienen tres métodos de vuelo. El primero es el aleteo, es decir, mantener sus alas en constante movimiento para contrarrestar la fuerza de gravedad. Los colibríes pueden aletear hasta setenta veces por segundo. Aletear es lo que los mantiene en el aire, pero implica muchísimo esfuerzo. Aletear es un asunto poco elegante y burdo. Suelo invertir mucho tiempo aleteando. Me lleva de un lado a otro, pero no hay mucha elegancia implicada en ello.

Un segundo método de vuelo es planear. Las aves alcanzan velocidad suficiente y luego se deslizan un poco en dirección descendente. Es mucho más elegante que aletear pero, desafortunadamente, no lleva al ave muy lejos. La realidad en la forma de la gravedad se presenta rápidamente. Planear es lindo, pero no dura mucho.

Y está el tercer método: remontar. Solo unas cuantas aves, como en el caso de las águilas, son capaces de remontar. Las alas de las águilas son tan fuertes que les hacen posible sostenerse en corrientes ascendentes de aire caliente, en vientos térmicos que ascienden en forma vertical desde la tierra, de manera que, sin mover una sola pluma, pueden remontar grandes alturas. Se ha podido medir que las águilas alcanzan una velocidad de 120 km/h sin hacer un solo aleteo. Simplemente se remontan en columnas invisibles de aire ascendente.

Isaías dice que, para quienes esperan en el Señor, habrá ocasiones en las que remonten el vuelo. Déjate llevar por una ráfaga del espíritu. Jesús dijo: «El viento sopla por donde quiere … Lo mismo pasa con todo el que nace del Espíritu».

Tu vida estará, algunas veces, en tiempo de remontarte espiritualmente. Tal vez te encuentres ahí en este momento. Simplemente, eres transportado a lo alto en el poder de Dios. Estás fuera de la barca. Dios responde tus oraciones con exagerada generosidad, utilizándote en formas que te impactarán, dándote poder para vencer la tentación y el pecado, haciéndote sorprendentemente productivo en tu vida laboral e inundándote con fortaleza y sabiduría que sobrepasa tus propias habilidades.

Sé agradecido. Haz todo lo posible por permanecer en la corriente del poder del Espíritu, obedece a la guía del Espíritu. Sigue orando y no supongas que estás remontando el vuelo por tu propia fuerza. Es posible que haya disciplinas específicas que te ayuden a ser impulsado por el poder del Espíritu, como estar en intimidad con él, memorizar la Escritura o simplemente descansar lo suficiente. Identifícalas y sé muy diligente al llevarlas a cabo, edifica sobre ellas y disfruta del paseo. Estás caminando sobre el agua. Estás remontando el vuelo con el Espíritu.

Pero hay otra línea en la descripción de Isaías. A veces, no estamos remontando el vuelo, pero corremos sin cansarnos. Si estás en esa posición, tu vida no se siente alejada del esfuerzo. No estás viendo muchos milagros. De repente tienes que aletear. Sin embargo, con persistencia y determinación, sabes que estás corriendo la carrera. Te sientes frustrado, pero también sientes que Dios se complace con tu obediencia. Debes mantenerte en la carrera: obedeciendo fielmente, sirviendo, dando y orando. No trates de producir artificialmente el éxtasis espiritual. No te compares con alguien que en este momento remonte el vuelo. Ya llegará tu oportunidad. Solo sigue corriendo.

Luego viene la tercera condición que describe Isaías. En ocasiones no estamos remontando el vuelo y no podemos correr por causa de la duda, el dolor, la fatiga o el fracaso. En esas oportunidades, todo lo que podemos hacer es caminar y no desmayar. Eso no es caminar sobre el agua. Es, simplemente, caminar. Todo lo que podemos hacer es decirle al Señor: «Dios, continuaré. Parece que no estoy siendo fructífero o productivo y, además, no me siento muy triunfante. Pero seguiré. Te obedeceré. Simplemente continuaré caminando».

Los treinta minutos más impactantes que jamás he visto en una película son la secuencia inicial de *Saving Private Ryan* [Rescatando al soldado Ryan]. Los veteranos de la guerra dicen que esta es la película más realista jamás lograda sobre el brutal sufrimiento que enfrentaron los soldados aliados durante el Día D. Para ganar unos cuantos metros de terreno en la playa Omaha, en Normandía, se pagó un precio increíble. Costó sangre. En cierto sentido, al final del Día D, el cambio fue poco. La gran mayoría del continente europeo todavía estaba, igual que el día anterior, bajo el poder de la esvástica. Solo este pequeño pedazo de terreno —de unos cuantos metros de arena en una oscura extensión de playa en un solitario país—, era lo único que no estaba bajo el dominio del enemigo. Pero esa única y pequeña extensión de tierra fue suficiente.

En honor a la verdad, al final de ese día, todo había cambiado. Ahora había una abertura. Era solo una pequeña fisura, pero crecería un poco más cada día. Las fuerzas aliadas serían un poco más fuertes cada día. Todavía habría muchísimas batallas, muchísimo sufrimiento, muchísimas muertes. Pero ahora era solo cuestión de tiempo.

Hasta que, un día, París fue liberada. Luego toda Francia. Los campos de concentración nazi fueron invadidos. Los prisioneros liberados.

Luego llegó el día en el que Hitler se suicidó en el búnker. El día en el que el juicio cayó sobre la bestia, lo cual siempre ocurre. Lo cual siempre ocurrirá.

Luego llegó el Día VE: Victoria en Europa. Luego el Día VJ: Victoria sobre Japón en el Pacífico. Los soldados podían regresar a casa. La guerra había terminado. El enemigo había sido vencido.

Entre el desembarco inicial en la Playa Omaha y el tiro final de la última arma disparada hubo una larga brecha. Pero la realidad es que la victoria quedó sellada en el Día D. Después de este, el Día VE fue solo cuestión de tiempo.

Cierta vez una mujer dio a luz a su hijo, un niño destinado a regir sobre todas las naciones con cetro de hierro. Él enseñó acerca de, y vivió en, cierto reino, un tipo de vida que el resto de nosotros siempre soñó pero que difícilmente se había atrevido a esperar.

Pienso que en algunas ocasiones de la vida de Jesús, como cuando estuvo en el Monte de la Transfiguración o cuando llamó a su amigo Lázaro para que saliera del sepulcro, el Señor remontó el vuelo. Se levantó tan alto en el espíritu que nadie podía seguirle el paso. Subió como en propulsión a chorro.

En otras ocasiones, como cuando lloró por Jerusalén, cuando se frustró con la lentitud de sus discípulos o cuando enfrentó la oposición de los líderes religiosos, la vida le fue más difícil. Pero se mantuvo corriendo. No se desvió de la ruta aun cuando iba cuesta arriba. Él era capaz de correr por mucho tiempo.

Pero cuando llegó el momento de tomar el camino al Calvario, no estaba remontando el vuelo. Cuando la cruz se colocó en su espalda lastimada y sangrante, no estaba corriendo. Caminó. Era un hombre joven, pero ese día tropezó y cayó. Todo lo que pudo hacer fue levantarse otra vez y caminar un poco más. Algunas veces, todo lo que podemos hacer es caminar. Pero en esas ocasiones, eso es suficiente.

Tal vez es cuando la vida es más difícil, cuando queremos más que nunca dejar todo; pero le decimos a Dios: «No renunciaré a esto. Seguiré poniendo un pie delante del otro. Tomaré mi cruz. Seguiré a Jesús aun en este camino». Quizás Dios aprecia nuestro caminar aun más de lo que estima que remontemos el vuelo o corramos.

> **Algunas veces, todo lo que podemos hacer es caminar. Pero en esas ocasiones, eso es suficiente.**

En todo caso, pagando un precio —que nadie llegará a entender totalmente jamás—, Jesús caminó al Calvario. Tomó sobre sí mismo, en la cruz, todo el quebranto de la raza humana.

Todo el sufrimiento del Día D en la Playa Omaha.

Y todo el sufrimiento por causa de todo el pecado y dolor de cada día de la historia de los seres humanos desde la caída.

Después del sábado, antes de que sus amigos fueran a ocuparse de su cuerpo, la piedra fue cambiada de lugar, removida. En un sentido, nada había cambiado. Pilatos y los sumos sacerdotes todavía tenían el control; César aún reinaba y ni siquiera conocía el nombre de este oscuro Mesías en un país remoto.

En primera instancia nadie lo supo, excepto un par de mujeres; pero ese fue el Día D. Ahora había una abertura. Pequeña inicialmente, no mayor que la entrada a una tumba.

Cada vez que te involucras en la batalla, cada vez que resistes el pecado, cada vez que proclamas el evangelio, cada vez que das una porción de tus recursos para engrandecer el reino, cada vez que ofreces un vaso de agua fría en el nombre de Jesús, cada vez que «esperas en el Señor»; en cada ocasión, esa abertura se hace un poco más grande. La oscuridad es replegada un poco más. La luz se hace un poco más fuerte.

En nuestro mundo, hay algunos corredores bastante veloces. Hay algunas águilas que remontan el vuelo mucho más alto que lo que podemos ver. Es difícil ser alguien que camina cuando se está rodeado por corredores y águilas. Sin embargo, en algunas ocasiones, caminar es lo mejor que podemos ofrecerle a Dios. Él entiende todos los detalles al respecto. Caminar también cuenta.

Y un día llegará la liberación. No nos equivoquemos: Habrá todavía muchas batallas, mucho sufrimiento, muchas muertes. Pero el Día D ya ocurrió, cuando nadie estaba mirando. Al final de ese día, todo había cambiado. Así que sigue caminando, porque lo que esperamos no es más importante que lo que nos ocurre mientras aguardamos.

Solo es cuestión de tiempo.

SAL DE LA BARCA

1. ¿Cómo tiendes a responder cuando debes esperar?
2. ¿Por qué crees que Jesús esperó tanto tiempo antes de acercarse a los discípulos durante la tormenta? ¿En qué maneras has observado que esperar desarrolla tu carácter?
3. ¿En qué área de tu vida te es más difícil esperar?
4. ¿Cuál diría que es la diferencia entre «esperar en el Señor» y «dejar pasar el tiempo»? ¿Cómo transformarías tu actual forma de espera en una «espera en el Señor»?
5. ¿Qué dirías que estás haciendo en estos días: «remontando el vuelo», «corriendo» o «caminando»?

CAPÍTULO 10

Y los que estaban en la barca lo adoraron diciendo:
—Verdaderamente tú eres el Hijo de Dios.
MATEO 14:33

¿CUÁN GRANDE ES TU DIOS?

Señor, ayúdame a hacer las cosas grandes como si se tratara de cosas pequeñas, pues las hago en tu poder; y ayúdame a hacer las cosas pequeñas como si se tratara de cosas grandes, pues las hago en tu nombre. BLAISE PASCAL

En cuanto los niños pueden hablar, una de las preguntas que les hacemos los padres es: «¿Cuán grande eres?»

Siempre dan la misma respuesta: «¡Soy muuuuy grande!» Casi siempre levantan sus manos para añadir un poco más de estatura, como para decir: «Soy inmenso. Soy enorme. Ni te puedo decir qué tan grande soy».

Esta no es una respuesta basada en hechos científicos. No la puedes usar en cualquier contexto. Por ejemplo, si tu esposa te pregunta: «¿Cuán grande te parece mi cadera?», es posible que no quieras alzar tus manos muy por encima de tu cabeza y exclamar: «¡Es muuuuy grande!»

Les enseñamos esta respuesta a nuestros hijos porque queremos que se den cuenta de que están creciendo. Sabemos que es muy importante lo que piensan de sí mismos. No queremos que la imagen que tengan de ellos los describa como pequeños, débiles o sin la fortaleza adecuada para enfrentar los desafíos de la vida.

Pero tengo una pregunta más importante: ¿Cuán grande es tu *Dios*? ¿Qué tan grande es Cristo en tu vida?

Dale Bruner señala que, justo a la mitad de la historia de la caminata sobre el agua, está la palabra que tiene el poder de calmar las tormentas de temor en el pueblo atribulado de Dios: «¡Cálmense! SOY YO. No tengan miedo». Las traducciones anglosajonas casi siempre añaden una palabra que no se encuentra en el griego: «Yo soy *él*» o «Se trata de mí». Pero Mateo utiliza la versión griega del nombre revelado por Dios mismo, grande y misterioso: «Yo soy el que soy»; «Yo soy me ha enviado a ustedes».

Como lo explica Bruner: «Este no es un saludo marino de rutina; es el Señor divino dirigiéndose a su iglesia en necesidad. El evangelio de la historia yace en este gran mensaje». Jesús pretende que sus seguidores, tan propensos al temor, entiendan que esta tierra está en las manos de un Señor infinito cuyo carácter y capacidad son dignos de confianza. «De esto se trata, mis amigos —les dice—, ¡Cálmense! SOY YO. No tengan miedo».

Creo firmemente que la forma en la que vivimos es una consecuencia del tamaño de nuestro Dios. El problema que tenemos muchos es que percibimos a Dios como muy pequeño. No estamos convencidos de estar absolutamente seguros en las manos de un Dios totalmente capaz, omnisciente y siempre presente.

Al levantarnos por las mañanas, ¿qué pasaría si viviéramos con un Dios que percibimos como pequeño?

Viviríamos en un estado de temor y ansiedad constantes debido a que todo dependería de *nosotros*. Nuestro humor es gobernado por nuestras circunstancias. Vivimos en un universo que nos deja profundamente vulnerables.

Cuando tenemos una oportunidad de hablar de nuestra fe, encogemos nuestros hombros: ¿qué tal si nos rechazan o si no encontramos las palabras adecuadas? Todo depende de nosotros.

No podemos ser generosos porque nuestra seguridad financiera depende de nosotros.

Cuando necesitamos decir palabras fuertes de confrontación o desafío, tendemos más bien a quedarnos callados. Eso se debe a que, si no vivimos en la seguridad de que un gran Dios nos respalda, nos convertimos en esclavos de lo que otros piensen de nosotros.

Si enfrentamos la tentación de decir palabras engañosas para evitar el dolor, probablemente caeremos en ella. Puede que, en nuestro trabajo, tratemos de obtener el crédito por algo que no nos pertenece porque no confiamos en un gran Dios que nos mira en lo secreto y que un día nos recompensará.

Si alguien se enoja con nosotros o nos desaprueba, nos quedamos hechos un nudo: no tenemos la seguridad de saber que un Dios gigante nos está cuidando. Cuando los seres humanos perciben a Dios como alguien pequeño, oran sin tener fe, trabajan sin pasión, sirven sin gozo y sufren sin esperanza. El resultado de esto es el temor, la retirada, la pérdida de visión y la incapacidad de perseverar.

¿Qué tan grande es Jesús?

En una ocasión caminaba junto con algunos amigos en Newport Beach, California. Pasamos por un bar en donde una riña que ocurría en el interior se extendió hasta la calle, como en una escena de películas de vaqueros. Tres hombres le estaban dando una paliza a un solitario oponente, el cual sangraba abundantemente.

Teníamos que hacer algo, así que decidimos terminar la pelea, y les advertimos a los agresores en términos muy claros que la riña había terminado. Por desgracia, yo no tenía mucha experiencia en ese tipo de cuestiones. No fui al seminario el día en el que trataron el tema de cómo terminar una bronca de bar. Pasamos bastante tiempo en la iglesia como para dominar un lenguaje efectivo para ese tipo de intervenciones. («Ya estuvo, señores, ¡deténganse de inmediato! ¡Hablo en serio!» Estas frases resultan muy bien con los niñitos de tres años en la iglesia que saben que conozco a sus padres, pero con gladiadores experimentados dominados por cuantiosas cantidades de licor y testosterona, no son palabras muy efectivas. Bueno, en efecto, tampoco resultan muy bien con los niñitos de tres años.)

Terminar riñas de borrachos no es para mí un área fuerte de apasionamiento o capacidad espiritual. Pero alguien tenía que hacer algo, así que salimos de la barca. Les dijimos algunas palabras proféticas y me quedé esperando iniciar mi primera pelea a puñetazos desde que fui parte de una junta de diáconos en la iglesia.

Sin embargo, los malhechores nos lanzaron repentinamente una mirada atemorizada y comenzaron a escabullirse. Esto en verdad me causó tanta sorpresa que casi los detengo para preguntarles por qué estaban huyendo.

Entonces miré por detrás de mí y ahí estaba uno de los hombres más corpulentos que jamás había visto. Aparentemente, era uno de los encargadas de sacar a los borrachos del bar. Repentinamente, sentí un gran respeto por ese oficio. Calculo que el hombre medía cerca de dos metros de altura y pesaba más de doscientos treinta kilogramos, quizá con un 2% de grasa corporal. Si Hércules se hubiera casado con Xena la Princesa Guerrera, este podría haber sido su hijo.

Lo llamamos Mongo. Aunque solo entre nosotros, no en su cara. «Mongo» no dijo una sola palabra. Simplemente se paró ahí con su atemorizante musculatura. Se veía como si esperara que ellos trataran de írsele encima. Esa era una de sus áreas de capacidad masiva e impresionante. Terminar riñas era su «don espiritual».

En ese momento, mi actitud cambió: «¡Más les vale que no los volvamos a ver por aquí otra vez!» Éramos personas diferentes *porque con nosotros estaba un gran Mongo.*

Podía confrontar el asunto con determinación y firmeza. Me sentí lleno de valor y confianza. Se me quitó la ansiedad y el temor. Estaba listo para ayudar al que necesitara mi ayuda.

¿Por qué? Porque Mongo pasó a nuestro lado. Experimenté una «mongofanía». Quedé convencido de que no estaba solo. Ese sitio, en el que se desataba una riña de bar, era para mí un lugar perfectamente seguro.

Si tuviera la seguridad de que Mongo está conmigo veinticuatro horas al día y siete días a la semana, tendría un enfoque de la vida fundamentalmente distinto.

Por supuesto, él no anda conmigo. No puedo pasearme por allí con Mongo a mi lado todo el tiempo; es probable que eso sea bueno. Pero no lo necesito.

Tengo a mi lado y en todo momento a uno que es más grande que Mongo. «¡Cálmate! —me dice— SOY YO. No tengas miedo». Y yo creo eso. Es parte de mi credo. He dedicado mi vida a enseñarle esto mismo a otros. Y aun así, con frecuencia mi vida no lo refleja. A menudo me encojo de hombros cuando debería confrontar; me preocupo, cuando debería orar; me aferro a las cosas cuando podría compartirlas generosamente; me quedo en la barca cuando podría caminar sobre el agua.

Entonces, ¿cómo cambio mi perspectiva? ¿Cómo puedo llegar a creer en la suficiencia de Cristo para mi vida de la misma forma en la que hoy creo en la gratitud? ¿Cómo puedo vivir de manera que se refleje el hecho de que soy un seguidor de un Dios que es *taaaan grande*?

Hay una palabra que define el proceso por medio del cual los seres humanos llegan a percibir y declarar lo vasto, digno y fuerte de Dios. Es: adoración.

Vivimos en un mundo que no promueve mucho la adoración. La mayoría de nosotros estamos acostumbrados a ser medidos por lo que hacemos. Conozco la seducción de la independencia y de la autosuficiencia de manera muy particular. Además, la adoración, en su aspecto más superficial, no parece ser productiva, no tiene que ver con que *ocurran* cosas. Entonces, ¿por qué adorar? Déjame explicarte la razón por la que decidí que tengo que vivir como un adorador. Y permíteme exponerte la razón por la que tú también necesitas serlo.

¿POR QUÉ INSISTE DIOS EN LA ADORACIÓN?

¿Alguna vez te has preguntado por qué Dios insiste en ser adorado? Cuando mis hijas eran muy pequeñitas, solía jugar con ellas preguntándoles: «¿Quién es el hombre más inteligente, fuerte, loco, guapo, encantador y atractivo de todo el mundo?»

Quedaban calladas por un buen rato, como si estuvieran reflexionando profundamente en el asunto, y luego gritaban: «¡San Nicolás!» Luego gritaban y reían, como si hubieran dicho lo más cómico del mundo. Conforme iban creciendo, San Nicolás fue sustituido por Abelardo de Plaza Sésamo, el Sr. Rogers, Brad Pitt o por uno de los antiguos amigos de su mamá, cuyos números llegan a contarse por legiones. Al cabo del tiempo dejé de jugar con esa pregunta.

Mis hijas tenían la salud mental suficiente para saber que no se refuerzan las necesidades narcisistas del ego de alguien sentándose cerca de él o ella y diciéndole cuán grande es.

Entonces, ¿por qué razón insiste Dios en que lo adoremos? ¿En verdad necesita tener a un planeta lleno de criaturas que pasen vastas cantidades de tiempo y esfuerzo soñando en diversas maneras de decirle cuán grande es él? ¿Acaso no lo sabe ya?

La adoración no tiene que ver con satisfacer las necesidades insatisfechas del ego de Dios. Él nos ha hecho de tal forma que, cuando experimentemos algo trascendente y grande, tengamos la necesidad de alabarlo. Nuestra experiencia es incompleta hasta que podemos envolverla con palabras. Cuando miramos el Gran Cañón por primera vez, un arco iris doble o un nido de polluelos de garza alistándose para su primer vuelo, algo en nuestros espíritus demanda que expresemos el gozo que recibimos.

(Hay una vieja fábula que dice que Dios le dijo a Pedro que castigaría a un pastor que idolatraba el golf y que solía no asistir los domingos a la iglesia para poder ir al campo a jugar. Ese día, el viejo pastor hace que el campo de golf eche humo: es el primer juego excelente de su vida, coronado por su primero y único hoyo en uno en el hoyo dieciocho. Con un poco de indignación, Pedro le dice a Dios: «Creí que dijiste que lo castigarías». A lo que Dios responde: «Ya lo hice. ¿Crees que se atreverá a contárselo a alguien?»)

Cuando notamos algo profundamente admirable en otra persona, no solo queremos expresarlo de manera general. Más que eso, nuestro deseo toma una nueva forma. Por ejemplo, si eres soltero y miras a una mujer de gran carácter moral, encanto personal y belleza física, ¿a quién quieres expresarle tu admiración? (Si para este momento no has respondido «a ella», eso puede explicar algo acerca de por qué todavía sigues soltero.)

Adoramos a Dios no porque su ego lo necesite sino porque, sin la adoración, nuestra experiencia y regocijo con él no están completos. No adoramos a Dios porque lo necesite, sino porque *nosotros* lo necesitamos.

Necesito adorar.

Necesito adorar porque, si no lo hago, puedo olvidarme de que tengo a un gran Dios a mi lado y puedo vivir con temor. Necesito adorar porque, si no lo hago, puedo olvidarme de su llamado y comenzar a vivir en un espíritu de autopreocupación. Necesito adorar porque, si no lo hago, pierdo la sensación de admiración y gratitud y comienzo a andar por la vida con paso lento y anteojos puestos. Necesito adorar porque soy naturalmente propenso a la autodependencia y a la independencia obstinada.

No creo que sea un accidente que la historia de Pedro caminando sobre el agua termine de esta forma: «Cuando subieron a la barca, se calmó el viento. Y los que estaban en la barca lo adoraron diciendo: —Verdaderamente tú eres el Hijo de Dios». Aquí opera un patrón que se registra repetidas veces en la Escritura y que necesito que se convierta también en parte de mi vida: Dios se revela. Después, reflejamos lo que Dios ha hecho y respondemos en adoración. Entonces crece nuestro entendimiento de Dios.

Jesús «pasa a nuestro lado». Este pasar a nuestro lado puede ser de una forma dramática: en una zarza ardiente, en una columna de fuego, en una caminata sobre el agua. Pero, a menudo, ocurre de maneras que pueden pasarnos desapercibidas fácilmente: en una voz tranquila y baja o a través de un bebé en un recóndito pesebre. Dios puede «pasar» a tu lado en las palabras reconfortantes de un amigo o en la belleza de un día de primavera cuando la tierra comienza a volver a la vida y te das cuenta de que los cielos realmente «cuentan la gloria de Dios».

Y, en otras ocasiones, será en el acto de salir de la barca que veo a Jesús pasar a mi lado y veo a un Dios que es más grande de lo que imaginé.

Un amigo y yo estábamos por pasar dos semanas predicando en Etiopía, cuando todavía estaba bajo un régimen marxista. Las iglesias clandestinas que me invitaron, me solicitaron también que les lleváramos cincuenta Biblias de estudio. Yo tenía mis dudas respecto a contrabandear Biblias, pero decidimos correr el riesgo. Las iglesias en las que ministramos donaron las Biblias requeridas; es más, poco antes del viaje, una mujer se me acercó y puso en mis manos una Biblia más, así que en realidad nos llevamos cincuenta y una.

Por supuesto, uno de los oficiales de la aduana abrió una de las maletas y confiscó las Biblias. Unos días después, recibimos una llamada de parte del oficial principal de la aduana, que solicitó una entrevista con los líderes de las iglesias. Temimos lo peor: los líderes cristianos en Etiopía pasaban tanto tiempo en prisión que se referían a ella como «la universidad». (Aquí es a donde Dios envía a sus líderes cuando quiere que experimenten el crecimiento, dicen ellos. Como al José bíblico, a algunos de ellos los celadores les daban responsabilidades cuando querían tomarse un descanso. ¡Les quitaban las balas a sus rifles y se los daban a los prisioneros cristianos para montar guardia hasta que ellos regresaban!) Esperábamos que, en el mejor caso, pudiéramos recibir de vuelta las Biblias a cambio de un soborno.

Imagina nuestra sorpresa cuando el alto oficial dijo: «Estas Biblias son ilegales. Pueden llevárselas con una condición: No se lo digan a nadie, pero quiero quedarme con una».

Mi Dios se hizo un poco más grande ese día. El Señor «quiso pasarlos de largo». ¡Qué graaaande!

Cada vez que alguien sale de la barca, su Dios se hace un poco más grande.

REFLEJAMOS LO QUE DIOS HA HECHO

La versión de Marcos respecto a la historia de la caminata sobre el agua afirma que los discípulos estaban sumamente asombrados «porque tenían la mente embotada». No podían ver todavía que, en Jesús, *Dios se reveló a sí mismo.*

Cuando me detengo a reflexionar en lo que Dios ha hecho, trato de suavizar la dureza de mi corazón. En vez de transitar mi día con los anteojos puestos, me *percato* de las cosas.

Los sicólogos se refieren a una frecuente condición humana a la que denominan *mecanicidad.* En ese estado, mi cuerpo está presente, pero mi mente flota en cualquier otro lado con piloto automático. Muchos sufrimos de esta mecanicidad de vez en cuando. Para algunos se ha convertido en nuestro estilo de vida.

Déjame darte un ejemplo. Te haré algunas preguntas y me dirás la primera respuesta que te venga a la mente. (Si estás solo, hazlo en voz alta.)

—El árbol que crece a partir de una bellota se llama…
—Al vapor que sale del fuego se le llama…
—El sonido que produce una rana se llama…
—Lo blanco del huevo se llama…

(Si no dijiste «yema», estás menos mecanizado que yo.)

A veces, la mecanicidad puede afectar a la iglesia entera. Un articulista en *The Christian Century* [El Siglo Cristiano] escribió acerca de una congregación que había predeterminado todos sus servicios en archivos de computadora. Cuando tenía que llevarse a cabo un servicio funeral, desarrollaban el mismo programa que habían usado para el último funeral, sustituyendo solamente el nombre de la persona recién fallecida [Edna, por ejemplo] por el de la persona fallecida anteriormente [María]. En una ocasión, todo procedió sin contratiempos hasta que llegaron a la lectura del Credo de los Apóstoles, durante la cual todo el pueblo recitó su fe en Jesús, «concebido por el Espíritu Santo, nacido de Edna la virgen...»

La mecanicidad es una las cosas esenciales que nos alejan de la adoración. Irónicamente, vivimos en una época que trata de eliminar el misterio aunque, después, lo extrañamos. Tenemos aparatos identificadores de llamadas, sabemos el género de los bebés antes de que nazcan, las encuestas nos dicen a quién elegimos antes de que termine la votación, los programas de televisión revelan los secretos que los magos siempre habían mantenido ocultos: destruimos el asombro por las cosas y luego nos condolemos por no sentirlo. Pero Dios es demasiado grande para los asesinos del asombro. Así que necesitamos reflejarlo un poco.

Hacemos una pausa para considerar el milagro llamado vida, el cual causa que nuestros pulmones continúen succionando aire aunque no recordemos dar esa orden; el que también causa que nuestros ojos se abran en la mañana de manera que resucitemos cada nuevo día después de la «minimuerte» llamada sueño. ¿Qué es lo que hace que esto ocurra?

Hacemos una pausa para considerar la música que se escucha cuando la voz de nuestro hijo se oye en el teléfono: «¡Papá!» Solo se trata de moléculas de aire que entran a nuestros oídos en una configuración que hemos aprendido a reconocer, pero ese sonido es tan dulce que, aun después de quince años, no nos cansamos de escucharlo. ¿Cómo es posible que unas moléculas de aire que golpean nuestro tímpano produzcan tal regocijo?

Mientras escribo estas palabras, observo los capullos rosados y blancos de un manzano silvestre en la orilla de un ondulante lago bajo un cielo azul: mi propio mar de Galilea. Son solo colores, ondas de luz en puntos reconocibles del espectro, pero ¿por qué me hacen sentir tan feliz y tan vivo? ¿De dónde viene su belleza? El Señor «iba a pasarlos de largo…»

Todos estos son milagros, pequeñas teofanías que le gritan a todo aquel que no está tan mecanizado como para perdérselas por completo: «¡Dios está vivo! ¡Él se preocupa por ti! ¡No hay palabras para describir la bondad de Dios! ¡Dios es muuuuy grande!»

A veces extrañamos estos milagros porque estamos abrumados. Pero, en mi vida, esto ocurre con más frecuencia en sentido retrospectivo. Observo que Dios obró de alguna manera que no reconocí en absoluto en ese momento. Con más frecuencia soy como Jacob. «Al despertar Jacob de su sueño, pensó: "En realidad, el Señor está en este lugar, y yo no me había dado cuenta"». Se apodera de nosotros la *realidad* de Dios.

RESPONDEMOS EN ADORACIÓN

Responder en adoración es más que solo asistir a los servicios de alabanza con regularidad. En algunas ocasiones, cuando medito en los «encuentros de adoración» de nuestros días, trato de imaginarme discusiones semejantes al pie del Monte Sinaí, cuando los hijos de Israel huyeron de Egipto, las aguas se separaron para abrir una carretera de doce carriles, el Faraón y su ejército perecieron ahogados, la montaña humeaba y temblaba y se le dijo al pueblo que se reunieran para adorar.

—No me gusta esta adoración. Me encantó esa canción que interpretó María con el pandero luego que cruzamos el Mar Rojo. ¿Por qué no la cantamos ahora?

—El servicio es muy prolongado. Tres días no son convenientes. Me voy con los hititas, ellos tienen teofanías de solo dos días.

—Me gusta cuando Aarón dirige la alabanza. ¿Por qué tiene que ser Moisés el líder de alabanza? Sus vestiduras no se identifican con mi generación.

Sospecho que, cuando los israelitas se reunieron para adorar, temblaron y fueron impactados igual que la montaña porque habían arriesgado todo por causa de este Dios: dejaron su hogar, comida y abrigo. Y él quería pasar a su lado.

De vez en cuando me pregunto si el aburrimiento en la adoración (y en general) no es, en efecto, cuestión de seleccionar cantos o estilo litúrgico, sino, más bien, al menos en algunas ocasiones, de pasar demasiado tiempo en la barca. Cuando nos encontramos con este Dios, el Señor de las montañas y de las tormentas, temblamos.

Esto trae a colación el asunto del «temor de Dios». La Biblia dice que «El temor del SEÑOR es el principio del conocimiento». Hoy en día no se habla mucho de esto. Nuestras percepciones de Dios tienden a ser menores y más cómodas. Los ángeles, por ejemplo, han pasado de ser seres espirituales que inspiran asombro a cómodos guardianes personales. C.S. Lewis afirmó que, en la Escritura, la aparición de un ángel siempre ocasionaba alarma; cada encuentro tenía que comenzar con las palabras «No temas». Pero los ángeles de la época victoriana siempre se ven como si fueran a decir: «Ya, ya. Tranquilo».

¿Qué significa temer al Señor? No tenemos necesidad de tener miedo de que Dios hará cosas malas o destructivas. No necesitamos tener miedo de que el amor de Dios no es totalmente confiable. La película británica *Cold Comfort Farm* [La granja de la fría comodidad], presentaba a una secta llamada «los hermanos temblorosos», que constantemente se sacudían por causa de su temor de Dios. Su himno preferido concluía con las palabras: «El mundo se consumirá por el fuego, pero nosotros temblaremos».

Cuando la Biblia indica que «El temor del Señor es el principio del conocimiento», no nos llama a ser parte de los hermanos temblorosos. Uno de los personajes de C.S. Lewis expresa temor ante la idea de encontrarse con la figura arquetípica cristiana, el gran león Aslan, y se pregunta si es que estará seguro. «¿Seguro? ¿Quién habló de seguridad? Por supuesto que no se está seguro con él. Pero él es bueno».

Este temor implica reverencia y asombro, un reconocimiento sano de la persona de Dios. También conlleva un reconocimiento de nuestra condición perdida. Recuerda la definición del temor que analizamos en el capítulo 6: El temor está diseñado para llamar nuestra atención al peligro, para que podamos situar bien las cosas.

Pero la adoración también nos recuerda que llegará el día en que nuestra condición perdida será totalmente sanada. Ese día, nos daremos cuenta absolutamente de la verdad de las palabras: «El amor perfecto echa fuera el temor». Cuando adoramos, esperamos el día en que el temor será derrotado y destruido, al igual que el pecado, la culpa y la muerte. Por lo tanto, la adoración, al recordarnos al poderoso Dios que obra a favor nuestro, se convierte en una de las más grandes armas contra el temor.

Como lo escribe Dallas Willard:

El gozo y deleite santos son el gran antídoto de la desesperanza y una fuente de gratitud genuina: el tipo de agradecimiento que se inicia en nuestros pies y que recorre nuestras entrañas y diafragma hasta la punta de nuestra cabeza, lanzando nuestros brazos, ojos y voz hacia arriba, en dirección a nuestro buen Dios.

Es probable que tal clase de adoración sea algo natural en ti. Pero ese no fue mi caso. Crecí en una iglesia bautista sueca y los suecos no son adoradores altamente expresivos, ni expresivos por naturaleza. Un sueco extrovertido es alguien que mira a sus zapatos cuando habla con usted. Cuando los suecos se ejercitan al punto de sudar emocionados, lo puedes saber porque dicen cosas como: «Claaaro, seguuuuro; por supuesto, grandulón». Y ellos recordarán durante años un arrebato extasiado como ese.

Tenía que aprender cómo responder.

Max DePree dijo que la primera tarea de un líder es definir la realidad. Dios, siendo el máximo Líder, toma muy en serio esa tarea.

Y LA ADORACIÓN ES ESENCIAL- MENTE ALGO RELACIONADO CON LA DEFINICIÓN DE LA REALIDAD.

Y LA ADORACIÓN ES ESENCIALMENTE ALGO RELACIONADO CON LA DEFINICIÓN DE LA REALIDAD.

Ahora bien, al adorar, utilizo toda herramienta a mi disposición para engrandecer a Dios en mi vida: memoria, imaginación, música, Escritura, ilustraciones y danza. Al adorar, declaro que Dios es real. Al adorar, mi percepción de la realidad se transforma y se agudiza. Al adorar, se me recuerda que la realidad es más de lo que puedo ver y tocar. Al adorar, reconozco que por lo general miro a un Dios reducido, observándolo a través del extremo equivocado del telescopio.

Por eso, al adorar, en última instancia, *engrandecemos* a Dios. Una de las palabras en griego que se usan para adoración se inicia con el prefijo *mega*, lo que significa grande, y lo que hoy en día se añade a casi cualquier cosa, desde tiendas hasta iglesias. En la adoración, se me recuerda otra vez que adoramos al gran Dios, al MegaDios, el Señor de señores. En uno de los cantos clásicos de adoración del Nuevo Testamento, María clama: «Mi alma *engrandece* al Señor». La adoración incrementa mi capacidad para experimentar y entender a Dios.

En el libro *El príncipe Caspian*, de C.S. Lewis, una de las niñas se aproxima a Aslan, la figura arquetípica de Cristo en las crónicas de Narnia, luego de una larga ausencia.

—Aslan, estás más grande —le dice ella.

—Eso se debe a que tú eres mayor, pequeña —responde él.

—¿No es porque lo eres tú?

—No. Sin embargo, cada año que crezcas, me verás más grande.

Y así ocurre con Dios y nosotros. Por eso la historia de Pedro caminando sobre el agua *debe* terminar en adoración. Esta, en cierto sentido, cierra el círculo de todo el relato. La adoración consolida y expresa el nuevo entendimiento de los discípulos acerca de la persona de Jesús.

Pedro sube a la barca y los otros discípulos le preguntan: «Y entonces, ¿qué tan grande es Jesús?»

Pedro lanza sus manos a todo lo alto sobre su cabeza y dice: «¡Jesús es muuuuy grande!»

El Maestro sube a la barca, el viento se calma, la tormenta se va al lugar que van ellas cuando Dios les ordena y, repentinamente, los discípulos tienen un entendimiento más profundo de la persona que está en la barca con ellos. «Verdaderamente tú eres el Hijo de Dios».

Y todos los discípulos levantan sus manos por sobre sus cabezas. ¡Eres *muuuy* grande!

Y así ocurre siempre que alguien sale de la barca. Cuando los seres humanos salen de la barca, ya nunca son los mismos. Su adoración ya no es la misma. Su mundo jamás es igual. Cualquiera que sea el resultado, sea que se hundan o naden, algo habrá cambiado.

Y esto es una verdad que se aplica a tu vida. Desde este momento en adelante, por el resto de tu existencia, cada vez que camines sobre el agua, cada vez que confíes en Dios y busques discernir y obedecer el llamado para tu vida, tu Dios será más grande y tu adoración más profunda, rica y sólida.

Eso se debe a que JESÚS NO HA TERMINADO TODAVÍA. AÚN ESTÁ BUSCANDO GENTE QUE SE ATREVA A CONFIAR EN ÉL. Todavía está buscando gente que rehúse permitir que el miedo dicte la última palabra. Todavía está buscando gente que rehúse ser impedida por el fracaso. Todavía pasa a nuestro lado. Y esta es tu única oportunidad para responder a su llamado.

Esta es la oportunidad de tu vida.

Es hora de hacer algo cristiano.

Solo recuerda una cosa: Si quieres caminar sobre el agua, tienes que salir de la barca.

SAL DE LA BARCA

1. ¿Cómo describirías tu adoración en el presente?
2. ¿En qué momento de tu vida creció tu entendimiento de Dios? ¿Qué inició esto?
3. En este momento, ¿está Dios creciendo en ti, disminuye o está igual?
4. ¿Qué acción llevarías a cabo para «engrandecer a Dios» en tu vida?
5. Si tu Dios realmente es un gran Dios y se te permitiera pedirle cualquier cosa que quisieras, ¿qué pedirías?

FUENTES

Todas las cursivas fueron añadidas por el autor y no son parte del original a menos que se indique. Las citas de la Escritura son de la Nueva Versión Internacional, a menos que se indique lo contrario.

CAPÍTULO 1: ACERCA DE CAMINAR SOBRE EL AGUA

9: *Roosevelt:* Theodore Roosevelt, «Citizenship in a Republic» [Ciudadanía de una república], discurso en la Sorbona, París, Abril 23, 1910.

11: *«Tormented» by the waves*: Mateo 14:24, según versión en *Matthew* [Mateo], de F. D. Bruner, Word Biblical Commentary. Word Books, Dallas, 1985, 2:532.

12: *Garland*: David E. Garland, *NIV Application Commentary: Mark* [Comentario aplicado NVI: Marcos], Zondervan, Grand Rapids, 1996, p. 263.

12: *«...e iba a pasarlos de largo»:* Marcos 6:48-49.

12: *«...hasta que haya pasado»:* Éxodo 33:22; 34:6.

13: *«...estoy a punto de pasar por allí»:* 1 Reyes 19:11.

15: *«...somete a su dominio las olas del mar»:* Job 9:8.

13: *Bruner: Matthew* [Mateo], 2:533.

14: *«Señor, si eres tú...»:* Mateo 14:28.

17: *Guder:* Citado en el libro de Bill y Kathy Peel, *Discover Your Destiny* [Descubra su destino], NavPress, Colorado Springs, 1996, p. 25.

18: *Laudan:* Larry Laudan, *Danger Ahead* [Peligro Próximo], John Wiley & Sons, New York, 1997, p. 3.

19: *Jeffers:* Susan Jeffers, *Feel the Fear and Do It Anyway* [Sienta el peligro y hágalo de cualquier manera], Fawcett Columbine, New York, 1987, p. 22.

22: *«¡Hombre de poca fe!»:* Mateo 14:31.

24: *«Aun los jóvenes se cansan»:* Isaías 40:30-31.

CAPÍTULO 2: BARCADICTOS

29: *Dante:* Dante Alighieri, *La Divina Comedia,* «Inferno», Canto 3, 35-38.

31: *Bruner:* F. D. Bruner, *Matthew* [Mateo], Word Biblical Commentary. Word Books, Dallas, 1985, 2:535.

32: *Levoy:* Gregg Levoy, *Callings: Finding and Following an Authentic Life* [Llamados: Búsqueda y encuentro con una vida auténtica], Crown Publishers, New York, 1997, p. 9.

33: *Keillor:* Garrison Keillor, *Lake Wobegon Days* [Días en el lago Wobegon], Penguin Books, New York, 1985, pp. 413-14.

34: *Thoreau:* Henry David Thoreau, *Walden,* en *The Portable Thoreau* [Thoreau portátil], Viking Press, New York, 1947, p. 344.

35: *Bailey:* Kenneth E. Bailey, *Poeta y Campesino: A través de los ojos de un campesino.* Wm. B. Eerdmans, Grand Rapids, 1983, p. 167.

39: *Jeffers:* Susan Jeffers, *Feel the Fear and Do It Anyway* [Sienta el peligro y hágalo de cualquier manera], Fawcett Columbine, New York, 1987.

43: *Schimmel:* Solomon Schimmel, *The Seven Deadly Sins* [Los siete pecados capitales], Oxford University Press, New York, 1997, p. 193.

44: *DePree:* Max DePree, *The Art of Leadership* [El arte del liderazgo], Dell books, New York, 1990, p. 5.

46: *San Jerónimo:* Bruner, *Matthew* [Mateo].

46: *«Siervo bueno y fiel»:* Mateo 25:21, 23.

47: *«Al que salga vencedor»:* Apocalipsis 3:21.

49: *«Queridos hermanos, ahora somos hijos de Dios»:* 1 Juan 3:2.

CAPÍTULO 3: DISCIERNE EL LLAMADO

51: *Buber:* Martin Buber, citado por Gregg Levoy, *Callings: Finding and Following an Authentic Life* [Llamados: Búsqueda y encuentro con una vida auténtica], Harmony Books, New York, 1997, p. 2.

52: *Calvino y Crisóstomo:* Citado por F. D. Bruner, Word Biblical Commentary, Word Books, Dallas,1985, 2:535.

53: *Keillor:* Garrison Keillor, *Lake Wobegon Days* [Días en el lago Wobegon], Penguin Books, New York, 1985, pp. 413-14.

55: *Ryken:* Leland Ryker, *Work and Leisure* [Trabajo y ocio], Multnomah Press, Portland, OR, 1987.

55: *«Tú haces que los manantiales viertan»:* Salmo 104:10, 13, 14, 24.

56: *«Mi Padre aun hoy está trabajando»:* Juan 5:17.

56: *Minear:* Paul Minear, "Work and Vocation in Scripture" [El trabajo y la vocación en las Escrituras], en *Work and Vocation: A Christian Discussion* [Trabajo y vocación: un análisis cristiano], editado por John Oliver Nelson, Harper Brothers, New York, 1954, p. 44.

56: *«Y Dios el SEÑOR formó al hombre»:* Génesis 2:7.

56: *Miller:* Arthur F. Miller Jr., *Why You Can't be Anything You Want to Be* [Por qué no puede ser lo que quiere], Zondervan, Grand Rapids, 1999, p. 21.

58: *Novak:* Michael Novak, *Business as a Calling* [Los negocios vistos como un llamado], Simon and Schuster, New York, 1996, pp. 18, 38.

59: *Palmer:* Parker Palmer, *Let Your Life Speak* [Que hable tu vida], Jossey-Bass, San Francisco, 2000, p. 15.

59: *Buechner:* Frederic Buechner, *Whisful Thinking* [Ilusiones], HarperSan Francisco, San Francisco, 1993. p. 119.

59: *Miller:* Arthur F. Miller Jr., *Por qué no puede ser lo que quiere,* Vida, Miami, 2001, p. 40 (en la versión en inglés).

60: *«Dios ha plantado en los cielos un pabellón»:* Salmo 19:4-5.

60: *Palmer:* Parker Palmer, *Let Your Life Speak* [Que hable tu vida], Jossey-Bass, San Francisco, 2000, p. 16.

62: *Csikszentmihalyi:* Mihaly Csikszentmihalyi, *Flow: The Psychology of Optimal Experience* [Flujo: la psicología de la experiencia óptima], HarperCollins, New York, 1990, p. 157.

63: *McFeely:* William McFeely, *Grant: A Biography* [Grant: Una biografía], W. W. Norton, New York, 1981, pp. 242-43.

64: *Palmer:* Parker Palmer, *Let Your Life Speak* [Que hable tu vida], Jossey-Bass, San Francisco, 2000, 39.

65: *«...con moderación»:* Romanos 12:3.

66: *Buford:* Bob Buford, *Halftime: Changing Your Game Plan from Success to Significance* [Medio tiempo: cambie su plan de juego, del éxito al significado], Zondervan, Grand Rapids, 1994, p. 100.

67: *Miller: Por qué no puede ser lo que quiere,* Vida, Miami, 2001, p. 115 (en la versión en inglés).

68: *Smith:* Gordon Smith, *In Times of Choice* [En momentos de decisión], InterVarsity Press, Downers Grove, IL, 1997.

69: *Blackaby:* Henry Blackaby, *Experiencing God* [Mi experiencia con Dios], Broadman & Holman, Nashville, 1994.

70: *Hunnicutt:* Benjamin Kline Hunnicutt, *Work Without End: Abandoning Shorter Hours for the Right to Work* [Trabajo sin fin: dejar horas más cortas por el derecho a trabajar], Temple University Press, Philadelphia, 1988.

71: *Colson:* citado en *Failure Is Written in Pencil* [El fracaso se escribe con lápiz], por David Ireland, Impact Publishing, Old Greenwich, CT,2000, p. 40.

CAPÍTULO 4: CAMINA SOBRE EL AGUA

73: *Thoreau:* Henry David Thoreau, *Walden,* en *The Portable Thoreau* [Thoreau portátil], Viking Press, New York, 1947, p. 343.

76: *Dios hace que la tierra tiemble:* Véase el Salmo 104:32.

76: *Levanta su voz:* Véase el Salmo 46:6.

76: *«¡Silencio! ¡Cálmate!»:* Marcos 4:39.

76: *«¡Sé fuerte y valiente!»:* Josue 1:9.

77: *«Tan pronto...pongan pie en el Jordán»:* Josué 3:13.

79: *Lutero:* Theodore Tappert, editor y traductor, *Luther's Works* [Las obras de Lutero], American ed. Fortress Press, Philadelphia, 1967, 54:453.

80: *Hallesby:* Ole Hallesby, *Prayer* [Oración], N.d.

80: *«...sin fe es imposible»:* Hebreos 11:6.

82: *Diagrama:* Adaptado de un concepto de Susan Jeffers, *Feel the Fear and Do It Anyway* [Sienta el peligro y hágalo de cualquier manera], Fawcett Columbine, New York, 1987, p. 44.

83: *Cotter:* Jeffrey Cotter, "Witness Upmanship", *Eternity* [Eternidad], marzo 1981, pp. 22-23.

CAPÍTULO 5: FRENTE AL VIENTO

93: *Levoy:* Gregg Levoy, *Callings: Finding and Following an Authentic Life* [Llamados: Búsqueda y encuentro con una vida auténtica], Crown Publishers, New York, 1997, p. 253.

93: *Ambrose:* Stephen Ambrose, *Undaunted Courage: Meriwet-her Lewis, Thomas Jefferson, and the Opening of the American West* [Valor firme: Meriwether Lewis, Thomas Jefferson, y la conquista del Oeste americano], Simon & Schuster/Touchstone, New York, 1997.

79: *«Túnica de diversos colores»:* Génesis 37:3 RVR6O

99: *«Y lo odiaron aún más»:* Génesis 37:8.

101: *«Pero Daniel se propuso»:* Daniel 1:8.

101: *Pedro y los otros apóstoles:* Véase Hechos 4, especialmente los vv. 18-21.

101: *«A eso de la medianoche, Pablo y Silas»:* Hechos 16:25.

101: *«José se ganó la confianza»:* Génesis 39:4, 6.

102: *Abba Anthony:* Citado por Robert Roberts en *The Strenghts of a Christian* [Las fortalezas de un cristiano], Westminster Press, Philadelphia, 1984, p. 56.

104: *«Y por más que ella lo acosaba»:* Génesis 39:10.

104: *«Un día...lo agarró del manto»:* Génesis 39:11-12.

105: *Jung:* Carl Jung, *Collected Works of C. G. Jung* [Colección de obras de C. G. Jung], Princeton University Press, Princeton, NJ, 1973, 2:75.

107: *«el SEÑOR estaba con él»:* Génesis 39:21.

107: *Frankl:* Victor Frankl, *Man's Search for Meaning* [El hombre en busca del propósito], Wahington Square, New York, 1963.

108: *Szymusik:* citado por Julius Segal, "Possible Interventions with Risk-Prone Individuals" [Intervenciones posibles con individuos propensos al riesgo], en *Self-Regulating Behavior and Risk Taking* [Conducta autoregulada y toma de riesgos], editado por Lewis Lipsitt y leonard Mitnick. Ablex Publishing, Norwood, NJ, 1991, p. 334.

108: *"Tired of Life"* [Cansado de la vida]: E. Schneidman y N. Farberow, "A Psychological Approach to the Study of Suicide Notes" [Un enfoque sicológico de las notas suicidas] en *The Psychology of Suicide* [La psicología del suicidio], editado por E. Schneidman, N. Farberow y R. Litman, Science House, New York, 1970, pp. 159-64.

108: Julius Segal, "Possible Interventions with Risk-Prone Individuals" [Intervenciones posibles con individuos propensos al riesgo], p. 334.

108: *Garland*: David E. Garland, *NIV Application Commentary: Mark* [Comentario aplicado NVI: Marcos], Zondervan, Grand Rapids, 1996, p. 263.

108: «*...el* SEÑOR *estaba con José»:* Génesis 39:21-22.

110: *Peck:* M. Scott Peck, *The Road Less Traveled* [El camino menos transitado], Simon & Schuster, New York, 1978, p. 16.

110: *Weiner:* David Weiner, *Battling the Inner Dummy* [Combatiendo al tonto interno], Amherst, Prometheus books, NY, 1999, p. 301.

111: *«Dentro de los próximos tres días»:* Génesis 40:13.

112: *«Dentro de los próximos tres días el faraón mandará que a usted lo decapiten»:* Génesis 40:19.

112: «*...ustedes pensaron hacerme mal»:* Génesis 50:20.

113: *Willard:* Dallas Willard, *The Divine Conspiracy* [La conspiración divina], HarperSanFrancisco, San Francisco, 1999, p. 237.

CAPÍTULO 6:　CLAMOR TEMEROSO

115: *Thoreau:* Henry David Thoreau, anotación en su diario, septiembre 7, 1851.

116: *Ogilvie:* Lloyd Ogilvie, *Facing the Future without Fear* [Encarando el futuro sin temor], Vine Books, Ann Arbor, 1999, p. 22.

118: *Bruner:* F. D. Bruner, *Matthew* [Mateo], Word Biblical Commentary, Word Books, Dallas, 1985, 2:534, incluyendo las citas de las Escrituras.

120: *Dozier:* Rush Dozier, *Fear Itself* [El temor mismo], St. Martin Press, New York,1998, pp. 10ss.

122: *Le Doux:* Edward Hallowell, *Worry* [La preocupación], Ballantine Books, New York, 1997, p. xiv.

122: *Gene slc6a4:* Stephen Hall, "The Anatomy of Fear" [La anatomía del temor], *New York Times Magazine,* febrero 28, 1999, p. 45.

123: *Jeffers:* Susan Jeffers, *Feel the Fear and Do It Anyway* [Sienta el peligro y hágalo de cualquier manera], Ballantine Books, New York, 1987.

123: *American Psychological Association:* Richard Bednar y Scott Peterson, *Self-Esteem: Paradoxes and Innovations in Clinical Theory and Practice* [Autoestima: paradojas e innovaciones en la teoría y práctica clínicas], American Psychological Association, Washington, DC, 1995.

131: *Sweet:* Leonard Sweet, *A Cup of Coffee at the Soul Café* [Una taza de café en el café del alma], Nashville: Broadman & Holman, 1998, p. 130.

132: *«El hombre es como la hierba»:* Salmo 103:15-16.

CAPÍTULO 7: COMO QUE TE HUNDES

137: *Melville:* Citado por William McFeely en *Grant: A Biography* [Grant: Una biografía], W. W. Norton, New York, 1981, p. 485.

136: *Bruner:* F. D. Bruner, *Matthew* [Mateo], Word Biblical Commentary. Word Books, Dallas, 1985, 2:535.

137: *Goleman:* Daniel Goleman, *Emotional Intelligence* [Inteligencia Emocional], Bantam Books, New York, 1995, p. 80.

138: *«... tuvo mucho miedo de Aquis, rey de Gat»:* 1 Samuel 21:12-15.

138: *«David se fue de Gat»:* 1 Samuel 22:1.

139: *«... muchos otros que estaban en apuros»:* 1 Samuel 22:2.

140: *«... hasta quedarse sin fuerzas»:* 1 Samuel 30:4.

140: *«David se alarmó»:* 1 Samuel 30:6

142: *«¡Estoy harto, SEÑOR! ... Quítame la vida»:* 1 Reyes 19:4.

142: *Un ángel le horneó un panecillo:* Véase 1 Reyes 19:6.

143: *«Tú eres mi refugio»:* Salmo 142:5.

144: *«Persíguelos ... Vas a alcanzarlos»:* 1 Samuel 30:8.

144: *Burns:* David Burns, *Feeling God* [Sintiendo a Dios], William Morrow, New York, 1980, pp. 80 ss.

144: *Warren:* Neil Clark Warren, *Finding the Love of Your Life: Ten Principles for Choosing the Right Marriage Partner* [Encontrando al amor de tu vida: Diez principios para elegir a la pareja matrimonial correcta], Pocket Books, New York, 1994.

145: *Brim:* Gilbert Brim, *Ambition: How We Manage Success and Failure Throughout our Lives* [Ambición: la forma en la que administramos el éxito y el fracaso en nuestras vidas], HarperCollins, New York, 1992, p. 77.

145: *Palmer:* Parker Palmer, *Let Your Life Speak* [Que hable tu vida], Jossey-Bass, San Francisco, 2000. Usado con permiso.

149: *Art and Fear* [Arte y temor]: David Bayles y Ted Orland, *Art and Fear: Observations on the Perils (and Rewards) of Artmaking* [Arte y temor: Anotaciones sobre los peligros — y recompensas— del quehacer artístico], Capra Press, Santa Barbara, 1993, p. 29.

149: *«...llegó a un redil de ovejas»:* 1 Samuel 24:3.

150: *Miller:* Arthur Miller, *Death of a Salesman* [La muerte de un vendedor], Penguin Books, New York, 1949, pp. 110-11.

150: *«Eres mi refugio»:* Salmo 142:5.

CAPÍTULO 8: CONCÉNTRATE EN JESÚS

154: *Seligman:* Martin Seligman, *Learned Optimism* [Optimismo aprendido], Simon & Schuster, New York, 1990, p. 16.

159: *Smedes:* Lewis B. Smedes, *Standing on the Promises,* Thomas Nelson, Nashville, 1998, p. 28.

160: *Moisés envió a doce:* Véase Números 13.

161: *Seligman:* Martin Seligman, *Learned Optimism* [Optimismo aprendido], Simon & Schuster, New York, 1990, p. 15.

161: *Goleman:* Daniel Goleman, *Emotional Intelligence* [Inteligencia Emocional], Bantam Books, New York, 1995, p. 87.

161: *En una investigación ... 122 hombres:* Chris Peterson, "Optimism and By-pass Surgery" [El optimismo y la cirugía coronaria], en *Learned Helplessness: A Theory for the Age of Personal Control* [Impotencia aprendida: Una teoría para la era del control personal], Oxford University Press, New York, 1993.

162: *MacDonald:* Gordon MacDonald, *Mid-Course Correction* [Corrección de mitad de curso], Thomas Nelson, Nashville, 2000, p. ix.

163: *Lasch:* Christopher Lasch, *The True and Only Heaven* [El verdadero y único cielo], W. W. Norton, New York, 1991, p. 81.

163: *«Todo lo puedo»:* Filipenses 4:13.

164: *«Todo lo verdadero»:* Filipenses 4:8.

164: *Hart:* Archibald Hart, *Habits of the Minds* [Hábitos de la mente], Word, Dallas, 1996, p. 5.

165: *«No se amolden al mundo actual»:* Romanos 12:2.

166: *«Tú guardarás en perfecta paz»:* Isaías 26:3

167: *Laubach:* Laubach Literary International, *Frank Laubach: Man of Prayer* [Frank Laubach: Hombre de oración], Syracuse: Laubach Literacy International, 1990, p. 78.

170: «*Que el Señor de la esperanza*»: Romanos 15:13.
170: *Los psicólogos nos dicen:* Evan Imber-Black y Janine Roberts, *Rituals for Our Times* [Rituales para nuestra época], Aronson, Northvale, NJ, 1998.

CAPÍTULO 9: APRENDE A ESPERAR

175: *Smedes:* Lewis B. Smedes, *Standing on the Promises* [Apoyarse en las promesas], Thomas Nelson, Nashville, 1998.
175: *Levine:* Robert Levine, *A Geography of Time* [Geografía del Tiempo], Basic Books, New York, 1997, p. 152.
176: «*...en la madrugada*»: Mateo 14:25.
176: *Rawlinson:* A. E. J. Rawlinson, *St. Mark* [San Marcos], Westminster Commentaries, Londres, Methuen, 1925, p. 88.
178: *Mouw:* Richard Mouw, *Uncommon Decency* [Decencia insólita], InterVarsity Press, Downers Grove, IL, 1992, p. 159.
179: *Smedes:* Lewis B. Smedes, *Standing on the Promises* [Apoyarse en las promesas], Thomas Nelson, Nashville, 1998, pp. 41-42.
179: «*Guarda silencio ante el SEÑOR*»: Salmo 37:7, 34.
179: «*Justo y devoto*»: Lucas 2:25.
180: «*No se alejen de Jerusalén*»: Hechos 1:4.
180: «*...gemimos interiormente*»: Romanos 8:23-25
180: «*El que da testimonio ... dice: "Sí vengo pronto"*»: Apocalipsis 22:20.
180: *Peck:* M. Scott Peck, *The Road Less Traveled* [El camino menos transitado], Simon & Schuster, New York, 1978, p. 19.
180: *Goleman:* Daniel Goleman, *Emotional Intelligence* [Inteligencia Emocional], Bantam Books, New York, 1995.
180: *Goleman: Emotional Intelligence* [Inteligencia Emocional], p. 80.
183: «*Pero no olviden*»: 2 Pedro 3:8.
185: *Nouwen:* Henri M. J. Nouwen, *Sabbatical Journey: The Diary of His Final* Year [Viaje sabático: el diario de su último año], Crossroad Publishing, New York, 1998, pp. 2ss.
185: «*El producto de la justicia será la paz*»: Isaías 32:17.
187: «*Porque en esa esperanza fuimos salvados*»: Romanos 8:24-25.

187: *Hoffmann:* Ernst Hoffmann, "Hope" [Esperanza], *Dictionary of New Testament Theology* [Diccionario de Teología del Nuevo Testamento], editor: Colin Brown, Zondervan, Grand Rapids, 1978, 2:243ss.
187: *«Aun los jóvenes se cansan, se fatigan»:* Isaías 40:30-31.
189: *«El viento sopla por donde quiere»:* Juan 3:8.

CAPÍTULO 10: ¿CUÁN GRANDE ES TU DIOS?

193: *Pascal:* Citado en el libro de Bill y Kathy Peel, *Discover Your Destiny* [Descubra su destino], NavPress, Colorado Springs, 1996, p. 215.
194: *Bruner:* F. D. Bruner, *Matthew* [Mateo], Word Biblical Commentary, Word Books, Dallas, 1985, 2:534.
198: *«Cuando subieron a la barca»:* Mateo 14:32-33.
201: *«Al despertar Jacob de su sueño»:* Génesis 28:16.
202: *«El temor del SEÑOR»:* Proverbios 9:10.
203: *«El amor perfecto echa fuera el temor»:* 1 Juan 4:18.
203: *Willard:* Dallas Willard, *The Spirit of the Disciplines* [El Espíritu de las disciplinas], HarperSanFrancisco, San Francisco, 1988, 178.
204: *DePree:* Max DePree, *The Art of Leadership* [El arte del liderazgo], Dell books, New York, 1990, pp. 5s.
204: *Lewis:* C. S. Lewis, *Prince Caspian* [El príncipe Caspian], The Chronicles of Narnia [Las crónicas de Narnia], Collier Macmillan, New York, 1985, p. 136.

DISFRUTE DE OTRAS PUBLICACIONES DE EDITORIAL VIDA

Desde 1946, Editorial Vida es fiel amiga del pueblo hispano a través de la mejor literatura evangélica. Editorial Vida publica libros prácticos y de sólidas doctrinas que enriquecen el caudal de conocimiento de sus lectores.

Nuestras Biblias de Estudio poseen características que ayudan al lector a crecer en el conocimiento de las Sagradas Escrituras y a comprenderlas mejor. Vida Nueva es el más completo y actualizado plan de estudio de Escuela Dominical y el mejor recurso educativo en español. Además, nuestra serie de grabaciones de alabanzas y adoración, Vida Music renueva su espíritu y llena su alma de gratitud a Dios.

En las siguientes páginas se describen otras excelentes publicaciones producidas especialmente para usted. Adquiera productos de Editorial Vida en su librería cristiana más cercana.

Una vida
con propósito

Rick Warren, reconocido autor de *Una Iglesia con Propósito*, plantea ahora un nuevo reto al creyente que quiere alcanzar una vida victoriosa. La obra enfoca la edificación del individuo como parte integral del proceso formador del cuerpo de Cristo. Cada ser humano tiene algo que le inspira, motiva o impulsa a actuar a través de su existencia. Y eso es lo que usted podrá descubrir cuando lea las páginas de *Una vida con propósito*.

0-8297-3786-3

LA BIBLIA EN 90 DÍAS

KIT 90

0-8297-4956-X

BIBLIA
   0-8297-4952-7
GUÍA DEL PARTICIPANTE
   0-8297-4955-1
DVD
   0-8297-4953-5

La Biblia en 90 días es a la vez una Biblia y un currículo que permite a los lectores cumplir lo que para muchos cristianos es la meta de su vida: leer toda la Biblia, de «tapa a tapa», en un período de tiempo que les resulte manejable.

El plan consiste básicamente en la lectura diaria de doce páginas de esta Biblia de letra grande, preparada para ayudar al lector a lograr su objetivo.

LIDERAZGO
CON PROPÓSITO

AUDIO LIBRO

0-8297-4895-4

En estos doce capítulos acerca del liderazgo, el pastor Rick Warren examina la vida y el ministerio extraordinario de Nehemías, esbozando importantes puntos de vistas y analogías acerca de lo que conlleva el tener un éxito rotundo en la conducción de las personas a través de proyectos difíciles.

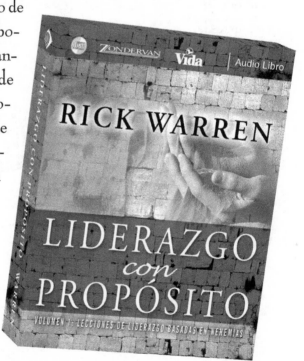

BIBLIA NVI
PARA MP3

0-8297-4979-9

Ahora disponible en el formato mp3, esta Biblia en audio es lo más excelente que puedes tener. La Biblia NVI en audio es más que una Biblia que escuchas, es la experiencia que te ayuda a adentrarte en la Palabra de Dios y que esta penetre en ti.

El Cordero y el Führer

0-8297-4320-0

Adolfo Hitler derramó la sangre de millones por su propia seguridad. Jesucristo vertió su propia sangre en beneficio de millones de personas. Hitler creó un infierno para las masas. Jesucristo soportó el infierno para salvar a las masas. El nombre de Hitler es sinónimo de poder, maldad y genocidio. El nombre de Jesús significa amor paz y vida. En este libro encontrará referencias a cuestiones fundamentales sobre la vida y la muerte, la crueldad de la violencia a la luz del valor de la vida humana, y otros temas difíciles que enfrenta la sociedad moderna.

Nos agradaría recibir noticias suyas.
Por favor, envíe sus comentarios sobre este libro
a la dirección que aparece a continuación.
Muchas gracias.

Vida@zondervan.com
www.editorialvida.com

Printed in the USA
CPSIA information can be obtained
at www.ICGtesting.com
JSHW080315080824
67712JS00001B/1